Theodor Ebert
Platon: Menon

Quellen und Studien zur Philosophie

Herausgegeben von
Jens Halfwassen, Dominik Perler
und Michael Quante

Band 134

Theodor Ebert
Platon: Menon

Übersetzung und Kommentar

DE GRUYTER

ISBN 978-3-11-068522-0
e-ISBN (PDF) 978-3-11-057752-5
e-ISBN (EPUB) 978-3-11-057626-9
ISSN 0344-8142

Library of Congress Cataloging-in-Publication Data
A CIP catalog record for this book has been applied for at the Library of Congress.

Bibliografische Information der Deutschen Nationalbibliothek
Die Deutsche Nationalbibliothek verzeichnet diese Publikation in der Deutschen Nationalbibliografie; detaillierte bibliografische Daten sind im Internet über http://dnb.dnb.de abrufbar.

© 2019 Walter de Gruyter GmbH, Berlin/Boston
Dieser Band ist text- und seitenidentisch mit der 2018 erschienenen gebundenen Ausgabe.
Datenkonvertierung und Satz: Satzstudio Borngräber, Dessau-Roßlau
Druck und Bindung: Hubert & Co GmbH und Co KG, Göttingen
♾ Gedruckt auf säurefreiem Papier
Printed in Germany

www.degruyter.com

Inhalt

Einleitung —— 1

Platon: *Menon* —— 7

Kommentar —— 45

    Dialogform – Dialogsituation – Dialogfiguren – Entstehungszeit —— 45

    Eingangszene und Eröffnung des Gesprächs (70a1–71d9) —— 50

    Menons erste Antwort und die Kritik des Sokrates (71e1–72d3) —— 54

    Dieselbe Gestalt der Tugend oder dieselbe Tugend für alle? (72d4–73c6) —— 57
        Exkurs I: Zwei Bedeutungen von ‚gut' —— 61
        Exkurs II: Sokrates' Fragen und Fragetechnik —— 62
        Menon über gut verwalten —— 65

    Menons erster Versuch einer allgemeinen Definition (73c7–74b2) —— 69

    Sokrates' Modell einer Definition: Figur (74b3–75c2) —— 73

    Menons Einwand und Sokrates' zweite Definition von ‚Figur' (75c3–76a7) —— 76

    Ein Zwischenspiel: Sokrates' Definition der Farbe (76a8–77b1) —— 81

    Menons zweiter Versuch einer allgemeinen Definition (77b2–79e5) —— 84

    Menons Ausweichmanöver und die Reaktion des Sokrates (79e6–81e4) —— 91

    Sokrates über Wiedererinnerung und die sog. Geometriestunde (81a5–86d2) —— 95
        (a) Die Rede des Sokrates (81a5–e2) —— 96
        (b) Das Gespräch mit dem Sklaven Menons (82b8–85b6) —— 100
        (c) Sokrates im Gespräch mit Menon über die Geometriestunde (85b7–86d2) —— 110

    Die Suche von einer Voraussetzung aus (86d6–89e4) —— 121
        (a) Tugend als Wissen (87b2–c10) —— 123
        (b) Tugend als gut (87c11–89e4) —— 124

    Gibt es Lehrer der Tugend? Das Gespräch mit Anytos (89e5–95a7) —— 133

Sokrates und Menon über die Lehrbarkeit der Tugend (95a6–96d3) —— 142

Die richtige Meinung als handlungsleitend (96d4–99b8) —— 145

Tugend durch göttliche Schickung? (99b9–100c2) —— 156

Schlussbemerkung —— 163

Appendix I Zu 70a1–3 —— 165

Appendix II Zu 76a5–7: Dominic Scott zu σχῆμα als Oberfläche (surface) —— 166

Appendix II Zu 80d5–e5: Menons Einwand gegen die Möglichkeit des Suchens —— 170

Appendix IV 81e3 ἀλλὰ πῶς oder ἀλλ' ἁπλῶς? —— 175

Appendix V Die Anamnesis außerhalb der Stelle *Menon* 81a–86b —— 178
 (a) *Menon* —— 179
 (b) *Phaidros* —— 182
 (c) *Phaidon* —— 184

Literatur —— 192

Sachregister —— 197

Einleitung

Mit dem *Menon* wird meist die sogenannte Wiedererinnerungslehre assoziiert, eine Lehre, die Platon, wenn man sich an die allgemein angenommene relative Chronologie der Dialoge hält, hier zum ersten Mal durch den Mund des Sokrates soll vortragen lassen. Danach sollen wir Menschen in der Lage sein, uns an Erkenntnisse, die wir in Existenzen vor unserer Geburt gewonnen haben, wieder zu erinnern, ja jedes Lernen sei sogar nur die Wiedererinnerung an etwas, das wir in einem früheren Leben bereits erworben hätten. In der Tat hat diese merkwürdige Lehre immer wieder das besondere Interesse philosophischer Leser erregt. Schon Aristoteles bezieht sich an zwei Stellen in den *Analytiken* (*APr.* II 21, 67a21–22, *APo* I 1, 71a29–b9) darauf. Mit der doch einigermaßen paradoxen These, dass Lernen ein Wiedererinnern sein soll, wird Aristoteles in der Weise fertig, dass er zwei Bedeutungen von ‚wissen' unterscheidet: im einen Sinn haben wir ein Wissen von einem allgemeinen Satz, etwa dem, dass im Dreieck die Summe der Winkel gleich zwei Rechten ist, in einem anderen Sinn wissen wir, dass in einem konkreten Dreieck dessen Winkelsumme zwei Rechten gleich ist. Indem wir das Wissen des Allgemeinen, hier des Satzes von der Winkelsumme im Dreieck, auf das konkrete Dreieck anwenden, erwerben wir ein Wissen über das einzelne Ding, „als ob wir uns daran erinnerten (ὥσπερ ἀναγνωρίζοντας)" (*APr.* II 21, 67a25). Eine einfache Bedeutungsunterscheidung soll also eine, wie es scheint, philosophisch doch recht aufgeladene These zu einem bloßen Vergleich entschärfen.

Für die Philosophie der europäischen Neuzeit war der *Menon* und die darin auftretende These einer Wiedererinnerung an vorgeburtliche Kenntnisse als Quelle der Vorstellung apriorischen, erfahrungsunabhängigen Wissens wichtig. Das schien jedenfalls die Quintessenz der Lehre von einer Wiedererinnerung zu sein, wie sie etwa Leibniz im *Menon* entdeckt haben will:

> In diesem Sinne muß man sagen, dass die ganze Arithmetik und die ganze Geometrie eingeboren und auf eine potentielle Weise in uns sind, dergestalt, dass man sie, wenn man aufmerksam das im Geiste schon Vorhandene betrachtet und ordnet, darin auffinden kann, ohne sich irgend einer Wahrheit zu bedienen, die wir durch Erfahrung oder Überlieferung kennen gelernt haben, – wie Platon dies in einem Gespräch gezeigt hat, wo er den Sokrates ein Kind durch bloße Fragen, ohne es etwas zu lehren, zu fernliegenden Wahrheiten führen lässt. (Leibniz, *Neue Abhandlungen über den menschlichen Verstand*, Buch I, § 5, Übersetzung Ernst Cassirer).

An einer Stelle in der *Metaphysischen Abhandlung* nimmt Leibniz ebenfalls auf die sog. Geometriestunde und die Wiedererinnerungslehre im *Menon* Bezug, eine Lehre,

> die viel Stichhaltiges enthält, vorausgesetzt, dass man sie richtig auffasst und sie vom Irrtum der Präexistenz reinigt und sich nicht einbildet, dass die Seele einst schon deutlich gewusst und gedacht hat, was sie jetzt lernt und denkt. (Leibniz, *Metaphysische Abhandlung* Kap. 26, Übersetzung Hans Heinz Holz).

Diese Bemerkung legt natürlich die Frage nahe, warum nicht bereits Platon die ihm zugeschriebene Lehre vom „Irrtum der Präexistenz" gereinigt hat. Eine Antwort auf diese Frage bleibt uns Leibniz schuldig.

Aber man würde dem philosophischen Reichtum des *Menon* nicht gerecht werden, wenn man ihn nur auf diese Platon zugeschriebene Lehre beschränkt. Die Themafrage des Dialoges, wie die Tugend erworben werden kann, scheint auch in der Akademie Gegenstand von Diskussionen gewesen zu sein: So wird Xenokrates, dem zweiten Schulhaupt der Akademie, ein Werk mit dem Titel *Dass die Tugend lehrbar ist* zugeschrieben (Diogenes Laertius 4.12), wobei die von den Übersetzern gewählte Wiedergabe ‚lehrbar' ungenau, um nicht zusagen irreführend ist. Denn nicht das Wort διδακτόν, lehrbar, aus der Eingangsfrage des *Menon* hat Xenokrates gewählt, sondern παραδοτή, dass die Tugend weitergegeben werden kann, ist seine These. Weitergeben, παραδιδόναι, umfasst aber wohl mehr als eine Vermittlung durch Lehre. Auch der anonyme Verfasser des pseudoplatonischen Dialoges *Von der Tugend* hat nur jene Partien des *Menon*, die mit der Suche nach Lehrern der Tugend befasst sind, also insbesondere die Diskussion zwischen Sokrates und Anytos, zu einem Gespräch zwischen Sokrates und einem Pferdehändler verarbeitet, in teilweise sklavischer Abhängigkeit vom Text Platons. Die Beschränkung auf diese Partien des *Menon* sorgt dann aber auch dafür, dass das Thema der Wiedererinnerung bei diesem Autor keine Rolle spielt.

In der Tat werden im *Menon* eine ganze Reihe philosophisch anspruchsvoller Fragen aufgeworfen. Dazu gehört nicht nur die Frage nach der Definition der Tugend, oder die Frage, wie man denn in ihren Besitz gelangen kann und ob es Personen gibt, welche anderen Menschen die Tugend vermitteln können. Ebenso etwa die Frage, ob jemand freiwillig etwas Schlechtes wollen kann, oder was den Unterschied von wahrer Meinung und Wissen ausmacht.

Es ist nicht zuletzt diese Vielfalt diskussionswürdiger philosophischer Fragen, die dem *Menon* immer wieder das Interesse nicht nur der Philosophiehistoriker, sondern auch der systematischen Philosophen gesichert haben. Hinzu kommt, dass sich dieser Dialog durch die plastische Schilderung der Hauptredner und der oft komödiantischen Situationen sowie durch die Lebendigkeit der Wechselreden zusammen mit seiner relativen Kürze als Übungstext in philosophischen Seminaren anbietet. Diesen Eigenschaften des *Menon* ist es wohl auch zu verdanken, dass für diesen Dialog eine ganze Reihe von hilfreichen Kommentaren zur Verfügung steht.

Die im engeren Sinn philologischen Kommentare von E. S. Thompson (1901), R. S. Bluck (1961), R. W. Sharples (1985) und die beiden Abhandlungen von W. J. Verdenius (1957, 1964) haben den Text des *Menon* gründlich durchgearbeitet, so dass für die Lektüre dieses Dialoges nicht nur der von Bluck bereit gestellte Text (mit den Verbesserungen von Verdenius 1964), sondern auch der von A. Croiset (1968) in der Sammlung Budé vorliegt. Leider war bei der Arbeit am vorliegenden Kommentar der neue Text, der demnächst in den OCT erscheinen soll, noch nicht nutzbar.

Einen gründlichen und hilfreichen Realien-Kommentar hat M. Canto-Sperber (1991) zusammen mit ihrer französischen Übersetzung des *Menon* vorgelegt. Daneben haben sich mehrere Autoren um eine philosophische Kommentierung dieses Dialoges bemüht. Dazu gehören der Kommentar von J. Klein (1965) sowie die beiden neueren Kommentare von D. Scott (2006) und O. Hallich (2013). Allerdings macht sich bei den letztgenannten Kommentaren das Fehlen eines Textes bzw. einer Übersetzung nachteilig bemerkbar. So erfährt der Leser eben oft nicht, wie ein bestimmter Ausdruck, zu dem sich der Kommentar nicht äußert und vielleicht auch nicht äußern muss, von den Autoren verstanden wird. Umgekehrt sind in den vorliegenden deutschen Übersetzungen etwa von O. Apelt/K. Reich (1972) oder R. Merkelbach (1988) die kommentierenden Erläuterungen in einen Anmerkungsteil gesetzt, so dass hier ein durchlaufender Kommentar fehlt.

Angesichts des Vorliegens einer Anzahl durchaus brauchbarer Kommentare muss sich ein weiterer Kommentar fragen lassen, ob er tatsächlich Neues zu bieten hat. Ein rein formaler Vorteil des vorliegenden Buches scheint mir zunächst darin zu liegen, dass es eine kontinuierliche Textinterpretation zusammen mit einer Übersetzung des Dialoges bietet. Das dürfte ihm unter vorliegenden deutschsprachigen Kommentaren jedenfalls ein gewisses Alleinstellungsmerkmal sichern. Was die eigentliche Interpretation angeht, so habe ich mich bemüht, drei Aspekten Genüge zu tun, die sonst oft nicht hinreichend Beachtung finden. Zum einen dem Umstand, dass die Fragen des Sokrates häufig Teil einer Argumentationsstrategie sind, bei der es darauf ankommt, den Diskussionspartner durch Zustimmung zu Prämissen zu bringen, die dann schließlich zu einer paradoxen oder auch absurden Konklusion führen. Diese Fragegänge sind am Modell der elenktischen Befragung orientiert, deren Regeln Aristoteles im Buch VIII der *Topik* nachgezeichnet hat. Die Beachtung dieses Modells hat vor allem zur Folge, dass die Fragen des Sokrates nicht ohne weiteres als Ausdruck seiner Meinung zu dem in der Frage angesprochenen Sachverhalt verstanden werden können.

Die beiden anderen Umstände, denen der Kommentar besondere Aufmerksamkeit schenkt, haben es mit eher literarischen Aspekten des *Menon* zu tun: Dabei geht es einmal um das Publikum, das Platon bei der Abfassung seines

Textes vor Augen gehabt haben mag. Es scheint mir wahrscheinlich, dass dieser Dialog für eine sizilische Zuhörerschaft geschrieben worden ist. Hier begegnen wir einem Sokrates, der in der intellektuellen Kultur Siziliens bestens bewandert ist, der seinen Empedokles kennt, der Gorgias imitieren kann und der sich auch im Werk des Theognis von Megara (für Platon ein sizilischer Dichter aus Megara Hyblaia) so gut auskennt, dass er ihm zu einer Frage zwei widersprüchliche Aussagen nachweisen kann. Dagegen treten athenische Akzente sehr zurück oder erscheinen in einem negativen Licht: Obwohl der Dialog offenbar in Athen spielt, bleibt die nähere Örtlichkeit ganz unbestimmt. Und der einzige Athener, der neben Sokrates hier einen kurzen Auftritt hat, der Sokratesankläger Anytos, wird als durchaus unsympathische Figur geschildert. Die berühmten Staatsmänner Athens, die bei der Suche nach Lehrern der Tugend besprochen werden, erweisen sich alle als unfähig, auch nur ihren eigenen Söhnen die Tugend zu vermitteln. Für athenische Ohren kann der *Menon* nicht sehr schmeichelhaft geklungen haben.

Der zweite literarische Aspekt, auf den der Kommentar besonderen Nachdruck gelegt hat, betrifft die auffallend vielen komödienhaften Szenen dieses Dialoges. Der *Menon* beginnt mit der ironischen Verwunderung des Sokrates über den Wegzug der Wissenschaft (σοφία) nach Thessalien und er endet in einer burlesken Szene, in der Athens Staatsmänner mit Orakelsängern und inspirierten Dichtern auf eine Stufe gestellt werden. Menons vermeintliche Selbstsicherheit, seine Berufung auf seinen Lehrer Gorgias, aber auch seine Anmaßlichkeit, hinter der sich in Wahrheit Unsicherheit verbirgt, werden im Verlauf des Gesprächs immer wieder unter komische Beleuchtung gestellt. Von der ersten Hälfte des *Phaidros* abgesehen gibt es kaum ein anderes Werk Platons, das so ausgiebig von den Elementen komischer Darstellung Gebrauch macht.

Ob die Beachtung der erwähnten Aspekte im Kommentar zu einem besseren Verständnis dieses platonischen Dialoges geführt hat, mag der Leser entscheiden. Einzelne Teile meiner Deutung des *Menon* sind in früheren Darstellungen als Aufsätze publiziert worden. Meine Skepsis gegenüber der communis opinio, dass Platon eine Wiedererinnerungslehre vertreten hat, ist bisher von anderen Forschern nicht geteilt, aber soweit ich sehen kann, auch nicht widerlegt worden. Meine allererste akademische Publikation (Ebert 1973) galt bereits dieser Frage. Aber diese Veröffentlichung stand unter einem unglücklichen Stern. Leider hatte die Redaktion der Zeitschrift *Man and World* es nicht für nötig gehalten, mir Korrekturfahnen des gesetzten Aufsatzes zuzuschicken. Da die Korrekturen in den USA, wie die Redaktion dann einräumte, von jemandem ohne Kenntnis des Griechischen vorgenommen worden waren, wimmelte es im Text von Fehlern in den griechischen Zitaten. Zwar erklärte sich die Zeitschrift bereit, eine Liste der Korrekturen zu veröffentlichen, aber es kam lediglich zur Übersendung einer Anzahl von Seiten mit diesen Korrekturen, die ich meinen Sonderdrucken beilegen konnte. Ein Abdruck in einer späteren Nummer der Zeitschrift scheint allenfalls teilweise stattgefunden zu haben.

Zwei Thesen der jetzt vorgelegten Interpretation des *Menon* sind ebenfalls auf Englisch publiziert worden: Die beiden Beispiele, die Sokrates als Modelle einer lexikalischen Definition einführt, wurden in „Socrates on the Definition of Figure in the *Meno*" in der Festschrift O'Brien (2007) behandelt. Im selben Jahr erschien auch die Abhandlung „'The Theory of Recollection in Plato's *Meno*': Against a Myth of Platonic Scholarship", die 2004 als Vortrag auf dem siebten Symposium Platonicum gehalten wurde, in dem von L. Brisson und M. Erler herausgegebenen Sammelband zu diesem Kongress. Bei dieser letzten Publikation war mir allerdings die Rolle bestimmter literarischer Elemente noch nicht in dem Ausmaß klar geworden wie in dem jetzt vorgelegten Kommentar.

Die freundliche Bereitschaft einer Kollegin und eines Kollegen an der hiesigen Universität zur Abhaltung gemeinsamer Seminarveranstaltungen gaben mir die Möglichkeit, meine Deutung des platonischen Dialoges nach meiner Versetzung in den Ruhestand im Rahmen von zwei Seminarveranstaltungen zur Diskussion zu stellen: Im Sommersemester 2005 in einem Seminar zum *Menon*, das ich zusammen mit (der leider zu früh verstorbenen) Ulrike Wagner-Holzhausen von der Klassischen Philologie durchführen konnte. Im WS 2014/15 in einem Seminar ebenfalls zum *Menon* zusammen mit Gerhard Ernst vom Institut für Philosophie. In beiden Lehrveranstaltungen konnte ich sowohl von den Hinweisen und kritischen Bemerkungen der beteiligten Lehrpersonen wie von denen der Studierenden profitieren.

Was die Übersetzung des *Menon* angeht, so wurde sie dankenswerterweise im Jahre 2009 von Wolfgang Waletzki durchgesehen und im Jahr 2016 noch einmal von Hermann Weidemann. Wenn die Übersetzung einen Wert hat, so verdankt sie das nicht zuletzt den kritischen Beobachtungen der beiden Kollegen. Hermann Weidemann ist überdies dafür zu danken, dass er auch den Kommentar noch einmal einer gründlichen Durchsicht unterzogen hat. Schließlich gebührt meiner Frau Helga Ebert ein herzliches Dankeschön für die Tilgung einer Reihe von Fehlern in allen Phasen der Entstehung dieses Buches. Dass alle verbliebenen Unzulänglichkeiten und Fehler in die Verantwortung des Autors fallen, wird sich von selbst verstehen. Dem Verlag de Gruyter und den Herausgebern der Reihe „Quellen und Studien zur Philosophie" ist schließlich für die Aufnahme in das Programm des Verlages und in die erwähnte Reihe zu danken.

Erlangen, im September 2017   *Theodor Ebert*

Platon: *Menon*

Übersetzt von Theodor Ebert[1]

(70a) MEN. Sokrates, kannst du mir sagen, ob die Tugend lehrbar ist? Oder ist sie nicht lehrbar, kann aber eingeübt werden? Oder kann sie weder eingeübt noch gelernt werden, sondern stellt sich bei den Menschen von Natur aus ein oder auf sonst irgendeine Art und Weise?

SOK. Menon, früher waren die Thessalier unter den Griechen berühmt und wurden bewundert wegen ihrer Fähigkeiten als Reiter und wegen ihres Reichtums, (b) jetzt aber, so mein Eindruck, auch wegen ihrer Wissenschaft, vor allem die Mitbürger deines Freundes Aristippos aus Larisa. Das verdankt ihr dem Gorgias, denn als er nach Larisa kam, machte er die führenden Personen der Aleuaden, darunter auch deinen Liebhaber Aristippos, und der Thessalier allgemein zu Liebhabern der Wissenschaft. Er hat euch auch die Gewohnheit beigebracht, auf Fragen selbstsicher und souverän zu antworten, wie es Leuten zukommt, die über Wissen verfügen. (c) Schließlich war er ja in der Tat bereit, jedem Griechen, der ihm irgendeine Frage vorlegte, Rede und Antwort zu stehen, und blieb niemandem eine Antwort schuldig.

Aber hier bei uns, mein lieber Menon, ist ganz das Gegenteil eingetreten. Hier ist es sozusagen zu einer Art Wissensdürre gekommen, (71a) und die Wissenschaft muss wohl aus unserer Gegend zu euch fortgezogen sein. Jedenfalls wenn du einem von den Leuten hier deine Frage stellst, wird jeder dich auslachen und sagen: ‚Gastfreund, ich muss dir wohl als Glückspilz vorkommen, dass ich wissen soll, ob die Tugend lehrbar ist oder auf welche Art und Weise sie sonst sich einstellt. Weit entfernt, dass ich weiß, ob die Tugend lehrbar ist oder nicht, ich weiß nun überhaupt nicht einmal, was die Tugend ist.' (b) Auch ich selbst, Menon, bin genau in dieser Lage. Was diesen Gegenstand angeht, so teile ich die Bedürftigkeit meiner Mitbürger, und ich mache mir selbst Vorwürfe, dass ich von der Tugend überhaupt nichts weiß. Von einer Sache aber, von der ich nicht weiß, was sie ist, wie könnte ich da wohl wissen, welche Eigenschaften sie hat? Oder scheint es dir möglich, dass jemand, der Menon überhaupt nicht kennt, weiß, ob er schön oder reich oder auch von Adel ist oder das Gegenteil von all dem? Scheint dir das möglich?

MEN. Mir auf keinen Fall. Aber du, Sokrates, trifft es wirklich zu, dass du nicht weißt, was die Tugend ist? (c) Sollen wir das von dir auch nach Hause berichten?

---

[1] Der Übersetzung liegt der griechische Text in der Ausgabe von R. S. Bluck (1964) zugrunde. Auf die Zeilenzählung dieser Ausgabe sind auch die Zeilenangaben im Kommentar bezogen.

SOK. Nicht nur das, mein Freund, sondern auch, dass ich, meinem Eindruck nach, noch keinen anderen getroffen habe, der es wusste.

MEN. Was? Hast du denn Gorgias nicht getroffen, als er hier war?

SOK. Doch doch.

MEN. Und du hattest nicht den Eindruck, dass er es wusste?

SOK. Menon, ich habe einfach kein gutes Gedächtnis und kann daher im Augenblick nicht sagen, welchen Eindruck ich damals hatte. Aber vielleicht weiß er es ja, und du, was er gesagt hat. (d) Dann erinnere du mich, wie er sich geäußert hat. Wenn du aber willst, äußere dich selber! Denn du bist doch sicher der gleichen Ansicht wie er.

MEN. Das bin ich.

SOK. Lassen wir jenen also beiseite, schließlich ist er ja auch nicht da. Was aber dich selbst betrifft, Menon, bei den Göttern, was sagst du, dass die Tugend ist? Rede nur und enthalte es mir nicht vor, damit ich die glücklichste Lüge gelogen habe, wenn sich herausstellt, dass ihr beide, du und Gorgias, es offenbar wisst, ich aber behauptet habe, noch niemals irgend jemanden getroffen zu haben, der dieses Wissen hatte.

MEN. (e) Aber das ist doch nicht schwer anzugeben, Sokrates. Zuerst, wenn es dir um die Tugend des Mannes geht, so läßt sich leicht sagen, worin eines Mannes Tugend besteht: Er muss in der Lage sein, sich um die Angelegenheiten der Polis zu kümmern und dabei seinen Freunden zu nützen, seinen Feinden zu schaden und darauf zu achten, dass ihm selber nicht geschadet wird. Wenn es dir um die Tugend der Frau geht, so ist nicht schwer darzulegen, dass sie darin besteht, das Haus gut zu verwalten, alles im Hause in Stand zu halten und ihrem Mann zu gehorchen. Eine andere ist wiederum die Tugend eines Kindes, eines Mädchens wie eines Jungen, oder die Tugend eines älteren Mannes, eines Freien, wenn es dir darum geht, und die eines Sklaven, wenn es dir darum geht. (72a) Und es gibt noch eine Unzahl weiterer Tugenden, so dass man nicht in Verlegenheit kommt, anzugeben, was die Tugend ist. Denn für jede Tätigkeit und für jedes Lebensalter gibt es für jeden von uns bei jeder Aufgabe die entsprechende Tugend, und, wie ich ebenfalls glaube, Sokrates, auch die entsprechende Schlechtigkeit.

SOK. Ich scheine ja unglaubliches Glück zu haben, Menon, wo ich die eine Tugend suche und gleich auf einen Schwarm von Tugenden gestoßen bin, der sich bei dir niedergelassen hat. Aber, Menon, um einmal bei diesem Bild von den Schwärmen zu bleiben, (b) wenn du mir auf die Frage nach der Natur der Biene gesagt hättest, es gäbe viele ganz verschiedene Bienen, was würdest du mir wohl zur Antwort geben, wenn ich dich fragte: ‚Meinst du, dass sie viele ganz verschiedene und voneinander unterschiedene insoweit sind, als sie Bienen sind? Oder unterscheiden sie sich in dieser Hinsicht überhaupt nicht, wohl aber in anderer, etwa in ihrer Schönheit oder Größe oder in sonst etwas derartigem?' Sag, was würdest du auf so eine Frage antworten?

MEN. Das würde ich antworten, dass keine sich von einer anderen in irgendetwas unterscheidet, insoweit sie Bienen sind.

SOK. (c) Wenn ich anschließend sagte: ‚Erkläre mir nur noch dies, Menon: das, worin sie sich nicht unterscheiden, sondern alle identisch sind, was soll das deiner Meinung nach sein?' Darauf hättest du sicher für mich eine Antwort parat?

MEN. Aber sicher.

SOK. Genau so nun auch bei den Tugenden: Auch wenn es davon viele ganz verschiedene gibt, so besitzen sie doch alle eine und dieselbe Gestalt, aufgrund derer sie eben Tugenden sind: Mit dem richtigen Blick auf sie sollte derjenige, der antwortet, in der Lage sein, dem Frager das klar zu machen, was eben Tugend ist. (d) Oder verstehst du nicht, was ich meine?

MEN. Ich denke schon, dass ich das verstehe; allerdings habe ich das, wonach du fragst, nicht so im Griff, wie ich wohl möchte.

SOK. Menon, scheint es dir denn nur bei der Tugend so zu sein, dass sie eine andere beim Mann, wieder eine andere bei der Frau und bei den übrigen ist, oder ebenso auch bei der Gesundheit, bei der Größe und bei der Kraft? Scheint dir die Gesundheit des Mannes eine andere zu sein, eine andere die der Frau? Oder ist die Gestalt überall dieselbe, wenn es sich um die Gesundheit handelt, (e) gleichgültig ob sie bei einem Mann oder bei wem sonst vorliegt?

MEN. Die Gesundheit jedenfalls von Mann und Frau scheint mir dieselbe zu sein.

SOK. Also doch auch Größe und Kraft? Wenn immer eine Frau kräftig ist, dann wird sie doch aufgrund derselben Gestalt und aufgrund derselben Kraft kräftig sein? Ich meine mit ‚aufgrund derselben' dies: Für die Kraft macht es hinsichtlich des Kraft-Seins keinen Unterschied, ob sie bei einem Mann oder bei einer Frau vorliegt. Oder scheint dir da ein Unterschied zu sein?

MEN. Mir keineswegs.

SOK. (73a) Für die Tugend soll es aber einen Unterschied hinsichtlich des Tugend-Seins machen, ob sie bei einem Kind oder bei einem älteren Mann, ob sie bei einer Frau oder bei einem Mann vorliegt?

MEN. Ich habe doch irgendwie den Eindruck, Sokrates, dass das den erwähnten anderen Fällen nicht mehr analog ist.

SOK. Was? Hast du nicht gesagt, dass die Tugend eines Mannes darin besteht, die Polis, die der Frau, das Haus gut zu verwalten?

MEN. Doch.

SOK. Ist denn jemand fähig, die Polis oder das Haus oder was auch sonst gut zu verwalten, wenn er es nicht besonnen und gerecht verwaltet?

MEN. Sicher nicht.

SOK. (b) Immer wenn sie es gerecht und besonnen verwalten, werden sie es also mit Gerechtigkeit und mit Besonnenheit verwalten?
MEN. Notwendigerweise.
SOK. Beide, sowohl die Frau wie der Mann, haben daher, wenn sie gut sein sollen, dasselbe nötig, nämlich Gerechtigkeit und Besonnenheit?[2]
MEN. Es scheint so.
SOK. Wie ist es dann beim Kind und beim älteren Mann? Könnten die wohl, wenn sie unbeherrscht und ungerecht sind, jemals gut sein?
MEN. Sicher nicht.
SOK. Sondern besonnen und gerecht müssen sie sein?
MEN. Ja.
SOK. (c) Also sind alle Menschen auf dieselbe Art und Weise gut. Denn damit sie gut werden, müssen sich dieselben Eigenschaften bei ihnen finden?[3]
MEN. Anscheinend.
SOK. Keineswegs aber könnten sie, wenn sie nicht dieselbe Tugend besäßen, auf dieselbe Art und Weise gut sein.
MEN. Sicher nicht.
SOK. Da nun doch alle dieselbe Tugend besitzen, versuche anzugeben und dich zu erinnern, was Gorgias sagt, dass sie sei, und du mit ihm.
MEN. Was denn sonst, als fähig zu sein, über die Menschen zu herrschen? (d) Wenn du schon nach etwas suchst, was einheitlich für alle Fälle paßt.
SOK. Danach suche ich in der Tat. Aber ist denn dies auch die Tugend eines Kindes, Menon, oder gar die eines Sklaven, fähig zu sein, über den Herrn zu herrschen? Und scheint dir, wer so herrscht, immer noch ein Sklave zu sein?
MEN. Das scheint mir überhaupt nicht, Sokrates.
SOK. Es ist nämlich auch ganz unwahrscheinlich, mein Bester. Ziehe doch auch noch folgendes in Betracht! Fähig sein zu herrschen, ist deine Definition. Müssen wir da nicht anhängen ‚gerecht, nicht aber ungerecht'?
MEN. Das glaube ich allerdings auch. Denn die Gerechtigkeit ist Tugend, Sokrates.
SOK. (e) Tugend, Menon, oder eine Tugend?
MEN. Wie meinst du das?
SOK. Wie bei sonst irgend etwas. So würde ich für meinen Teil, um dir ein Beispiel zu geben, von der Rundheit behaupten, dass sie eine Figur ist, aber nicht

---

[2] Ich lese die Bemerkung des Sokrates 73b3–5, anders als die modernen Herausgeber, Bluck ebenso wie Burnet und Croiset, als Frage. Schließlich soll Menon hier eine Antwort geben.
[3] Auch diese Folgerung des Sokrates ist als Frage an Menon zu lesen.

einfach uneingeschränkt, dass sie Figur ist. Und ich würde mich deswegen so ausdrücken, weil es auch noch andere Figuren gibt.

MEN. Du würdest dich so ganz richtig ausdrücken, denn auch ich behaupte, dass es nicht nur die Gerechtigkeit, sondern auch noch andere Tugenden gibt.

SOK. (74a) Welche denn? Nenne sie! Ich würde dir zum Beispiel auch, wenn du mich dazu auffordern würdest, andere Figuren nennen. Nenne du mir also auch andere Tugenden.

MEN. Die Tapferkeit scheint mir jedenfalls eine Tugend zu sein und die Besonnenheit, das Wissen, die Großzügigkeit und eine Unzahl anderer.

SOK. Menon, uns ist doch wieder dasselbe passiert. Wir suchen die eine Tugend, und sind auf eine Vielzahl von Tugenden gestoßen, etwas anders als vorhin. Die eine aber, die in all diesen ist, die können wir nicht finden.

MEN. Es gelingt mir eben einfach nicht, Sokrates, so wie du suchst, (b) eine Tugend, die alle umfasst, zu ergreifen, so wie ich das in anderen Fällen kann.

SOK. Ganz verständlich. Aber dann will ich mir einmal Mühe geben, uns, sofern ich dazu in der Lage bin, voranzubringen. Denn du verstehst doch, dass das hier ganz allgemein gilt. Wenn dich jemand fragte, so wie ich dich gerade gefragt habe: ‚Menon, was ist Figur?' und wenn du ihm sagtest, Rundheit, und er dir, wie ich es tat, erwidern würde ‚Ist die Rundheit Figur oder eine Figur?', dann würdest du doch wohl erwidern, eine Figur?

MEN. Aber sicher.

SOK. (c) Und das doch deswegen, weil es noch andere Figuren gibt?

MEN. Ja.

SOK. Und wenn er dich weiter fragen würde, welche das sind, würdest du sie angeben?

MEN. Natürlich.

SOK. Und wenn er dich genauso fragen würde, was Farbe ist, und wenn er auf deine Antwort ‚Weiß' dann fortfahren würde mit der Frage: ‚Ist Weiß Farbe oder eine Farbe?', würdest du doch sagen, eine Farbe, weil es auch noch andere Farben gibt?

MEN. Natürlich.

SOK. (d) Und wenn er dich auffordern würde, weitere Farben zu nennen, dann würdest du weitere nennen, die um nichts weniger Farben sind als Weiß?

MEN. Ja.

SOK. Wenn er nun das Argument auf meine Art fortsetzen würde mit der Bemerkung: ‚Immer wieder kommen wir auf vieles, aber darum geht es mir nicht, sondern da du diese vielen Dinge mit einem einzigen Ausdruck bezeichnest und behauptest, dass keines von ihnen nicht Figur ist, obwohl sie einander entgegengesetzt sind, was ist also das, was Rundes ebenso umfasst wie Geradliniges, was du Figur nennst, wobei du (e) vom Runden ebenso wie vom Geradlinigen behauptest, dass es eine Figur ist?' Oder ist das nicht deine Behauptung?

MEN. Doch doch.

SOK. Wenn du das behauptest, meinst du dann etwa, das Runde sei ebenso rund wie geradlinig, oder das Geradlinige ebenso geradlinig wie rund?

MEN. Keinesfalls, Sokrates.

SOK. Aber du behauptest doch, dass das Runde ebenso Figur ist wie das Geradlinige, und umgekehrt?

MEN. Das ist richtig.

75   SOK. Was ist dann das, dem dieser Ausdruck zukommt, ‚Figur'? (75a) Versuche es anzugeben! Wenn du nun jemandem, der dir diese Frage stellt, sei es zu Figur, sei es zu Farbe, erwiderst ‚Aber weder verstehe ich, guter Mann, was du willst, noch weiß ich, was du meinst.' dann würde der sich vielleicht wundern und sagen: ‚Verstehst du nicht, dass ich das in all diesen Fällen Identische suche?' Oder, Menon, wärest du auch nicht in der Lage, bei diesen Dingen zu antworten, wenn[4] jemand fragte: ‚Was ist denn bei dem Runden, dem Geradlinigen und bei dem anderen, was du Figuren nennst, das Identische in all diesen Fällen?' Versuche es anzugeben, damit du auch für die Antwort hinsichtlich der Tugend Übung bekommst.

MEN. (b) Nein, Sokrates, sondern gib du die Antwort.

SOK. Soll ich dir diesen Gefallen tun?

MEN. O ja.

SOK. Wirst du dann auch bereit sein, mir die Antwort für die Tugend zu geben?

MEN. Auf jeden Fall.

SOK. Dann muss ich mich ins Zeug legen; denn es lohnt ja die Mühe.

MEN. Mit Sicherheit.

SOK. Also gut, dann will ich versuchen, dir anzugeben, was Figur ist. Prüfe nun, ob du annimmst, sie sei dieses: Figur sei für uns folgendes: Was allein von allen Dingen immer mit Farbe zusammengeht. Genügt dir das oder suchst du danach noch irgendwie anders? Ich wäre nämlich schon ganz zufrieden, (c) wenn du mir so die Tugend bestimmen würdest.

MEN. Aber, Sokrates, das ist doch naiv.

SOK. Wie meinst du das?

MEN. Dass nach deiner Erklärung, wenn ich recht verstehe, Figur das sein soll, was immer mit Farbe zusammengeht. Schön und gut. Wenn aber jemand

---

4 Ich lese mit der Mehrzahl der Handschriften in 75a5 ἐρωτῴη, ohne das σε, das nur in F bezeugt ist.

sagt, er wisse nicht, was Farbe ist, sondern wisse genauso wenig weiter wie bei der Figur, was glaubst du ihm für eine Antwort gegeben zu haben?

SOK. Eine zutreffende, glaube ich. Wenn der Frager zu den Experten und zu denen gehören würde, die auf Wortstreit und Wettkampf aus sind, dann würde ich ihm sagen: (d) ‚Meine Antwort habe ich gegeben. Wenn ich aber nicht korrekt geantwortet habe, dann ist es an dir, das Argument zu übernehmen und mich zu widerlegen.' Wenn er aber einer ist wie ich und du, die wir als Freunde jetzt miteinander ein Gespräch führen wollen, dann muss man wohl etwas nachgiebiger und dialektischer antworten. Dabei heißt ‚dialektischer' wohl, nicht nur zutreffend zu antworten, sondern auch aufgrund von dem, was der Befragte[5] vorher als bekannt zugestanden hat. Deshalb will auch ich versuchen, dir so zu antworten. (e) Sage mir, du nennst doch etwas ‚Ende'; ich meine etwas in der Art von ‚Grenze' oder ‚Äußerstem' – alle diese Ausdrücke kommen, wie ich behaupte, auf dasselbe hinaus. Vielleicht würde Prodikos hier anderer Meinung sein, aber du nennst doch etwas ‚begrenzt sein' und ‚zu Ende gekommen sein' – etwas Derartiges meine ich, nicht irgend etwas Schillerndes.

MEN. Doch, das nenne ich so, und ich glaube zu verstehen, was du meinst.

SOK. (76a) Dann weiter! Nennst du etwas ‚eben' und etwas anderes wiederum ‚Körper', wie diese Ausdrücke beispielsweise in der Geometrie gebraucht werden?

MEN. Das nenne ich so.

SOK. Aufgrund dieser Angaben könntest du bereits verstehen, was ich Figur nenne. Von jeder Figur behaupte ich nämlich, dass eine Figur das ist, worin ein Körper endet. Was ich so zusammenfassen könnte: Figur ist die Grenze eines Körpers.

MEN. Aber was, Sokrates, ist deiner Behauptung nach Farbe?

SOK. Du nimmst dir allerhand heraus, Menon. Einem alten Mann legst du schwierig zu beantwortende Sachen vor, (b) selber willst du dich aber nicht daran erinnern und davon berichten, was nach der Behauptung des Gorgias die Tugend ist.

MEN. Aber wenn du mir das noch erklärt hast, Sokrates, dann sage ich es dir.

SOK. Selbst mit verbundenen Augen würde jemand, der sich mit dir unterhält, Menon, merken, dass du schön bist und noch Liebhaber hast.

MEN. Wieso denn das?

SOK. Weil du in der Diskussion immer nur herumkommandierst, wie es die verwöhnten Jungen machen, die ja ihren eigenen Kopf durchsetzen können, solange ihr jugendliches Aussehen dauert. (c) Und gleichzeitig hast du vielleicht

---

[5] Ich lese an der Stelle 75d7 statt des ὁ ἐρωτῶν (der Fragende) von Bluck mit Burnet und Verdenius (1957 ad loc.) ὁ ἐρωτώμενος (der Befragte).

bei mir bemerkt, dass ich bei den Schönen schwach werde. Ich werde dir also den Gefallen tun und eine Antwort geben.

MEN. Den Gefallen tu mir allerdings!

SOK. Soll ich dir die Antwort in der Art des Gorgias geben, der du am besten wirst folgen können?

MEN. Natürlich möchte ich das.

SOK. Sagt ihr nun nicht, dass es nach Empedokles gewisse Abflüsse von den Dingen gibt?

MEN. Aber ja.

SOK. Und Gänge, in die und durch die diese Abflüsse gehen?

MEN. Ja sicher.

SOK. Und dass von den Abflüssen die einen für einige der Gänge passend sind, die anderen aber dafür zu klein oder zu groß sind?

MEN. (d) So ist es.

SOK. Nennst du nicht auch etwas ‚Gesichtssinn'?

MEN. Natürlich.

SOK. Aufgrund dieser Angaben ‚vernimm, was ich dir sage', wie es bei Pindar heißt. Farbe ist nämlich ein Abfluss von Figuren, dem Gesichtssinn angepasst und somit wahrnehmbar.

MEN. Meiner Meinung nach eine ganz ausgezeichnete Antwort, Sokrates!

SOK. Sie ist nämlich wohl so formuliert, wie du es gewohnt bist. Und du hast, glaube ich, bemerkt, dass du auf dieser Grundlage in der Lage wärst, eine Erklärung auch für Schall (e) und Geruch und für vieles dieser Art anzugeben.

MEN. Allerdings.

SOK. Es ist nämlich eine theatralische Antwort, Menon. Darum gefällt sie dir besser als die zur Figur.

MEN. Das tut sie.

SOK. Aber sie ist nicht besser, du Sohn des Alexidemos, wie ich meinerseits überzeugt bin, sondern die andere ist besser. Ich glaube, auch dir würde sie nicht so vorkommen, wenn du nicht, wie du gestern sagtest, schon vor den Mysterien abreisen müsstest, sondern bleiben könntest, um eingeweiht zu werden.

MEN. (77a) Ich würde schon bleiben, Sokrates, wenn du mir viele solche Erklärungen geben würdest.

SOK. An mangelnder Bereitschaft meinerseits, dir solche Erklärungen zu geben, soll es aber nicht liegen, sowohl deinet- als auch meinetwegen. Ich werde jedoch wohl nicht in der Lage sein, viele derartige Erklärungen zu geben.

Aber komm jetzt, versuche auch du, mir dein Versprechen einzulösen; gib an, was die Tugend im Ganzen ist, und höre auf, ‚aus Einem Vieles zu machen', wie man im Scherz zu denen sagt, die etwas zerbrechen, sondern erkläre, was die

Tugend ist, und lasse sie dabei heil und ganz. (b) Beispiele dafür hast du ja von mir erhalten.

MEN. Ich denke, Sokrates, Tugend ist, wie der Dichter sagt, ‚sich an Schönem zu freuen und dessen fähig zu sein'. Und ich gebe diese Erklärung der Tugend: Wenn man Schönes begehrt, fähig zu sein, es sich zu verschaffen.

SOK. Meinst du mit dem, der schöne Dinge begehrt, jemanden, der gute Dinge begehrt?

MEN. Aber ja.

SOK. Auch, dass es einige gibt, die schlechte Dinge begehren, andere gute? (c) Nicht alle, mein Bester, scheinen dir Gutes zu begehren?

MEN. Mir keineswegs.

SOK. Sondern einige Schlechtes?

MEN. Ja.

SOK. Meinst du, dass diese glauben, das Schlechte sei gut, oder dass sie in Kenntnis dessen, dass es schlecht ist, es trotzdem begehren?

MEN. Beides, scheint mir.

SOK. Menon, scheint dir denn wirklich irgend einer, in Kenntnis dessen, dass Schlechtes schlecht ist, es dennoch zu begehren?

MEN. Durchaus.

SOK. Was, meinst du, begehrt er denn? Nicht, dass er es bekommt?

MEN. Dass er es bekommt, was denn sonst?

SOK. (d) In der Meinung, dass das Schlechte für den von Nutzen ist, der es bekommt, oder in Kenntnis dessen, dass das Schlechte dem schadet, bei dem es sich einstellt?

MEN. Es gibt welche, die meinen, dass das Schlechte von Nutzen ist, es gibt aber auch welche, die wissen, dass es schadet.

SOK. Und bist du wirklich der Ansicht, dass diejenigen, die meinen, das Schlechte sei von Nutzen, auch wissen, dass das Schlechte schlecht ist?

MEN. Nein, der Ansicht bin ich keineswegs.

SOK. Liegt es dann nicht auf der Hand, dass diese nicht Schlechtes begehren, (e) über das sie ja in Unkenntnis sind, sondern das, was sie für gut halten, was in Wahrheit aber schlecht ist? Da sie über dieses aber in Unkenntnis sind und es für gut halten, liegt es also auf der Hand, dass sie Gutes begehren. Oder nicht?

MEN. Darauf läuft es bei ihnen wohl hinaus.

SOK. Und weiter! Diejenigen, die zwar, wie du behauptest, Schlechtes begehren, aber der Meinung sind, das Schlechte schade dem, bei dem es sich einstellt, wissen doch, dass sie davon Schaden nehmen werden?

MEN. Notwendig.

SOK. (78a) Aber diese Leute sollen nicht glauben, dass diejenigen, die Schaden nehmen, elend dran sind, soweit sie Schaden nehmen?

MEN. Doch, auch das ist notwendig.
SOK. Und sind nicht die, die elend dran sind, unglücklich?
MEN. Das will ich meinen.
SOK. Gibt es nun jemanden, der elend und unglücklich sein will?
MEN. Das glaube ich nicht, Sokrates.
SOK. Also will niemand Schlechtes, Menon, wenn doch niemand in dieser Lage sein will. Denn was ist elend sein anderes als Schlechtes zu begehren und sich in seinen Besitz zu bringen?
MEN. Es läuft wohl darauf hinaus, dass du recht hast, Sokrates, (b) und dass niemand Schlechtes will.
SOK. Hast du nicht eben gesagt, die Tugend sei, das Gute zu wollen und dessen fähig zu sein?
MEN. Ja, das habe ich gesagt.
SOK. Kommt nicht nach dieser Festsetzung das Wollen allen zu, und in dieser Hinsicht ist keiner besser als ein anderer?
MEN. So scheint es.
SOK. Aber dann liegt es doch auf der Hand, dass wenn einer besser ist als ein anderer, dann wegen seines Fähigseins?
MEN. In der Tat.
SOK. Wie es scheint, ist also nach deiner Erklärung dies die Tugend, die Fähigkeit, sich Güter zu verschaffen?
MEN. (c) Ich denke, dass es sich genauso verhält, Sokrates, wie du jetzt annimmst.
SOK. Sehen wir uns daher auch diese Formulierung darauf hin an, ob du recht hast. Denn du sagst ja vielleicht etwas Richtiges. Du behauptest also, Tugend sei, sich Güter verschaffen zu können.
MEN. Ja, das behaupte ich.
SOK. Nennst du nicht beispielsweise Gesundheit und Reichtum Güter?
MEN. Ich nenne sowohl den Besitz von Gold und Silber als auch Ehren und Ämter in der Polis so.
SOK. Nennst du neben den Dingen dieser Art nicht noch andere Dinge Güter?
MEN. Nein, sondern die Dinge dieser Art sind alles, was ich Güter nenne.
SOK. (d) Nun gut. Sich Gold und Silber beschaffen ist dann Tugend, wie Menon behauptet, des Großkönigs Gastfreund von seines Vaters Seite her. Oder möchtest du bei diesem Beschaffen etwas ergänzen, Menon, ‚auf gerechte und fromme Weise', oder macht das für dich keinen Unterschied, sondern du nennst es auch dann Tugend, wenn sich jemand diese Dinge auf ungerechte Weise verschafft?
MEN. Auf keinen Fall, Sokrates.
SOK. Sondern Schlechtigkeit?
MEN. Auf alle Fälle.

SOK. Es muss also anscheinend bei diesem Beschaffen Gerechtigkeit oder Besonnenheit oder Frömmigkeit dabei sein, oder ein anderer Teil der Tugend. (e) Wenn das aber nicht der Fall ist, dann haben wir es nicht mit Tugend zu tun, auch wenn dabei Güter beschafft werden?

MEN. Wie könnte denn auch ohne das Tugend zustande kommen?

SOK. Wäre dagegen das Nicht-Beschaffen von Gold und Silber, wenn das Beschaffen nicht gerecht ist, weder für einen selbst noch für jemand anderen, wäre dann nicht auch dies Tugend, das Nicht-Beschaffen?

MEN. Es scheint so.

SOK. Also wäre das Beschaffen derartiger Güter nicht eher Tugend als das Nicht-Beschaffen, sondern anscheinend wird, was immer zugleich mit Gerechtigkeit zustande kommt, Tugend sein, (79a) was dagegen ohne alle solche Eigenschaften zustande kommt, Schlechtigkeit?

MEN. Ich meine, dass es notwendig so ist, wie du sagst.

SOK. Haben wir nicht gerade vorhin gesagt, dass jede dieser Eigenschaften ein Teil der Tugend ist, Gerechtigkeit und Besonnenheit und alle Eigenschaften dieser Art?

MEN. Ja.

SOK. Also, Menon, willst du mich auf den Arm nehmen?

MEN. Wieso denn das, Sokrates?

SOK. Weil du, obwohl ich dich gerade gebeten habe, die Tugend nicht zu zerschneiden und zu zerstückeln, und ich dir Beispiele für korrekte Antworten gegeben habe, das alles ignorierst und mir sagst: ‚Tugend ist die Fähigkeit, sich die Güter mit Gerechtigkeit zu verschaffen.' (b) Die aber nennst du einen Teil der Tugend.

MEN. Das tue ich.

SOK. Es ergibt sich folglich aus dem, was du zugestehst, dass, mit einem Teil der Tugend zu tun, was immer jemand tut, Tugend ist. Denn die Gerechtigkeit nennst du einen Teil der Tugend, und so jede der erwähnten Eigenschaften.

MEN. Und was soll das?

SOK. Ich sage das, weil ich dich gebeten hatte, die Tugend insgesamt zu bestimmen. Aber du bist weit davon entfernt, zu erklären, was sie ist, sondern nennst jedes Tun Tugend, wenn es mit einem Teil der Tugend getan wird, (c) als ob du schon angegeben hättest, was Tugend insgesamt ist, und als könnte ich sie bereits erkennen, auch wenn du sie nun in ihre Teile zerstückelst. Daher musst du dir, lieber Menon, wieder dieselbe Frage stellen wie zu Beginn, was die Tugend ist, wenn doch jedes Tun mit einem Teil der Tugend Tugend sein soll. Darauf läuft es nämlich hinaus, wenn man sagt, dass jedes Tun mit Gerechtigkeit Tugend ist. Oder hast du nicht den Eindruck, dass du dir wieder dieselbe Frage stellen musst, sondern meinst, jemand könne wissen, was ein Teil der Tugend ist, obgleich er nicht weiß, was die Tugend selbst ist?

MEN. Nein, das meine ich nicht.

SOK. (d) Wir haben ja auch, wenn du dich an meine Antwort auf die Frage nach der Figur erinnern wirst, damals eine Antwort des Typs verworfen, bei der das verwendet wurde, was erst noch gesucht wurde und worüber noch keine Einigung erzielt worden war.

MEN. Und das haben wir doch ganz zu Recht verworfen.

SOK. Aber, mein Bester, dann glaube auch du nicht, dass du, solange noch nach der Erklärung der Tugend insgesamt gesucht wird, sie irgendwem klar machen kannst, wenn in deiner Antwort von ihren Teilen die Rede ist oder wenn du auf diese Art sonst etwas beantwortest. (e) Glaube vielmehr, dass wir wieder dieselbe Frage stellen müssen, welche Auffassung von dem, was Tugend ist, dem zugrunde liegt, was du sagst. Oder meinst du, an dem was ich sage, sei nichts dran?

MEN. Ich meine schon, dass du mit dem Gesagten recht hast.

SOK. Dann antworte also wieder auf die Ausgangsfrage: Was sagst du, dass die Tugend ist, du sowohl als auch dein Freund Gorgias.

MEN. Ach Sokrates, bevor ich dich überhaupt kennen gelernt habe, (80a) ist mir wiederholt gesagt worden, dass du selbst deine Untersuchungen bis zu einem Punkt führst, wo es kein Weiterkommen mehr gibt, und dass du alle anderen in die gleiche Situation bringst. Auch jetzt, habe ich den Eindruck, behexest und bezauberst du mich und kommst mir geradezu mit magischen Sprüchen, so dass man absolut nicht mehr weiter weiß. Und du scheinst mir, wenn ich mir einmal einen Scherz erlauben darf, deinem Äußeren nach und auch sonst in jeder Hinsicht dem Zitterrochen, diesem platten Meeresfisch, vollkommen zu gleichen. Denn auch dieser Fisch lässt jeden, der ihm nahekommt oder ihn berührt, starr werden; und eine solche Wirkung scheinst du jetzt auch auf mich auszuüben. Denn auch ich bin wirklich an Seele und Mund starr geworden (b) und nicht in der Lage, dir Rede und Antwort zu stehen. Dabei habe ich wohl schon tausend Mal vor vielen Leuten unzählige Reden über die Tugend gehalten, und das recht gut, wie mir schien. Jetzt dagegen bringe ich es nicht einmal fertig zu sagen, was sie ist. Ich glaube im übrigen, du tätest gut daran, nicht von hier wegzugehen oder zu verreisen. Denn wenn du als Fremder so etwas in einer anderen Stadt machen würdest, dann würde man dich wohl als Hexer verhaften.

SOK. Menon, du bist trickreich und hättest mich beinahe aufs Kreuz gelegt.

MEN. Wieso denn das, Sokrates?

SOK. (c) Ich habe schon gemerkt, warum du mich zum Gegenstand dieses Vergleichs gemacht hast.

MEN. Und was glaubst du, warum?

SOK. Damit ich dich ebenfalls mit etwas vergleiche. Ich weiß, dass alle Schönen das gerne haben, denn es kommt ihnen zupass. Schließlich sind, denke ich, auch die Vergleichsgegenstände für schöne Menschen schön. Aber ich werde dich nicht zum Gegenstand eines Vergleiches machen. Und was mich angeht, so gleiche ich einem Zitterrochen nur, wenn er selbst so starr ist wie er die anderen macht. Wenn er das nicht ist, dann nicht. Denn es ist ja nicht so, dass ich alle anderen dazu bringe, nicht mehr weiter zu wissen, während ich selbst einen Ausweg weiß. (d) Vielmehr bringe ich als jemand, der selbst nicht mehr weiter weiß, alle anderen dazu, nicht mehr weiter zu wissen. Auch jetzt, bei unserer Untersuchung über die Tugend, weiß ich nicht, was sie ist. Früher allerdings hast du es vielleicht einmal gewusst, bevor du mit mir in Berührung kamst, jetzt allerdings bist du einem ähnlich, der es nicht weiß. Trotzdem will ich mit dir gemeinsam untersuchen und suchen, was sie wohl ist.

MEN. Und wie willst du denn das suchen, Sokrates, von dem du überhaupt nicht weißt, was es ist? Denn als Ding mit welcher Beschaffenheit unter den Dingen, von denen du dies nicht weißt, willst du es dir vorstellen, um es zu suchen? Und selbst wenn du genau auf das Gesuchte triffst, wie willst du wissen, dass dieses das dir unbekannte Ding ist?

SOK. (e) Ich verstehe, was du sagen willst, Menon. Siehst du, was für ein eristisches Argument du da ausspinnst, dass es also einem Menschen weder möglich ist, zu suchen, was er weiß, noch, was er nicht weiß; denn er würde ja wohl nicht suchen, was er weiß, – denn er weiß es ja, und für so jemanden ist eine Suche überflüssig – noch, was er nicht weiß, – denn er weiß ja nicht, wonach er suchen soll.

MEN. (81a) Hast du nicht den Eindruck, dass dieses Argument schön formuliert ist, Sokrates?

SOK. Ich keineswegs.

MEN. Kannst du sagen, wieso?

SOK. Das kann ich. Vernommen habe ich nämlich von Männern und von Frauen, die in göttlichen Dingen bewandert sind ...

MEN. Und was für ein Argument brachten die vor?

SOK. Ein wahres, wie mir jedenfalls scheint, und schönes.

MEN. Was für eines denn, und wer sind die, die es vorbringen?

SOK. Die es vorbringen, gehören zu den Priestern sowie zu den Priesterinnen, denen daran gelegen ist, von den Dingen, die sie verwalten, Rechenschaft geben zu können. (b) Aber auch Pindar sagt es und viele andere unter den Dichtern, soviel ihrer göttlich sind. Was sie sagen, ist dies. Prüfe aber, ob sie dir die Wahrheit zu sagen scheinen. Sie sagen nämlich, dass die Seele des Menschen unsterblich ist, zwar gehe es zu einer Zeit mit ihr zuende – was man Sterben nennt –, zu einer anderen Zeit komme sie jedoch von neuem zum Leben, völlig zugrunde aber gehe sie niemals. Daher sei es geboten, sein Leben so fromm wie nur möglich zu leben. Diejenigen nämlich, von denen

> Persephone die Buße für früheren Frevel erhalten,
> deren Seele sendet zur Sonne hier oben sie im
> neunten Jahre wieder zurück;
> (c) daraus erhabene Herrscher und
> Männer, gewaltig an Kraft, großartig im Wissen, erwachsen.
> Heilige Helden heißen für immer sie unter den Menschen.

Da die Seele also unsterblich ist und schon oft wieder geboren wurde, da sie gesehen hat, was alles in dieser und in jener Welt ist, gibt es nichts, was sie nicht in Erfahrung gebracht hat. Daher ist es kein Wunder, dass es für die Seele möglich ist, sich, was die Tugend angeht oder was sonst immer, an das zu erinnern, was sie schon einmal wusste. Denn da die ganze Natur ja miteinander verwandt ist und (d) da die Seele alles in Erfahrung gebracht hat, so spricht nichts dagegen, dass jemand, der an nur eine Sache erinnert wird – was bei den Menschen ‚Lernen' heißt – auch alles andere wiederfindet, wenn er nur unerschrocken vorgeht und bei der Suche nicht locker lässt. Denn das Suchen und das Lernen ist ja insgesamt Wiedererinnerung.

Daher darf man dem eristischen Argument keinen Glauben schenken. Denn es würde uns träge machen, es ist Musik in den Ohren der Weichlinge, dieses dagegen spornt uns zur Tätigkeit und zur Nachforschung an. (e) Weil ich darauf vertraue, dass es wahr ist, bin ich willens, mit dir nach dem zu suchen, was die Tugend ist.

MEN. Ja, Sokrates. Aber behauptest du dies uneingeschränkt[6], dass wir nicht lernen, sondern dass das, was wir lernen nennen, Wiedererinnerung ist? Kannst du mich belehren, dass es sich so verhält?

SOK. Ich habe eben schon gesagt, Menon, dass du trickreich bist, und, (82a) wo ich doch gerade behaupte, dass es keine Belehrung gibt, sondern nur Wiedererinnerung, fragst du mich jetzt, ob ich dich belehren kann, damit ich mir sofort ganz offenkundig selbst widerspreche.

MEN. Nein, beim Zeus, Sokrates, nicht mit dieser Absicht habe ich das gesagt, sondern aus Gewohnheit. Aber wenn du mir irgendwie nachweisen kannst, dass es sich so verhält, wie du sagst, dann tu es.

---

6 Ich lese an der Stelle 81e3, anders als Bluck und Burnet, mit Verdenius (1964 ad loc.) ἀλλ' ἁπλῶς statt ἀλλὰ πῶς, eine Lesart, die nur von F und (allerdings ohne ἀλλά) Stobaios bezeugt ist. Siehe dazu Appendix IV.

SOK. Das ist zwar nicht ganz leicht, aber ich bin bereit, mir deinetwegen diese Mühe machen. Rufe mir aus deinem zahlreichen Gefolge hier einen herbei, (b) wen immer du willst, damit ich es dir an ihm demonstriere.
MEN. Aber gern. Du da, komm einmal her.
SOK. Ist er Grieche und spricht Griechisch?
MEN. Ausgezeichnet, er ist ja in meinem Haus geboren.
SOK. Dann gib jetzt gut acht, was er dir zu tun scheint: ob er sich erinnert oder etwas von mir lernt.
MEN. Ich werde schon achtgeben.
SOK. Sage mir, Junge, erkennst du, dass das hier ein viereckiges Flächenstück sein soll?
SKL. Ja sicher.
SOK. Kann nun das viereckige Flächenstück (c) alle diese vier Linien von gleicher Länge haben?
SKL. Natürlich.
SOK. Und nicht auch die von gleicher Länge, die durch die Mitte gehen?
SKL. Ja.
SOK. Kann ein solches Flächenstück nun nicht größer oder auch kleiner sein?
SKL. Natürlich.
SOK. Wenn nun diese Seite zwei Fuß lang wäre und diese andere auch, wieviel Fuß würde das Ganze enthalten? Schau es dir einmal so an: Wenn es hier zwei Fuß lang wäre, hier aber nur einen Fuß lang, wäre das Flächenstück dann nicht ein mal zwei Fuß groß?
SKL. Ja.
SOK. (d) Da es aber auch hier zwei Fuß lang ist, kann da etwas anderes als zwei mal zwei herauskommen?
SKL. Das kommt heraus.
SOK. Also kommen zwei mal zwei Fuß heraus?
SKL. Ja.
SOK. Wieviel sind dann zwei mal zwei Fuß? Rechne es einmal aus!
SKL. Vier, Sokrates.
SOK. Könnte man nicht auch ein Flächenstück erhalten, das verschieden von diesem ist, aber doppelt so groß wie es, bei dem jedoch wie bei diesem alle Linien wieder gleich lang sind?
SKL. Ja.
SOK. Wieviel Fuß wird es dann enthalten?
SKL. Acht.
SOK. Nun gut, versuche mir zu sagen, wie lang jede Seite von diesem neuen Flächenstück sein wird? (e) Die von diesem hier ist zwei Fuß lang. Wie lang wird dann die Seite jenes doppelt so großen sein?

SKL. Es ist doch klar, Sokrates, dass sie doppelt so lang sein wird.

SOK. Siehst du, Menon, dass ich ihn nichts lehre, sondern ihn alles nur frage. Jetzt glaubt er noch zu wissen, was für eine Seite es ist, auf der das acht Fuß große Flächenstück sich errichten lässt. Oder hast du nicht diesen Eindruck?

MEN. Doch doch.

SOK. Weiß er es denn?

MEN. Mit Sicherheit nicht.

SOK. Er glaubt aber doch, auf der doppelt so langen Seite?

MEN. Ja.

SOK. Sieh nun genau hin, wie er sich schrittweise wiedererinnern wird, so wie es beim Wiedererinnern sein muss.

(Zum Sklaven:) Sage mir, du behauptest, dass sich das verdoppelte Flächenstück auf der doppelt so langen Seite errichten lässt? (83a) Ich meine ein Flächenstück, das so aussieht: nicht an dieser Seite lang, an der hier kurz, sondern es soll an allen Seiten gleich lang sein, ganz wie das erste Flächenstück, aber doppelt so groß, nämlich acht Fuß. Aber sieh zu, ob du immer noch den Eindruck hast, dass sich dieses Flächenstück auf der doppelt so langen Seite errichten läßt?

SKL. Ja, ich schon.

SOK. Erhalten wir nun nicht eine doppelt so lange Seite wie diese, sobald wir eine zweite, genau so lange, von hier aus ansetzen?

SKL. Sicher.

SOK. Auf dieser läßt sich also, so deine Behauptung, das acht Fuß große Flächenstück errichten, sobald man vier Seiten von eben dieser Länge hat?

SKL. (b) Ja.

SOK. Dann zeichnen wir doch einmal im Ausgang von dieser vier gleich lange Seiten. Das hier wäre, so deine Behauptung, genau das Flächenstück von acht Fuß?

SKL. Sicher.

SOK. Enthält es nicht diese vier hier, von denen jedes genau so groß ist wie das vier Fuß große?

SKL. Ja.

SOK. Wie groß wird es dann sein? Nicht vierfach so groß wie das erste?

SKL. Was sonst?

SOK. Das vierfach so große ist dann zweifach so groß?

SKL. Nein, beim Zeus!

SOK. Sondern wievielfach?

SKL. Vierfach.

SOK. Auf der doppelten Seite läßt sich also, mein Junge, (c) nicht ein doppeltes, sondern ein vierfaches Flächenstück errichten.

SKL. Da hast du recht.

SOK. Denn vier mal vier ist sechzehn, nicht wahr?
SKL. Ja.
SOK. Auf welcher Linie lässt sich das acht Fuß große errichten? Auf dieser Linie, nicht wahr, ergibt sich ein vierfaches.
SKL. Das behaupte ich.
SOK. Dieses Viertelstück aber auf der Hälfte dieser Linie?
SKL. Ja.
SOK. Nun gut. Ist das Flächenstück von acht Fuß nicht das Doppelte von diesem, aber die Hälfte von diesem anderen Viereck?
SKL. Ja.
SOK. muss es dann nicht auf einer Linie errichtet werden, die größer ist als diese, aber kleiner als diese hier? Oder nicht?
SKL. (d) Doch, das meine ich schon.
SOK. Sehr schön. Denn was du meinst, das solltest du antworten. Dann sage mir weiter: War diese Linie nicht zwei Fuß lang, diese andere vier?
SKL. Ja.
SOK. Es muss also die Linie für das acht Fuß große Flächenstück größer sein als diese hier, die zwei Fuß lang ist, und kleiner als die von vier Fuß?
SKL. Das muss sie sein.
SOK. (e) Versuche also anzugeben, wie lang sie etwa deiner Meinung nach ist?
SKL. Drei Fuß lang.
SOK. Wenn sie drei Fuß lang ist, dann können wir doch einfach die Hälfte von dieser dazu nehmen und erhalten dann eine Linie von drei Fuß. Denn diese hier ist zwei, diese andere einen Fuß lang. Und auf der anderen Seite genau so: Diese ist zwei, die andere einen Fuß lang. Das ergibt doch das Flächenstück, das du meinst?
SKL. Ja.
SOK. Wenn diese Seite drei und diese andere drei Fuß lang ist, ergibt sich dann nicht für das Flächenstück insgesamt drei mal drei Fuß?
SKL. Es scheint so.
SOK. Wieviel Fuß sind drei mal drei Fuß?
SKL. Neun.
SOK. Wieviel Fuß müßte aber das doppelt so große Flächenstück haben?
SKL. Acht.
SOK. Also läßt sich das Flächenstück von acht Fuß auch nicht auf einer Seite von drei Fuß errichten.
SKL. Nein, offenbar nicht.
SOK. Aber auf welcher denn? Versuche es uns genau zu sagen; und wenn du es nicht ausrechnen willst, dann zeige uns doch, auf welcher.
SKL. (84a) Aber beim Zeus, Sokrates, ich weiß es einfach nicht.

SOK. Menon, merkst du nun, an welcher Stelle im Prozess des Wiedererinnerns er jetzt steht? Zu Anfang wusste er nicht, was die Seite des acht Fuß großen Flächenstücks ist, wie er es auch jetzt noch nicht weiß; aber vorher glaubte er es zu wissen, und gab ganz unbekümmert seine Antworten, als ob er es wüsste, und er hatte nicht das Gefühl, er wisse nicht weiter; jetzt hat er aber schon das Gefühl, nicht weiter zu wissen, (b) das heißt, er weiß es nicht, glaubt es aber auch nicht mehr zu wissen.

MEN. Das stimmt.

SOK. Ist er denn jetzt nicht besser dran hinsichtlich des Sachverhalts, den er nicht wusste?

MEN. Auch das scheint mir der Fall zu sein.

SOK. Indem wir ihn also dazu gebracht haben, nicht weiter zu wissen, und wie der Zitterrochen ihn haben starr werden lassen, haben wir ihm damit wohl einen Schaden zugefügt?

MEN. Das scheint mir nicht.

SOK. Wie es scheint, haben wir also mit ihm einen Fortschritt gemacht, wenn es darum geht, den wirklichen Sachverhalt herauszufinden. Jetzt nämlich wird er wohl, weil er sein Nichtwissen erkannt hat, bereitwillig nach der Lösung suchen. Damals aber glaubte er, ohne Schwierigkeiten oftmals vor vielen Leuten gut darüber zu reden, (c) dass dem doppelten Flächenstück die doppelt so lange Linie zugrunde liegen müsse.

MEN. Es hat den Anschein.

SOK. Glaubst du denn, dass er es früher unternommen hätte, das zu suchen oder zu lernen, was er, ohne es zu wissen, doch zu wissen glaubte, bevor ihn das Bewusstsein, es nicht zu wissen, in eine ausweglose Lage stürzte und er sich danach sehnte, es zu wissen?

MEN. Das denke ich nicht, Sokrates.

SOK. Das Starrwerden war also gut für ihn?

MEN. Ich denke schon.

SOK. Dann prüfe, was er aus dieser ausweglosen Lage heraus in der Tat mit mir in gemeinsamer Suche herausfinden wird, wobei ich ihn nur frage und ihm nicht etwas beibringe. (d) Aber achte genau darauf, ob du mich dabei ertappst, dass ich ihm etwas beibringe und ihm Dinge auseinandersetze, statt nur seine Meinungen abzufragen.

(Zum Sklaven:) Du aber sage mir: Ist das hier nicht unser vier Fuß großes Flächenstück? Du verstehst mich?

SKL. Ja sicher.

SOK. Können wir ihm ein zweites, gleich großes anfügen?

SKL. Ja.

SOK. Und hier ein drittes, das genau so groß ist wie jedes der beiden anderen?

SKL. Ja.
SOK. Können wir dann nicht das in dieser Ecke auch noch ausfüllen?
SKL. Aber ja.
SOK. Nicht wahr, das ergibt vier gleich große Flächenstücke?
SKL. (e) Ja.
SOK. Was weiter? Das Wievielfache von diesem ist das insgesamt?
SKL. Das Vierfache.
SOK. Es sollte aber das Zweifache herauskommen. Oder erinnerst du dich nicht mehr?
SKL. Doch doch.
SOK. Halbiert nun diese Linie, die von Winkel zu Winkel verläuft, (85a) nicht jedes dieser Flächenstücke?
SKL. Ja.
SOK. Erhalten wir dann nicht vier gleich lange Linien, die dieses Flächenstück hier einschließen?
SKL. Doch, die erhalten wir.
SOK. Jetzt überlege! Wie groß ist dann dieses Flächenstück?
SKL. Das verstehe ich nicht.
SOK. Hat nicht jede dieser Linien die nach innen liegende Hälfte dieser vier Flächenstücke abgeschnitten? Oder nicht?
SKL. Ja.
SOK. Wieviele Stücke dieser halben Größe sind dann in diesem Flächenstück enthalten?
SKL. Vier.
SOK. Und wieviele in diesem?
SKL. Zwei.
SOK. Doch was ist vier von zwei?
SKL. Das Doppelte.
SOK. Wieviel Fuß enthält dann dieses Flächenstück?
SKL. (b) Acht Fuß.
SOK. Über welcher Linie ist es errichtet?
SKL. Über dieser.
SOK. Über der, die von Winkel zu Winkel im vier Fuß großen verläuft?
SKL. Ja.
SOK. Die Experten nennen sie die Diagonale. Wenn sie also ‚Diagonale' heißt, dann behauptest du, Menons Junge, dass sich das doppelte Flächenstück über der Diagonale errichten läßt.
SKL. Auf jeden Fall doch, Sokrates.
SOK. Was scheint dir, Menon? Hat er hier irgendeine Meinung zur Antwort gegeben, die nicht seine eigene war?

MEN. (c) Nein, sondern seine eigene.
SOK. Aber er hatte doch kein Wissen, wie wir gerade eben gesagt haben?
MEN. Da hast du recht.
SOK. Es waren aber diese Meinungen in ihm, oder nicht?
MEN. Ja.
SOK. In demjenigen, der nicht weiß, sind also über all die Dinge, die er nicht weiß, wahre Meinungen hinsichtlich der Dinge, von denen er kein Wissen hat?
MEN. Es scheint so.
SOK. Gegenwärtig sind ihm diese Meinungen gerade nur wie im Traum angestoßen worden. Wenn ihn aber jemand häufig und auf vielerlei Weise über diese Dinge befragt, so weißt du, dass er schließlich nicht weniger genau als irgend jemand sonst ein Wissen über diese Dinge haben wird?
MEN. (d) Es hat den Anschein.
SOK. Wird er dann nicht, ohne dass jemand ihn etwas lehrt, sondern ihm nur Fragen stellt, zum Wissen kommen, indem er selbst aus sich selber das Wissen heraufholt?
MEN. Ja.
SOK. Das selbst aus sich selber ein Wissen heraufholen, ist das nicht Sich-Wiedererinnern?
MEN. Aber sicher.
SOK. Hat er nun nicht das Wissen, das er jetzt hat, entweder irgendwann erworben oder immer besessen?
MEN. Ja.
SOK. Wenn er es nun immer hatte, dann war er immer wissend. Wenn er es aber irgendwann erworben hat, dann doch wohl nicht in diesem Leben. Oder hat irgend jemand ihm hier Geometrie beigebracht? (e) Denn er hier wird in jedem erdenklichen Gebiet der Geometrie dasselbe leisten, und in all den anderen Wissenschaften ebenso. Gibt es nun jemanden, der ihm hier all das beigebracht hat? Denn du musst das doch sicher wissen, schließlich ist er in deinem Haus geboren und dort aufgewachsen.
MEN. Ich jedenfalls weiß, dass ihn niemand je unterrichtet hat.
SOK. Aber er hat doch diese Meinungen, oder nicht?
MEN. Das scheint notwendig, Sokrates.
SOK. (86a) Wenn er sie nicht aufgrund eines Erwerbs in diesem Leben hat, ist dann nicht soviel klar, dass er sie zu einer anderen Zeit erhielt und sich aneignete?
MEN. Es scheint so.
SOK. Ist das dann nicht die Zeit, in der er kein Mensch war?
MEN. Ja.

SOK. Wenn es daher in der Zeit, in der er Mensch war, und in der, in der er es nicht war, in ihm wahre Meinungen geben soll, die durch Fragen aufgeweckt zu Kenntnissen werden, dann[7] muss seine Seele doch alle Zeit dieses Wissen besessen haben? Denn es ist klar, dass er in der ganzen Zeit entweder Mensch ist oder nicht.

MEN. Es scheint so.

SOK. (b) Wenn also stets des Seienden Wahrheit uns in der Seele wohnt, dann ist doch die Seele unsterblich, so dass du mit Zuversicht unternehmen musst, das, was du jetzt nicht weißt – das aber heißt, dessen du dich jetzt nicht erinnerst – zu suchen und in die Erinnerung zurückzurufen?

MEN. Das kommt mir, ich weiß nicht wie, schön gesagt vor, Sokrates.

SOK. Das kommt nämlich auch mir selbst so vor, Menon. Was ich sonst für mein Argument vorgebracht habe, das würde ich nicht wirklich durchfechten wollen. Dass aber die Überzeugung, man müsse suchen, was man nicht weiß, uns besser macht und mannhafter und weniger träge als der Glaube, was wir nicht wissen, (c) das sei weder möglich zu finden noch nötig zu suchen, dafür würde ich wirklich streiten, wie ich nur kann, in Wort und Tat.

MEN. Auch das, Sokrates, scheint mir schön gesagt zu sein.

SOK. Da wir nun darin einig sind, dass man suchen muss, was man nicht weiß, willst du dann also, dass wir gemeinsam die Suche danach in Angriff nehmen, was denn die Tugend ist?

MEN. Ja schon. Allerdings, Sokrates, würde ich für meine Person aber am liebsten das, wonach ich zu Anfang gefragt habe, untersuchen und hören, ob man die Sache so in Angriff nehmen muss, dass die Tugend sich bei den Menschen durch Belehrung (d) oder von Natur aus oder auf sonst eine Art einstellt.

SOK. Menon, wenn ich nicht nur über mich, sondern auch über dich Herr wäre, dann würden wir nicht eher untersuchen, ob die Tugend gelehrt werden kann oder nicht, bevor wir uns nicht als erstes auf die Suche danach gemacht hätten, was die Tugend ist. Da du nun aber, um dir deine Freiheit zu erhalten, gar nicht versuchst, über dich Herr zu sein, wohl aber über mich und das auch schaffst, so werde ich dir nachgeben; was soll ich auch sonst machen? Wie es scheint, müssen wir dann also untersuchen, welche Eigenschaft etwas hat, von dem wir noch nicht wissen, was es ist. (e) Wenn es schon anders nicht geht, dann lass aber wenigstens die Zügel deiner Herrschaft ein klein wenig locker und gib mir insoweit nach, dass wir von einer Voraussetzung aus untersuchen, ob sie lehrbar ist oder was sonst immer. Das ‚von einer Voraussetzung aus' meine ich so, wie die Geometer häufig ihre Untersuchungen anstellen. Wenn sie jemand

---

[7] Ich lese in 86a8 statt οὐ (F, Bluck) mit BTW (so Burnet und Verdenius 1964) οὖν.

etwa bei einem Flächenstück fragt, ob es möglich ist, in einen gegebenen Kreis ein gegebenes Flächenstück als Dreieck einzubeschreiben, so würde einer folgendes erwidern: (87a) „Ich weiß zwar noch nicht, ob dieses Flächenstück die Bedingung dafür erfüllt, aber ich glaube, als eine für die Lösung dienliche Voraussetzung folgendes angeben zu können: Wenn dieses Flächenstück die Eigenschaft hat, dass es, an die vorgegebene Strecke angelegt, ein ebensolches Flächenstück frei läßt wie das angelegte Flächenstück selbst, dann scheint mir eines die Folge zu sein, wenn das aber unmöglich ist, dann etwas anderes. Von dieser Voraussetzung aus will ich dir also darlegen, (b) was sich für das Einbeschreiben dieses Flächenstücks in den Kreis ergibt, ob es unmöglich ist oder nicht." So sollten auch wir für den Fall der Tugend, da wir nun einmal nicht wissen, was sie ist und welche Eigenschaften sie hat, von so einer Voraussetzung aus untersuchen, ob sie lehrbar ist oder nicht, dass wir sagen: Was müsste die Tugend unter den zur Seele gehörenden Dingen sein, um lehrbar oder nicht lehrbar zu sein? Zunächst: Wenn sie nicht von der Art eines Wissens ist oder doch, ist sie dann lehrbar oder nicht, [bzw. wie wir gerade gesagt haben, wiedererinnerbar – es soll für uns keinen Unterschied machen, welchen Ausdruck wir gebrauchen –] (c) ist sie dann also[8] lehrbar? Oder ist das wohl jedem klar, dass ein Mensch nie etwas anderes beigebracht bekommt als Wissen?

MEN. Mir jedenfalls scheint das so zu sein.

SOK. Wenn die Tugend aber eine Art Wissen ist, liegt es auf der Hand, dass sie lehrbar sein dürfte.

MEN. Wie könnte es anders sein.

SOK. Damit sind wir also schnell zu Rande gekommen, dass sie im einen Fall lehrbar ist, im anderen dagegen nicht.

MEN. Ganz recht.

SOK. Als nächstes müssen wir dann, wie es scheint, untersuchen, ob die Tugend Wissen ist oder etwas anderes als Wissen.

MEN. (d) Ich denke, dass das als nächstes zu untersuchen ist.

SOK. Was dann? Behaupten wir etwas anderes, als dass sie gut ist, die Tugend, und bleibt es für uns bei dieser Voraussetzung, dass sie gut ist?

MEN. Aber sicher doch.

SOK. Wenn auch noch etwas anderes gut ist, etwas, das mit Wissen nichts zu tun hat, dann wäre die Tugend vielleicht keine Art des Wissens. Wenn es aber nichts Gutes gibt, das nicht unter das Wissen fällt, dann würden wir mit unserer Vermutung wohl richtig liegen, dass sie eine Art Wissen ist?

MEN. So ist es.

---

8 Ich lese in 87c1, einem Vorschlag Hermann Weidemanns folgend, ἀλλ'ἆρα statt ἀλλ'ἄρα.

SOK. Sind wir nun nicht aufgrund der Tugend gut?
MEN. Ja.
SOK. Wenn aber gut, dann auch nützlich. Denn alles Gute ist nützlich, nicht wahr?
MEN. (e) Ja.
SOK. Auch die Tugend ist dann offenbar nützlich?
MEN. Das folgt notwendigerweise aus dem, was zugestanden wurde.
SOK. Dann untersuchen wir doch einmal, welche Dinge uns nützen, indem wir sie uns einzeln vornehmen. Gesundheit zählen wir offenbar dazu, Kraft, gutes Aussehen und Reichtum. Diese Dinge und andere gleicher Art nennen wir nützlich, nicht wahr?
MEN. Ja.
SOK. (88a) Von diesen selben Dingen behaupten wir aber, dass sie uns manchmal auch schaden. Behauptest du etwas anderes oder dasselbe?
MEN. Nein, dasselbe.
SOK. Dann untersuche folgendes: Unter wessen Leitung nützt uns jedes dieser Dinge, und unter wessen Leitung schadet es? Ist es nicht so, dass sie unter der Leitung des rechten Gebrauchs nützen, sonst aber schaden?
MEN. Doch, sicher.
SOK. Untersuchen wir doch auch noch die seelischen Eigenschaften. Du nennst doch etwas Besonnenheit, Gerechtigkeit, Tapferkeit, gute Auffassungsgabe, Gedächtnis, Großzügigkeit und dergleichen mehr?
MEN. (b) Sicher.
SOK. Untersuche doch, ob diejenigen von diesen Dingen, die dir nicht Wissen zu sein scheinen, sondern etwas anderes als Wissen, nicht manchmal schaden, manchmal aber auch nützen. Zum Beispiel die Tapferkeit, wenn die Tapferkeit nicht Einsicht ist, sondern eine Art Verwegenheit. Schadet sie nicht, wenn ein Mensch verwegen ist ohne Verstand, und ist sie nicht von Nutzen, wenn er es mit Verstand ist?
MEN. Ja.
SOK. Ist dasselbe nun nicht bei der Besonnenheit und der guten Auffassungsgabe der Fall? Mit Verstand gelernt und trainiert sind sie nützlich, ohne Verstand dagegen schädlich?
MEN. Aber sicher.
SOK. (c) Führt nicht überhaupt alles, was die Seele unternimmt und was sie aushält, wenn Einsicht sie leitet, zum Glück, wenn aber Unverstand, zum Gegenteil?
MEN. Es sieht ganz so aus.
SOK. Wenn die Tugend also eine seelische Eigenschaft ist und wenn sie notwendigerweise nützlich ist, dann muss sie Einsicht sein, da doch alle seelischen

Eigenschaften an und für sich weder nützlich noch schädlich sind und erst, wenn Einsicht oder Unverstand dazukommen, (d) schädlich oder nützlich werden. Nach diesem Argument muss die Tugend, da sie doch nützlich ist, eine Art Einsicht sein?

MEN. Mir scheint das auch so.

SOK. So auch mit den anderen Dingen, Reichtum und dergleichen, von denen wir eben gesagt haben, dass sie manchmal gut, manchmal aber auch schädlich sind: So wie die Einsicht, wenn sie die übrige Seele leitete, die seelischen Eigenschaften nützlich machte, während der Unverstand sie schädlich machte, wird nicht so wiederum die Seele diese Dinge, wenn sie (e) von ihnen richtig Gebrauch macht und sie richtig leitet, nützlich machen, wenn aber nicht richtig, dann schädlich?

MEN. Sicher.

SOK. Richtig wird aber die einsichtige sie leiten, fehlerhaft dagegen die unverständige?

MEN. So ist es.

SOK. Kann man nun nicht ganz allgemein sagen, dass für den Menschen alles übrige, soll es gut sein, von der Seele abhängt, (89a) die seelischen Eigenschaften aber von der Einsicht? Und nach diesem Argument wäre das Nützliche Einsicht? Wir behaupten aber, die Tugend sei nützlich?

MEN. Sicher.

SOK. Also behaupten wir, die Tugend sei Einsicht, entweder die Einsicht insgesamt oder ein Teil von ihr?

MEN. Was du sagst, Sokrates, ist, denke ich, treffend gesagt.

SOK. Wenn das so ist, dann gäbe es die guten Menschen keineswegs von Natur aus?

MEN. Nein, meiner Meinung nach nicht.

SOK. (b) Denn auch folgendes wäre dann der Fall: Wenn die guten Menschen von Natur aus so wären, dann gäbe es bei uns wohl Leute, die unter den Jugendlichen die ihrer Natur nach guten erkennen würden, welche wir dann nach diesem Nachweis von ihnen übernehmen würden, um sie auf der Akropolis unter Bewachung zu stellen; wir würden sie weit sorgfältiger unter Siegel setzen als unser Gold, damit niemand sie verderben könnte, sondern damit sie als Erwachsene den Städten von Nutzen sein möchten.

MEN. Das ist ganz plausibel, Sokrates.

SOK. Da die guten Menschen nicht von Natur aus gut werden, (c) werden sie es dann durch Lernen?

MEN. Das scheint mir schon notwendig zu sein. Und nach unserer Voraussetzung, Sokrates, liegt es auf der Hand, dass die Tugend, wenn sie denn Wissen ist, lehrbar ist.

SOK. Vielleicht, beim Zeus. Aber dass wir dieses Zugeständnis nur nicht zu Unrecht gemacht haben.

MEN. Vorhin schien uns das freilich noch ganz treffend gesagt.

SOK. Aber es reicht doch wohl nicht, dass es uns lediglich vorhin treffend gesagt schien, sondern das muss auch jetzt und in Zukunft der Fall sein, wenn etwas Vernünftiges daran sein soll.

MEN. Was soll denn das jetzt wieder! Was steht dir vor Augen, dass du Schwierigkeiten machst und zweifelst, ob die Tugend Wissen ist?

SOK. Ich will es dir sagen, Menon. Denn dass die Tugend lehrbar ist, wenn sie Wissen ist, das nehme ich nicht zurück, als wäre es keine zutreffende Behauptung. Untersuche aber, ob ich deiner Meinung nach zu Recht bezweifle, dass die Tugend Wissen ist. Sage mir nämlich folgendes: Wenn irgendein beliebiger Gegenstand gelehrt werden kann, nicht nur die Tugend, ist es dann nicht notwendig, dass es dafür Lehrer und Schüler gibt?

MEN. Ich denke schon.

SOK. (e) Hätten wir nicht auch umgekehrt mit der Vermutung ganz recht, dass das, wofür es weder Lehrer noch Schüler gibt, nicht lehrbar sei?

MEN. Das stimmt. Aber bist du denn nicht der Meinung, dass es Lehrer der Tugend gibt?

SOK. Ich habe schon häufig herauszubekommen versucht, ob es für sie Lehrer gibt, aber ich kann beim besten Willen keine ausfindig machen. Dabei bin ich gemeinsam mit vielen anderen auf der Suche, in erster Linie mit solchen, die meiner Meinung nach in dieser Sache zu den Kundigsten zählen.

Daher trifft es sich auch gut, Menon, dass sich jetzt Anytos hier zu uns gesetzt hat, den wir an unserer Untersuchung teilnehmen lassen wollen. (90a) Dazu haben wir allen Anlass: Denn Anytos stammt erstens von einem reichen und geschäftstüchtigen Vater ab, von Anthemion, der seinen Reichtum nicht einem Zufall oder einem Geschenk verdankt, so wie vor kurzem Ismenias aus Theben an die Schätze des Polykrates gekommen ist, sondern der ihn durch eigene Geschäftstüchtigkeit und eigene Mühe erworben hat, und der darüber hinaus auch im Rufe steht, kein arroganter, eingebildeter oder unangenehmer Bürger zu sein, sondern als loyaler und bescheidener Mann gilt. (b) Schließlich hat er auch seinen Sohn hier gut erzogen und ausgebildet, das sieht jedenfalls die große Masse der Athener so; wählen sie ihn doch in die höchsten Ämter. Daher ist es nur recht und billig, mit Leuten wie ihm zu untersuchen, ob es Lehrer für die Tugend gibt oder nicht, und wer sie sind.

Deshalb, Anytos, untersuche du doch mit uns gemeinsam, mit mir und mit deinem Gastfreund Menon hier, wer wohl die Lehrer in diesem Falle sein könnten. Prüfe es folgendermaßen: Wenn wir möchten, dass Menon hier ein guter Arzt werden sollte, zu welchen Lehrern würden wir ihn dann wohl schicken? (c) Nicht zu den Ärzten?

AN. Ja sicher.

SOK. Und was, wenn wir möchten, dass er ein guter Schuster werden sollte, nicht zu den Schustern?

AN. Ja.

SOK. Und in den anderen Fällen genauso?

AN. Ja sicher.

SOK. Wiederhole mir das noch einmal für denselben Fall. Wir behaupten doch, dass wir ihn, wenn wir ihn zu den Ärzten schicken, zu den richtigen Personen schicken, wenn wir möchten, dass er ein Arzt wird. Wenn wir das sagen, meinen wir dann nicht, (d) es wäre vernünftig, wenn wir ihn eher zu denjenigen schicken, welche die betreffende Kenntnis für sich beanspruchen, als zu denen, die das nicht tun? Und zu denen, die eine Entlohnung dafür verlangen und die sich als Lehrer jedem anbieten, der zu ihnen gehen und lernen will? Wenn wir das im Blick haben, würden wir ihn wohl zu den richtigen Personen schicken?

AN. Ja.

SOK. Ist es nicht auch beim Flötenspiel und bei anderen Kenntnissen genau so? (e) Es wäre doch ganz unsinnig, wenn wir jemanden zum Flötenspieler machen möchten, aber nicht bereit wären, ihn zu den Leuten zu schicken, die diese Kenntnis zu lehren versprechen und dafür eine Entlohnung verlangen, statt dessen irgendwelchen anderen Leuten lästig fallen möchten,[9] die weder von sich behaupten, Lehrer zu sein, noch einen einzigen Schüler in dem Fach vorweisen können, das er nach unserer Auffassung bei denjenigen, zu denen wir ihn hinschicken, lernen sollte. Kommt dir das nicht höchst unvernünftig vor?

AN. Ja, beim Zeus, und dumm obendrein.

SOK. (91a) Da hast du ganz recht. Dann könntest du also zusammen mit mir über deinen Gastfreund Menon hier beratschlagen. Denn, Anytos, er sagt mir schon vorhin, dass er hinter jener Kenntnis und Tugend her ist, aufgrund deren die Menschen Hauswesen und Staaten richtig verwalten, aufgrund deren sie ihre eigenen Eltern achten und aufgrund deren sie wissen, wie man Mitbürger und Fremde so aufnimmt und ziehen lässt, wie es einem rechtschaffenen Mann ansteht. Prüfe also, (b) zu welchen Personen wir ihn wegen dieser Tugend schicken sollten, wenn wir ihn zu den richtigen schicken wollen. Oder liegt es nach dem gerade diskutierten Argument nicht auf der Hand, dass wir ihn zu den Personen schicken sollten, die von sich erklären, Lehrer der Tugend zu sein, und die

---

[9] Ich tilge mit Bluck in 90e3–4 die Worte ζητοῦντα μανθάνειν παρὰ τούτων.

sich öffentlich jedem lernwilligen Griechen anbieten und dafür eine Entlohnung festsetzen und verlangen?

AN. Und welche Personen meinst du damit, Sokrates?

SOK. Aber auch du weißt doch ganz gut, dass es die sind, die bei den Leuten Sophisten heißen.

AN. (c) Aber beim Herakles, Sokrates, kein Wort mehr! Dass nur keiner von meinen Verwandten[10] oder von meinen Hausgenossen oder Bekannten, weder ein Athener noch ein Fremder, so verrückt ist, zu diesen Leuten zu gehen, und sich dabei ruiniert. Schließlich ist es doch klar, dass diese Personen allen, die mit ihnen Umgang haben, Schande und Verderben bringen.

SOK. Wie meinst du das, Anytos? Von all den Leuten, die beanspruchen, sich auf Wohltaten zu verstehen, wären nur diese dermaßen von allen anderen unterschieden, dass sie nicht nur für das, was man ihnen anvertraut, keinen Nutzen stiften, wie es doch die anderen tun, sondern es ganz im Gegenteil verderben? (d) Und dafür verlangen sie ganz offen auch noch Geld? Das kann ich dir einfach nicht glauben. Ich weiß schließlich, dass der eine Protagoras mit dieser Kenntnis mehr Geld verdient hat als Phidias, der so augenscheinlich schöne Werke geschaffen hat, und zehn andere Bildhauer zusammen. Es wäre doch ganz unbegreiflich, wenn es zwar bei Leuten, (e) die Schuhe und Kleidungsstücke ausbessern, keine dreißig Tage unentdeckt bleiben könnte, dass sie die Kleidungsstücke und die Schuhe in schlechterem Zustand wieder zurückgeben als sie ihnen ausgehändigt wurden – vielmehr würden sie, wenn sie das machten, schnell verhungern –, dass aber Protagoras in ganz Griechenland damit hätte unentdeckt bleiben können, dass er seine Schüler verdorben und sie schlechter wieder entlassen hat als sie bei der Aufnahme waren, und das länger als vierzig Jahre. Ich glaube nämlich, er ist mit fast siebzig Jahren gestorben, er war vierzig Jahre in seinem Fach tätig und stand in dieser ganzen Zeit und bis auf den heutigen Tag in hohem Ansehen. Und das gilt nicht nur von Protagoras, sondern von zahlreichen anderen, sowohl (92a) solchen, die vor ihm tätig waren, als auch solchen, die es auch jetzt noch sind. Was sollen wir denn dann deinem Argument nach behaupten? Dass sie die jungen Leute wissentlich täuschen und schlimm schädigen? Oder dass auch ihnen selbst das entgangen ist? Und müssen wir diese Leute, die doch laut einigen zu den kenntnisreichsten Menschen zählen, für so verrückt halten?

---

10 Ich halte mit Croiset und Verdenius in 91c1 an der Lesart von BTWΛ τῶν συγγενῶν fest, was allerdings dann auch μηδὲ οἰκείων μηδὲ φίλων (so W) erfordert (diese Variante nur im Apparat von Croiset notiert). Burnets τῶν γ'ἐμῶν, das Bluck übernommen hat, wird nur durch γεμων in der Handschrift F gestützt.

AN. Sokrates, diese Personen sind ganz und gar nicht verrückt, sondern das sind viel eher die jungen Leute, die sie bezahlen, und mehr noch ihre Angehörigen, die ihnen das erlauben, (b) am allermeisten aber die Städte, die sie einreisen lassen und nicht jeden ausweisen, der sich mit einer derartigen Beschäftigung abgibt, sei es ein Fremder oder ein Bürger.

SOK. Anytos, hat dir irgendein Sophist etwas angetan, oder warum bist du so böse auf sie?

AN. Beim Zeus, weder habe ich mich selbst jemals mit irgendeinem von ihnen eingelassen, noch würde ich das irgend einem aus meiner Familie erlauben.

SOK. Du hast also mit diesen Männern überhaupt keine Erfahrung gemacht?

AN. Dabei soll es auch bleiben.

SOK. (c) Wie kannst du dann aber, seltsamer Mann, von dieser Sache wissen, ob etwas Gutes daran ist oder nur Übles, wenn du überhaupt keine Erfahrung damit gemacht hast?

AN. Ganz leicht. Ich weiß eben, was das für Leute sind, ob ich nun mit ihnen meine Erfahrungen gemacht habe oder nicht.

SOK. Anytos, dann bist du vielleicht ein Hellseher. Denn nach dem was du sagst, wundere ich mich schon, wie du sonst etwas über diese Leute wissen willst. Aber wir wollten schließlich nicht herausbekommen, wer die Leute sind, bei denen Menon, wenn er hinginge, charakterlos werden würde – (d) denn das sollen, wenn du willst, die Sophisten sein. Nenne uns dann aber diejenigen, und mache dich um ihn hier, der schon von deinem Vater her euer Gastfreund ist, dadurch verdient, dass du ihm sagst, zu welchen Leuten er in einer so großen Stadt hingehen soll, um in der Tugend, über die ich eben diskutiert habe, etwas zu leisten, was der Rede wert ist.

AN. Warum hast du es ihm nicht gesagt?

SOK. Aber wen ich für Lehrer auf diesem Gebiet halte, habe ich gesagt, doch war das Unsinn, wie du behauptest, und da hast du vielleicht recht. (e) Jetzt bist du aber an der Reihe; sage ihm, zu wem er in Athen gehen soll. Nenne ihm einen Namen nach deinem Belieben.

AN. Was muss er dazu den Namen eines einzelnen Menschen hören! Denn auf welchen rechtschaffenen Athener er auch treffen sollte, es gibt keinen, der ihn nicht besser machen wird als die Sophisten, wenn er nur auf ihn hören will.

SOK. Sind denn diese rechtschaffenen Männer von selbst so geworden, und sind sie, ohne es von jemandem gelernt zu haben, trotzdem in der Lage, anderen das beizubringen, was sie selbst nicht gelernt haben?

AN. (93a) Ich jedenfalls bin der Ansicht, dass auch sie es von ihren Vorfahren gelernt haben, da diese ebenfalls rechtschaffen waren. Oder glaubst du nicht, dass es in dieser Stadt zahlreiche gute Männer gegeben hat?

SOK. Anytos, ich meinesteils glaube sowohl, dass es hier gute Staatsmänner gibt, als auch, dass es sie bereits früher nicht weniger gegeben hat als heute. Aber waren diese Männer auch gute Lehrer in ihrer Tugend? Denn darum dreht sich unser Argument; nicht, ob es hier gute Männer gibt oder nicht, noch, ob es sie früher gegeben hat, (b) sondern ob die Tugend lehrbar ist, das ist die ganze Zeit schon der Gegenstand unserer Untersuchung. Und bei dieser Untersuchung untersuchen wir jetzt, ob die guten Männer, seien es die der Gegenwart oder die der Vergangenheit, es auch verstanden haben, diese Tugend, in der sie selbst sich auszeichneten, auch anderen weiterzugeben; oder ob sie weder einem Menschen weitergegeben werden noch von einem anderen übernommen werden kann. Das ist die Frage, die Menon und ich die ganze Zeit schon untersuchen. Prüfe sie im Ausgang von deiner These einmal folgendermaßen: Würdest du nicht behaupten, (c) dass Themistokles ein guter Mann gewesen ist?

AN. Doch, er vor allen anderen.

SOK. Dass er also auch, wenn denn überhaupt einer in seiner eigenen Tugend ein Lehrer wäre, ein guter Lehrer gewesen wäre?

AN. Das glaube ich in der Tat, wenn er denn gewollt hätte.

SOK. Aber glaubst du denn, er würde dann nicht gewollt haben, dass auch andere gut und rechtschaffen werden, und ganz besonders sein eigener Sohn? Oder glaubst du, er habe ihm die Tugend, (d) in der er selber sich doch auszeichnete, missgönnt und mit voller Absicht nicht weitergegeben? Oder ist dir nicht zu Ohren gekommen, dass Themistokles seinen Sohn Kleophantos zu einem hervorragenden Reiter ausbilden ließ? Dieser hielt sich zum Beispiel aufrecht stehend auf den Pferden und schleuderte von da aus den Speer, und viele andere Kunststücke brachte er zustande, in denen ihn sein Vater hat unterrichten und zu einem wahren Fachmann hat machen lassen, soweit dafür gute Lehrer zur Verfügung standen. Hast du das nicht von den älteren Leuten gehört?

AN. Doch, das habe ich gehört.

SOK. Also kann wohl niemand die natürliche Anlage seines Sohnes verantwortlich machen und behaupten, (e) sie sei schlecht gewesen?

AN. Vielleicht wohl nicht.

SOK. Wie nun! Hast du jemals von einem jüngeren oder älteren gehört, dass Kleophantos, der Sohn des Themistokles, auf den Gebieten tüchtig und beschlagen war, auf denen es sein Vater war?

AN. In der Tat nicht.

SOK. Sollen wir dann also glauben, er habe seinen eigenen Sohn zwar ausbilden lassen wollen, aber in der Kenntnis, in der er selbst so kenntnisreich war, ihn nicht habe besser machen wollen als irgendeinen aus seiner Nachbarschaft, wenn doch die Tugend lehrbar wäre?

AN. Beim Zeus, wohl nicht.

SOK. Das ist dir ein schöner Lehrer der Tugend, ein Mann, von dem auch du sagst, dass er zu den Besten unter unseren Vorvätern gehört. (94a) Aber schauen wir uns noch einen anderen an, Aristides, den Sohn des Lysimachos. Oder würdest du nicht zugeben, dass er ein vortrefflicher Mann war?

AN. Aber sicher, in jeder Beziehung.

SOK. Ließ nun nicht auch er seinen Sohn Lysimachos in allem, wofür es Lehrer gab, von allen Athenern am besten ausbilden? Aber meinst du, dass er ihn damit zu einem besseren Mann gemacht hat als sonst wen? Schließlich bist du ja mit Lysimachos bekannt und weißt aus eigener Anschauung, was für einer er ist. Oder nimm Perikles, (b) diesen auf so souveräne Art verständigen Mann, du weißt doch, dass er zwei Söhne großgezogen hat, Paralos und Xanthippos?

AN. Ja sicher.

SOK. Diese hat er freilich, wie auch dir bekannt ist, im Reiten ausbilden lassen, so dass sie es darin mit jedem Athener aufnehmen konnten, und er ließ sie in der Musik, im Sport und in allem unterrichten, wofür es ein Fachwissen gibt, so dass sie es darin mit jedem aufnehmen konnten. Und er soll sie nicht zu tugendhaften Männern haben machen wollen? Ich denke, er wollte schon, aber das ist vielleicht nichts, was sich unterrichten läßt. Damit du aber nicht meinst, nur wenige und ganz unbedeutende Athener seien dazu nicht in der Lage gewesen, denke doch daran, (c) dass auch Thukydides zwei Söhne großgezogen hat, Melesias und Stephanos, und sie in jeder Hinsicht gut ausbilden ließ, sie waren die besten Ringkämpfer in Athen, er hatte den einen nämlich zu Xanthias, den anderen zu Eudoros geschickt, die damals als die besten Ringkämpfer galten. Oder erinnerst du dich nicht mehr daran?

AN. Doch, ich habe davon gehört.

SOK. Ist es denn nicht klar, dass er seine eigenen Kinder wohl kaum zwar darin hätte ausbilden lassen, wofür ein erheblicher Aufwand erforderlich ist, (d) dass er sie aber zu guten Männern, wofür nichts aufzuwenden ist, nicht hätte ausbilden lassen, wenn sich das denn unterrichten ließe? Aber war denn Thukydides vielleicht unbedeutend und hatte unter den Athenern und den Verbündeten nicht viele Freunde? Er stammte doch aus einem großen Haus und war in Athen und beiden Griechen überhaupt sehr einflussreich; also würde er wohl, wenn die Tugend sich unterrichten ließe, jemanden unter den Einheimischen oder unter den Fremden gefunden haben, um seine Söhne zu guten Männern zu machen, (e) falls er selbst wegen seiner politischen Amtsgeschäfte dafür keine Zeit gehabt hätte. Aber, Anytos mein Freund, die Tugend dürfte doch wohl nichts sein, was sich unterrichten lässt.

AN. Sokrates, ich denke, du redest recht leichtfertig schlecht über andere Menschen. Ich für meine Person würde dir raten, wenn du denn auf mich hören willst, sehr auf der Hut zu sein. Es ist vielleicht auch in einer anderen Stadt leichter, Menschen zu schädigen als ihnen Gutes zu tun, aber hier bei uns ist es ganz sicher so. (95a) Ich glaube, dass du das auch selber weißt.

SOK. Menon, ich habe den Eindruck, Anytos ist böse auf mich, und ich wundere mich nicht einmal darüber. Er glaubt nämlich einerseits, dass ich die erwähnten Männer schmähe, andererseits ist er der Ansicht, dass er selbst einer von ihnen ist. Aber wenn er erst einmal weiß, was ‚schlecht reden' ist, wird er schon aufhören, auf mich böse zu sein; jetzt aber weiß er es nicht. Sag du mir aber jetzt, gibt es nicht auch bei euch rechtschaffene Männer?

MEN. Aber sicher.

SOK. (b) Was dann? Haben diese die Absicht, sich den jungen Leuten als Lehrer anzubieten? Stimmen sie auch in der Meinung überein, dass sie Lehrer sind oder dass die Tugend lehrbar ist?

MEN. Nein, beim Zeus, Sokrates. Sondern wenn du ihnen zuhörst, dann heißt es ein Mal, dass die Tugend lehrbar ist, ein anderes Mal, dass sie es nicht ist.

SOK. Sollen wir denn dann sagen, dass diejenigen Personen in dieser Sache Lehrer sind, die sich nicht einmal in diesem Punkt einig sind?

MEN. Das denke ich nicht, Sokrates.

SOK. Was aber dann! Diese Sophisten, die sich als einzige dazu bekennen, sind die deiner Meinung nach Lehrer der Tugend?

MEN. (c) Sokrates, an Gorgias bewundere ich vor allem, dass du ihn nie dergleichen versprechen hörst, und dass er sich über andere, von denen er hört, dass sie solche Versprechen abgeben, lustig macht. Er meint im Gegenteil, man müsse zu exzellenten Rednern ausbilden.

SOK. Du bist also nicht der Meinung, dass die Sophisten Lehrer sind?

MEN. Ich kann dazu nichts sagen, Sokrates; mir geht es nämlich wie den meisten: Manchmal bin ich dieser Meinung, dann auch wieder nicht.

SOK. Weißt du denn, dass nicht nur dir und den Politikern überhaupt dieser Gegenstand einmal lehrbar vorkommt, ein anderes Mal nicht, (d) sondern dass auch der Dichter Theognis, wie du weißt, dasselbe sagt?

MEN. In was für Gedichten?

SOK. In den Elegien, wo er sagt:

Und die Gesellschaft jener suche beim Mahl und beim Umtrunk,
welche die mächtigsten sind. Ihnen nur diene dich an.
Denn von Edlen ist Edles zu lernen. Beim Umgang mit Schlechten
(e) aber verlierst du auch noch den Verstand, den du hast.

Du weißt, dass er hier so redet, als wäre die Tugend lehrbar?

MEN. Es scheint tatsächlich so.

SOK. Nun weicht er aber an anderer Stelle davon etwas ab:

> Wäre Vernunft zu machen und einzusetzen dem Menschen,

so sagt er,

> Dann würde großer Lohn dem wohl zuteil, der es kann.

Und so heißt es weiter:

> Niemals aus gutem Stamm würde dann einer je schlecht,
> (96a) da er weisen Worten nur folgen muss. Doch durch Belehrung schaffst du den schlechten Mann niemals zum guten dir um.

Merkst du, wie er sich hier in derselben Sache widerspricht?
MEN. So scheint es.
SOK. Kannst du mir irgendeine andere Sache angeben, bei der diejenigen, die sich dafür als Lehrer ausgeben, nicht nur nicht als Lehrer anderer anerkannt werden, sondern bei der es auch verneint wird, (b) dass sie selber etwas davon verstehen, vielmehr behauptet wird, dass sie untauglich sind in eben der Sache selbst, für die sie sich als Lehrer ausgeben? Und bei der wiederum diejenigen, die selbst als rechtschaffen anerkannt werden, manchmal die Tugend für lehrbar erklären, dann aber auch wieder nicht – möchtest du denn behaupten, dass Leute, die über irgendetwas dermaßen konfus sind, darin die eigentlichen Lehrer sind?
MEN. Beim Zeus, ich jedenfalls nicht.
SOK. Wenn also weder die Sophisten noch diejenigen, die selbst rechtschaffen sind, Lehrer in dieser Sache sind, dann doch offenbar auch keine anderen?
MEN. Nein, ich denke nicht.
SOK. (c) Wenn aber keine Lehrer, dann auch keine Schüler?
MEN. Ich denke, es ist so, wie du sagst.
SOK. Wir waren aber darüber einig, dass eine Sache, für die es weder Lehrer noch Schüler gibt, auch nicht lehrbar ist?
MEN. Darüber waren wir einig.
SOK. Nun zeigen sich aber doch nirgends Lehrer der Tugend?
MEN. So ist es.
SOK. Wenn aber keine Lehrer, dann auch keine Schüler?
MEN. So scheint es.
SOK. Also wäre die Tugend nicht lehrbar?
MEN. (d) Es sieht nicht so aus, immer vorausgesetzt, dass wir richtig untersucht haben. Daher wundere ich mich, Sokrates, ob es überhaupt keine guten Männer gibt, oder wie es dazu kommt, dass Männer zu guten Männern werden.
SOK. Wir beide, Menon, sind wahrscheinlich einigermaßen untaugliche Leute, und dich hat Gorgias nicht ausreichend unterwiesen und mich Prodi-

kos nicht. Umso mehr müssen wir auf uns selbst Acht geben und uns fragen, wer immer uns denn in wenigstens einer Hinsicht besser machen wird. (e) Ich sage das mit Blick auf unsere gerade vorgenommene Untersuchung und meine, dass wir uns lächerlich gemacht haben, weil uns entgangen ist, dass die Menschen nicht nur unter der Leitung des Wissens ihre Angelegenheiten richtig und gut erledigen; dadurch entgeht uns vielleicht auch die Erkenntnis, wie es dazu kommt, dass Männer zu guten Männern werden.

MEN. Wie meinst du das, Sokrates?

SOK. So: dass die guten Männer nützlich sein müssen, (97a) darauf haben wir uns doch zu Recht geeinigt, dass es nicht anders sein könnte, oder?

MEN. Ja.

SOK. Und dass sie doch nützlich sein werden, wenn sie uns in unseren Angelegenheiten richtig leiten, auch darin sind wir uns wohl ganz zu Recht einig?

MEN. Ja.

SOK. Dass aber eine richtige Leitung nicht möglich ist, wenn man nicht über Einsicht verfügt, darin gleichen wir Personen, die sich nicht zu Recht geeinigt haben.

MEN. Wie meinst du das nicht zu Recht[11]?

SOK. Das will ich dir sagen. Einer, der den Weg nach Larisa oder sonst wohin kennt, ihn gehen und dabei andere führen würde, der würde doch wohl richtig und gut führen?

MEN. Sicher.

SOK. (b) Was ist aber, wenn jemand eine richtige Meinung darüber hat, was der Weg ist, ohne ihn aber gegangen zu sein und ihn zu kennen, wird nicht auch dieser richtig führen?

MEN. Sicher.

SOK. Und solange er nur eine wahre Meinung über das hat, worüber der andere ein Wissen besitzt, wird er keineswegs ein schlechterer Führer sein, er, der Wahres meint, ohne davon ein Wissen zu haben, als der Wissende?

MEN. Keineswegs doch.

SOK. Also ist wahre Meinung für die Richtigkeit des Handelns kein schlechterer Führer als Einsicht. Und eben das haben wir bei der Untersuchung, welche Eigenschaft die Tugend hat, nicht berücksichtigt, als wir sagten, dass ausschließlich Einsicht das richtige Handeln leitet. (c) Dafür reicht also auch die wahre Meinung.

MEN. So scheint es.

SOK. Richtige Meinung ist also keineswegs weniger nützlich als Wissen?

---

[11] Ich lese in 97a8 mit Gedike <οὐκ> ὀρθῶς statt des ὀρθῶς der mss. BTW

MEN. Aber doch mit dem Unterschied, Sokrates, dass derjenige, der über Wissen verfügt, immer das Richtige trifft, während derjenige, der eine richtige Meinung hat, es manchmal trifft, manchmal aber auch nicht.

SOK. Wie meinst du das? Wer an einer richtigen Meinung immer festhält, dürfte der nicht immer das Richtige treffen, jedenfalls solange er das Richtige meint?

MEN. Das scheint mir notwendig. Aber wenn das so ist, dann wundere ich mich, Sokrates, (d) warum das Wissen denn doch weit höher geschätzt wird als die richtige Meinung, und in welcher Hinsicht die beiden sich unterscheiden.

SOK. Weißt du denn, warum du dich wunderst? Oder soll ich es dir sagen?

MEN. Doch, sage es mir!

SOK. Weil du auf die Kunstwerke des Dädalus nicht acht gegeben hast. Aber vielleicht gibt es die bei euch auch nicht.

MEN. Was meinst du denn damit nun wieder?

SOK. Weil auch diese, wenn man sie nicht anbindet, weglaufen und Reißaus nehmen; wenn man sie aber anbindet, dann bleiben sie da.

MEN. (e) Was soll das nun?

SOK. Es lohnt nicht, eines seiner Werke, das losgebunden ist, zu kaufen, so wenig wie einen Ausreißer, denn es bleibt ja nicht da; angebunden aber ist es viel wert. Schließlich sind diese Kunstwerke sehr schön. Wozu sage ich das? Mit Blick auf die wahren Meinungen. Denn auch die wahren Meinungen sind eine schöne Sache und bewirken lauter Gutes, solange sie dableiben. (98a) Für lange Zeit aber wollen sie nicht dableiben, sondern nehmen aus der Seele des Menschen Reißaus, so dass sie nicht viel wert sind, bis jemand sie durch Berechnung eines Grundes anbindet. [Das aber ist, Menon, mein Freund, die Wiedererinnerung, wie wir uns vorhin geeinigt hatten.]¹² Nachdem sie angebunden sind, werden die wahren Meinungen erstens Erkenntnisse, zweitens dauerhaft. Und deswegen wird Wissen höher geschätzt als richtige Meinung, und Wissen unterscheidet sich von der richtigen Meinung durch die Anbindung.

MEN. Beim Zeus, Sokrates, so etwa scheint es zu sein.

SOK. (b) Obwohl ich das keineswegs sage, als ob ich es wüsste, sondern als ob ich es vermute. Dass aber richtige Meinung und Wissen unterschiedlich sind, das glaube ich keineswegs nur zu vermuten, sondern wenn ich von irgendetwas behaupten würde, dass ich es weiß – und nur von wenigem würde ich das

---

12 Dieser Satz, τοῦτο ... ὡμολόγηται in 98a4–5, der bei Stobaios fehlt, scheint eine nachträgliche Einfügung zu sein. Das Fehlen bei Stobaios nur im Apparat von Bluck mitgeteilt. Dazu Appendix V.

behaupten – so würde ich dieses für eines der Dinge halten, von denen ich ein Wissen habe.

MEN. Und mit Recht, Sokrates, sagst du das.

SOK. Schön! Ist nicht das zu Recht behauptet, dass unter der Leitung einer wahren Meinung das Ergebnis eines jeden Handelns nicht schlechter zustande kommt als unter der Leitung von Wissen?

MEN. Auch damit scheinst du mir etwas Wahres zu sagen.

SOK. (c) Also wird richtige Meinung keineswegs schlechter als Wissen sein und auch nicht weniger nützlich im Bereich des Handelns, und dasselbe gilt von dem Mann, der über richtige Meinung verfügt, im Verhältnis zum Wissenden.

MEN. So ist es.

SOK. Und wir waren uns doch einig, dass der gute Mann auch nützlich ist?

MEN. Ja.

SOK. Da nun die Männer wohl nicht nur aufgrund von Wissen gut und für ihre Staaten nützlich sind, wenn sie es denn sind, sondern auch aufgrund von richtiger Meinung, keines dieser beiden, weder Wissen noch richtige Meinung, den Menschen aber von Natur aus zukommt, da sie beide erworben sind[13] – (d) oder glaubst du, dass eines dieser beiden ihnen von Natur aus zukommt?

MEN. Ich nicht.

SOK. Da also nicht von Natur aus, sind wohl auch die guten Menschen nicht von Natur aus gut?

MEN. Offenbar nicht.

SOK. Da nicht von Natur aus, haben wir anschließend geprüft, ob sie lehrbar ist.

MEN. Ja.

SOK. Schien uns die Tugend nicht für den Fall, dass sie Einsicht wäre, lehrbar zu sein?

MEN. Ja

SOK. Und für den Fall, dass sie lehrbar wäre, Einsicht?

MEN. Ganz recht.

SOK. (e) Und wenn es Lehrer gäbe, müßte sie lehrbar sein, wenn es aber keine gäbe, nicht lehrbar?

MEN. So ist es.

SOK. Wir waren aber übereingekommen, dass es für sie keine Lehrer gibt?

MEN. So ist es.

---

13 Statt des οὔτ' ἐπίκτητα in 98d1 der Handschriften BTW, das Bluck tilgen möchte, folge ich der Konjektur von Apelt: ὄντ' ἐπίκτητα, da sie beide erworben sind.

SOK. Wir waren übereingekommen, dass sie also weder lehrbar noch Einsicht ist?

MEN. Ganz recht.

SOK. Nun sind wir aber doch darin einig, dass sie gut ist?

MEN. Ja.

SOK. Und dass das, was richtig leitet, nützlich und gut ist?

MEN. Ganz recht.

99 SOK. (99a) Und dass es nur diese beiden Dinge sind, die richtig leiten: wahre Meinung und Wissen; wenn er diese besitzt, leitet ein Mensch richtig. Denn was durch Zufall richtig zustande kommt, kommt nicht durch menschliche Leitung zustande. In den Dingen aber, in denen ein Mensch zu einem richtigen Ziel leitet, sind es diese beiden, wahre Meinung und Wissen.

MEN. Das scheint mir so richtig.

SOK. Dann kann nun die Tugend, da sie nicht gelehrt werden kann, auch nicht durch Wissen zustande kommen?

MEN. Es scheint nicht so.

SOK. (b) Also: von zwei Dingen, die gut und nützlich sind, ist eines ausgeschieden, und damit hätte im politischen Handeln nicht Wissen die Leitung?

MEN. Nicht, wie mir scheint.

SOK. Also haben Männer wie Themistokles und die, welche Anytos hier gerade erwähnt hat, ihre Städte nicht durch überlegenes Wissen oder deshalb, weil sie wissend gewesen wären, geleitet. Deswegen waren sie auch nicht in der Lage, andere zu solcherart Personen zu bilden, wie sie selbst waren, da sie ihren Status nicht aufgrund von Wissen hatten.

MEN. Es scheint so zu sein, wie du sagst, Sokrates.

SOK. Wenn also nicht aufgrund von Wissen, so bleibt nur noch übrig: aufgrund von guter Meinung, (c) durch deren Gebrauch die Staatsmänner die Städte voranbringen, ohne sich dabei, was die Einsicht angeht, von den Orakelsängern und Wahrsagern zu unterscheiden? Denn auch diese sagen in ihrer Begeisterung ja häufig Wahres, ein Wissen von dem, was sie sagen, besitzen sie aber nicht.

MEN. So könnte es wohl sein.

SOK. Menon, ist es nun nicht recht, diese Männer göttlich zu nennen, die in ihrem Handeln und Reden in wichtigen Dingen oftmals Erfolg haben, ohne dabei doch über Einsicht zu verfügen?

MEN. Auf alle Fälle.

SOK. Zu Recht würden wir die gerade erwähnten Orakelsänger und Wahrsager göttlich nennen, und auch alle Dichter. (d) Und von den Staatsmännern würden wir nicht weniger als von diesen behaupten, dass sie göttlich sind und in Begeisterung, inspiriert und besessen von der Gottheit, wenn sie mit ihren Reden viele Dinge von Bedeutung glücklich ausrichten, ohne ein Wissen von dem zu haben, was sie sagen?

MEN. Auf alle Fälle.

SOK. Auch die Frauen, Menon, nennen ja die guten Männer göttlich. Ebenso sagen die Spartaner, wenn sie jemanden als einen guten Mann preisen wollen: „Ein göttlicher Mann ist er."

MEN. (e) Sie scheinen damit recht zu haben, Sokrates. Obwohl Anytos hier dir deine Worte vielleicht übel nimmt.

SOK. [evtl. AN.:] Das ist mir jedenfalls egal.

SOK. Mit ihm, Menon, werden wir noch ein anderes Mal diskutieren. Wenn wir aber jetzt in unserer ganzen Argumentation richtig untersucht und argumentiert haben, dann würde sich die Tugend weder von Natur noch durch Belehrung, (100a) sondern durch göttliche Schickung und ohne Einsicht bei denen einstellen, bei denen sie sich eben einstellt, es sei denn, es gäbe unter den Staatsmännern einen so bedeutenden, dass er auch einen anderen zum Staatsmann heranbilden könnte. Wenn es ihn aber gäbe, dann könnte man fast von ihm sagen, er habe unter den Lebenden eine Stellung wie sie nach Homer Teiresias unter den Verstorbenen hat, wenn es von ihm heißt: „Unter den Hadesbewohnern ist nur er bei Verstand, die anderen fliegen vorbei wie Schatten." (*Od.* X, 494f.) So jemand wäre auch hier bei uns hinsichtlich der Tugend doch dasselbe wie ein reales Ding im Vergleich zu Schattenbildern.

MEN. (b) Sehr treffend, Sokrates, nach meinem Eindruck, was du sagst.

SOK. Aus dieser Aufrechnung scheint sich dann für uns, Menon, die Tugend durch göttliche Schickung bei denen einzustellen, bei denen sie sich eben einstellt. Zuverlässig werden wir darüber aber erst dann etwas wissen, wenn wir vor der Untersuchung, auf welche Art und Weise Tugend sich bei den Menschen einstellt, uns zuerst an die Untersuchung der Frage machen, was Tugend an und für sich ist. Für mich ist jetzt Zeit, wegzugehen. Versuche du von den Dingen, von denen du überzeugt bist, auch deinen Gastfreund Anytos zu überzeugen, damit er etwas umgänglicher wird. (c) Wenn du ihn überzeugen solltest, wirst du obendrein den Athenern einen Nutzen bringen.

Abweichungen der Übersetzung vom Text in Bluck:

Abweichungen aufgrund fremder oder eigener Konjekturen:

	Bluck	Ebert
75d6–7	προομολογῇ (coni. Gedike)	προδιομολογῇ coni. Ebert
87b7–c1	ἢ ὃ νυνδὴ ... χρώμεθα	[ἢ ὃ νυνδὴ ... χρώμεθα]
87c1	ἀλλ'ἆρα	ἀλλ'ἆρα coni. Weidemann
97a8	[ὀρθῶς]	<οὐκ> ὀρθῶς coni. Gedike
98d1	[οὔτ' ἐπίκτητα]	ὄντ' ἐπίκτητα coni. Apelt

Abweichungen aufgrund anderer Lesarten:

	Bluck	Ebert
75a5	εἴ τίς σε ἐρωτῴη F	εἴ τίς ἐρωτῴη so BTWΛ
75d7	ὁ ἐρωτῶν Thompson	ὁ ἐρωτώμενος BTWF (Λ respondens)
81e3	ἀλλὰ πῶς F	ἀλλ' ἁπλῶς BTW
86a8	οὐ F	οὖν BTW
91c1	τῶν γ'ἐμῶν (γεμων F)	τῶν συγγενῶν BTWΛ
91c2	μήτε οἰκείων μήτε φίλων	μηδὲ οἰκείων μηδὲ φίλων W
98a4–5	τοῦτο ... ὡμολόγηται	[τοῦτο ... ὡμολόγηται] om. F

Kommentar

> It is a weakness of scholars who study philosophers to think that philosophers are just like scholars, and it is particularly a mistake in the case of Plato.
>
> B. Williams

Dialogform – Dialogsituation – Dialogfiguren – Entstehungszeit

Der *Menon* ist ein dramatischer, kein erzählter Dialog.[1] Mit der Fiktion eines Dialogerzählers, wie sie Platon in einem Teil seiner Dialoge (in der *Politeia*, im *Lysis*, im *Euthydemos*, *Charmides*, *Protagoras*, *Symposion* und im *Phaidon*) gewählt hat, verschafft sich der Autor die Möglichkeit, dem Leser durch den Erzähler Informationen über Ort und Umstände des Gesprächs, über anwesende, aber nicht am Dialog selbst beteiligte Personen, insbesondere aber über das Verhalten der Dialogteilnehmer oder die Reaktion einer Zuhörerschaft zukommen zu lassen. Überdies lässt sich einem Dialogerzähler ein Adressat seiner Erzählung beistellen, der dann gelegentlich auch die Erzählung durch Fragen oder Bemerkungen unterbrechen kann, wie Echekrates im *Phaidon* oder Kriton im *Euthydemos*. Es liegt auf der Hand, dass der Dialogautor durch diese Mittel auch Hinweise auf das Verständnis der im Dialog selbst ablaufenden Diskussionen geben kann.[2]

Durch die Entscheidung für die dramatische Dialogform hat Platon also im Fall des *Menon* auf die schriftstellerischen Möglichkeiten verzichtet, die ihm der Einsatz eines Dialogerzählers geboten hätte. Dafür macht die gewählte Dialogform es aber möglich, den Dialog wie ein Drama aufzuführen, die Dialogfiguren mit unterschiedlichen Sprechern zu besetzen. Ob Platon bei diesem oder anderen dramatischen Dialogen diese Möglichkeit realisiert hat, wissen wir nicht, aber es lässt sich jedenfalls feststellen, dass er mit der gewählten Darstellungsform diese Option offen gehalten hat. Die dramatische Form eines Dialoges bietet aber vor allem den Vorteil der Unmittelbarkeit der Wechselrede, womit sich etwa auch bewusst gewählte, etwa komische, Effekte besser zum Ausdruck bringen lassen.

---

1 An der Echtheit des *Menon* dürften keine ernsthaften Zweifel bestehen. Der Dialog wird schon bei Aristoteles erwähnt, auch wenn dort der Name des Autors Platon fehlt: *APr.* II 21, 67a21–22, *APo* I 1, 71a29–b9. S. dazu Bluck 1961, 108.
2 So werden etwa in der Intervention des Pythagoreers Echekrates an der Stelle *Phaid.* 88c–e drei Fragen aufgeworfen, die dann im anschließenden Gespräch in Athen mit jeweils unterschiedlichen Gesprächspartnern diskutiert werden, mit Phaidon, Simmias und Kebes.

https://doi.org/10.1515/9783110577525-005

Würde man eine Komödie in die Form eines erzählten Gespräches bringen, so ginge vermutlich ein großer Teil ihres Witzes verloren. Umgekehrt heißt das aber auch, dass der Autor, dem das Mittel der kommentierenden Rede eines Dialogerzählers nicht zur Verfügung steht, seine Figuren durch ihr Verhalten und ihre Redeweise so explizit charakterisieren muss, dass der Leser oder Hörer ohne weiteres versteht, was über die eigentlichen Äußerungen der Dialogfiguren hinaus vom Autor über seine Figuren mitgeteilt werden soll. Allerdings hat Platon im *Menon* des öfteren ein literarisches Mittel gewählt, das ihm wie beim Einsatz eines Erzählers eine Kommentierung des Dialoggeschehens aus der Distanz erlaubt, nämlich das des Dialoges im Dialog.

Im Unterschied zu anderen Dialogen, in denen der Leser oder Zuhörer gleich zu Beginn über die Lokalität und den Zeitpunkt des dargestellten Gespräches oder über den Anlass des Zusammentreffens der Sprecher informiert wird, fehlen derartige Hinweise im *Menon* so gut wie völlig.[3] Erst im Verlauf des Gesprächs zwischen Sokrates und Menon wird eher beiläufig mitgeteilt, dass Menon offenbar schon am Vortag mit Sokrates geredet hat und dass er nur zu einem kurzen Aufenthalt in Athen ist (vgl. 76e). An anderen Stellen erfahren wir, dass er von einer zahlreichen Dienerschaft begleitet wird (vgl. 82b–c) und in Athen die Gastfreundschaft des Anytos genießt (90b). Zwar bietet ein dramatischer Dialog nicht die Möglichkeiten einer ausführlichen Darstellung der Umstände des Gesprächs zu dessen Beginn durch einen Berichterstatter, aber auch im Fall des dramatischen Dialogs lassen sich in der Wechselrede der Dialogpartner Umstände und Örtlichkeiten der Unterredung zu Beginn dem Leser plastisch vor Augen stellen, am eindrucksvollsten wohl auf den ersten Seiten des *Phaidros*. Derartige Eingangsszenen in dramatischen wie in erzählten Dialogen, Szenen, in denen wie im *Phaidros* auch Örtlichkeiten in der Umgebung Athens eine Rolle spielen, oder wie zu Beginn des *Lysis*, wo Sokrates seinen Weg außen an der Stadtmauer entlang bis zu dem „Pförtchen, wo die Quelle des Panops ist" schildert oder ähnlich im *Charmides*, wo Sokrates seinen Gang zur „Palaistra des Taureas, gegenüber dem Tempel der Basile" (153a) erwähnt, dürften darauf hindeuten, dass Platon in diesen Fällen ein attisches Publikum als Leser des jeweiligen Dialoges vor Augen

---

3 Was aus anderen Quellen zu Menon bekannt ist, macht es wahrscheinlich, dass wir uns das im Dialog dargestellte Gespräch als im Januar/Februar 402 stattgefunden zu denken haben (so Bluck 1961, 122). Canto-Sperber vermutet ähnlich das Frühjahr 402 als dramatisches Datum (Canto-Sperber 1991, 37). So a. Morrison 1942, 76. Dass das Gespräch in einem Gymnasium stattfindet, ist eine vielleicht wahrscheinliche, aber doch durch nichts gestützte Vermutung der Kommentatoren (s. Wilamowitz, Platon I, 275; Bluck 1961, 120; Canto-Sperber 1991, 36). Entscheidend für das Verständnis des Dialoges ist, dass Platon weder zu Lokalität noch zum Zeitpunkt des Gesprächs seinen Lesern etwas mitteilt. Zur Person Menon vgl. a. die Angaben in Nails 2002 s. v.

hat. Wenn dagegen zu Beginn des *Menon* Angaben zur Lokalität des Gespräches völlig fehlen, so könnte das wiederum vermuten lassen, dass dieser Dialog nicht in erster Linie für eine attische Leserschaft geschrieben wurde. Der Leser des *Menon* muss jedenfalls keine Kenntnisse mitbringen, über die im allgemeinen nur ein ortskundiger Athener verfügt.

Platon legt aber Wert darauf, dem Leser zu Beginn des Dialoges durch den Mund des Sokrates eine Reihe von Informationen über Menon selbst zukommen zu lassen: Menon stammt aus Thessalien, seine herausgehobene soziale Stellung wird unterstrichen durch die Erwähnung des Liebhabers Aristippos, der zu den „führenden Personen der Aleuaden" (70b) gehört. Vor allem aber wird Menon sofort zu Gorgias und dessen Aufenthalt in Larisa in Beziehung gesetzt. Und Menons eigene Bemerkungen in den ersten Wortwechseln machen schnell klar, dass er auch die Ansichten und Lehren des sizilischen Rhetors kennt und teilt. Auf diese Eigenschaft wird im Dialog mehrmals Bezug genommen.

Als Dialogfigur kommt Menon bei Platon nur in dem nach ihm benannten Dialog vor; im Oeuvre Platons wird er sonst an keiner Stelle erwähnt. In diesem Dialog ist er, mit der Ausnahme des Textstückes 90a bis 95a, in dem Anytos, der spätere Ankläger des Sokrates, ins Gespräch gezogen wird, der ausschließliche Gesprächspartner des Sokrates; die Geometriestunde mit dem Sklaven Menons (82b–85b) ist ein Teil der Unterredung mit Menon: damit soll ihm, Menon, hier etwas demonstriert werden. Wie bei der Mehrzahl der Figuren, die in den Dialogen vorkommen, steht auch hinter der Dialogfigur Menon eine reale, historische Person. Menon war als Anführer eines Truppenkontingentes an der militärischen Expedition beteiligt, mit der Kyros, der Sohn des Darius und jüngere Bruder des Großkönigs Artaxerxes, diesen vom persischen Thron stoßen wollte. Xenophon, der an dieser Expedition beteiligt war, hat ihre Geschichte in seiner *Anabasis* dargestellt. In der Entscheidungsschlacht 401 bei Kunaxa blieben die griechischen Söldner zwar siegreich, während die persischen Truppenteile der Armee des Artaxerxes unterlagen, aber Kyros selber fand in dieser Schlacht den Tod. Die griechischen Generäle und mit ihnen Menon wurden durch eine List der Perser gefangen genommen und später enthauptet, mit Ausnahme Menons, der erst nach einer Folterung von einem Jahr starb (vgl. *Anabasis* 2.6.29). Die ihrer militärischen Führer beraubten griechischen Söldner wählten sich neue Anführer, unter ihnen Xenophon, und ihnen gelang es, sich bis zur Schwarzmeerküste durchzuschlagen. Dieses militärische Unternehmen, der Zug der Zehntausend, dürfte schon allein wegen der aus unterschiedlichen griechischen Städten stammenden Führer und Kontingente sowie wegen des erfolgreichen Rückzugs aus dem feindlichen persischen Reich in der gesamten griechischen Welt Beachtung gefunden haben. Das sicherte auch einem militärischen Anführer wie Menon eine über Thessalien hinausgehende Prominenz, allerdings von eher negativer Natur:

das Bild, das Xenophon von ihm zeichnet, ist das eines herrschsüchtigen, skrupellosen, nur auf seinen Vorteil bedachten, zu jeder Schurkerei bereiten Mannes, dessen elendes Ende in der Hand persischer Folterknechte als verdient erscheint (vgl. *Anabasis* 2.6.21–29). Das Urteil Xenophons stammt immerhin von jemandem, der Menon und seine Aktivitäten aus unmittelbarer Anschauung kannte. Wenn Menon über eines nicht verfügt, dann über das, was Thema des Dialoges ist: Tugend im Sinne der griechischen ἀρετή als eines Inbegriffs der lobenswerten Eigenschaften einer Person.

Was aus Xenophon über Menons Rolle und Schicksal zu erfahren ist, liegt vom Gespräch des *Menon* aus gesehen, in der Zukunft. Das dramatische Datum des Gesprächs mit Menon fällt jedenfalls vor seinen Aufbruch nach Kleinasien. Aber bei vielen zeitgenössischen Lesern des Dialoges, der etwa anderthalb Jahrzehnte nach dem dargestellten Zusammentreffen geschrieben wurde, lässt sich wohl ein Wissen über die Rolle Menons bei der Expedition des Kyros annehmen. Explizit wird das aber von Platon nirgends genutzt. Obwohl einzelne Bemerkungen im Dialog vor dem Hintergrund des späteren Schicksals Menons wie bittere Ironie klingen, so wenn Sokrates ihn als „Freund des Großkönigs" (78d3) anspricht, im ganzen bleibt der Dialog von Anspielungen frei, mit denen auf die spätere Rolle Menons bei der Expedition des Kyros vorausgewiesen würde; auch von militärischen Kenntnissen oder Fähigkeiten Menons ist nirgends die Rede. Gerade dadurch kann aber eine andere Seite der Dialogfigur Menon um so deutlicher ins Licht treten, deren Bedeutung sich zeigt, wenn wir ihn in den Chor der in Platons Dialogen insgesamt auftretenden Personen stellen: Wenn man den *Gorgias* zeitlich nach dem *Menon* ansetzt, dann ist Menon der erste, setzt man den *Menon* nach dem *Gorgias*,[4] dann ist er immer noch eine der ersten in einer Reihe von Figuren, die alle mit dem griechischen Westen in Beziehung stehen und die erst mit den Dialogen der sog. mittleren Periode in Erscheinung treten. Dahin gehören der Gorgias des gleichnamigen Dialoges, im selben Dialog erscheint auch der aus dem sizilischen Akragas stammende Polos, dazu gehört Echekrates, dem als Vorsteher einer Gruppe von Pythagoreern in Phlius auf der Peloponnes im Rahmengespräch des *Phaidon* über den letzten Tag und den Tod des Sokrates berichtet wird, dahin gehören die Eleaten Zenon und Parmenides im *Parmenides*, der Gastfreund aus Elea im *Sophistes* und im *Politikos*, sowie schließlich Timaios im Dialog gleichen Namens und im *Kritias*.[5] Man wird vermuten

---

4 Vgl. dazu die Diskussion in Bluck 1961, 110–112.
5 Es ist bemerkenswert, dass in anderen Dialogen ebenso wie in den *Spuria Platonica* keine Dialogfiguren zu finden sind, die sich auf ähnliche Weise wie die eben erwähnten mit dem griechischen Westen in Verbindung bringen ließen. In *Politeia* I ist zwar mit Kephalos ein Metöke

dürfen, dass dieses gehäufte Auftreten von Personen, die aus dem griechischen Westen stammen oder damit in Beziehung stehen, in Dialogen der mittleren und späten Dialoge mit Platons eigenen Beziehungen zu Sizilien und Unteritalien zusammenhängen. Schließlich ist Platon mehrmals dorthin gereist und hat mit Dion eine in Syrakus einflussreiche Figur unter seinen Schülern. Der siebte Brief Platons, ob echt oder nicht, gibt jedenfalls ein detailliertes Bild von Platons Verwicklungen in die Politik der Magna Graecia.

Menons Beziehung zum griechischen Westen wird nicht nur durch die gleich zu Beginn des Dialoges betonte Beziehung zu Gorgias deutlich gemacht, im weiteren Verlauf des Gesprächs kann Sokrates ihm auf Grund seiner Bekanntschaft mit dem sizilischen Rhetor auch ohne weiteres Kenntnisse der Naturphilosophie des Empedokles unterstellen (76c7–d5). Ob der historische Menon über derartige Kenntnisse verfügt hat, kann außer Betracht bleiben. Entscheidend ist, dass Platon den Thessalier Menon als jemanden darstellt, der über Kenntnisse der italischen Philosophie verfügt.

Dieser Umstand ist für die Frage von Belang, welche Leserschaft Platon bei Abfassung seines Dialoges vor Augen hatte, eine Frage, die in der Literatur nur selten diskutiert wird.[6] Die Entstehungszeit des *Menon* wird im allgemeinen in die achtziger Jahre des vierten Jahrhunderts gesetzt.[7] Es ist die Zeit, in der Platon seine erste Sizilische Reise unternimmt; nach der Mitteilung im siebten Brief (324a) ist er im Alter von fast 40 Jahren, also etwa um 388/87 nach Syrakus aufgebrochen. Oder wenn man der Umdatierung von Platons Geburt in das Jahr 424/23 mit Debra Nails folgt[8], um 384/3. Der Anlass war wohl eine Einladung des Tyrannen Diony-

---

aus Syrakus für kurze Zeit der Dialogpartner des Sokrates, aber seine Herkunft aus Sizilien wird im Dialog selbst nirgends erwähnt und scheint dort keine Rolle zu spielen. Hätte Platon den im *Kritias* (108a) angekündigten Dialog mit dem sizilischen General Hermokrates tatsächlich geschrieben, dann könnten wir diese Figur, die sonst nur im *Timaios* (20a) erwähnt wird und im (unvollendeten) *Kritias* mit einer kurzen Bemerkung (108b8–c4) zu Wort kommt, wohl ebenfalls in die Reihe der mit dem griechischen Westen verbundenen Dialogfiguren stellen.

6 Eine Ausnahme ist Merkelbach, der in seiner Ausgabe mit Übersetzung des *Menon* die Vermutung äußert, Platon habe seine Dialoge „nicht für ein allgemeines größeres Leserpublikum niedergeschrieben, sondern zum speziellen Gebrauch in Platons Lehranstalt, der Akademie" (Merkelbach 1988, 5). Allerdings scheint diese Auffassung doch zu sehr an der Vorstellung eines deutschen Professors mit seinem Oberseminar orientiert zu sein. Dass Platon seine Schriften durchaus für eine größere Leserschaft bestimmt sah, wird jedenfalls durch die Mitteilung bei Zenobios (5.6) wahrscheinlich gemacht, dass Hermodor, ein Schüler Platons, dessen Schriften nach Sizilien brachte und dort verkaufte, was wohl nicht ohne Zustimmung des Autors geschah.
7 Bluck 1961, 118 setzt den *Menon* in die Jahre 386/5.
8 Nails 2002, 243–247. Die erste sizilische Reise wird von Nails auf 384/3 datiert (a.a.O. 248).

sios I (so Diodor XV.7.1).⁹ Es ist wahrscheinlich, dass Platon dort als Schriftsteller nicht mit leeren Händen erschienen ist. Der *Menon* wäre ein Dialog, mit dem sich ein sizilisches Publikum beeindrucken ließ: Hier wird ihm ein Sokrates präsentiert, der nicht nur die Philosophie des Empedokles kennt (vgl. 76c7–d5), sondern der, wie im einzelnen noch zu sehen sein wird, auch in der Lage ist, den Stil des Gorgias zu imitieren (vgl. 81a–d). Für eine sizilische Zuhörerschaft war es auch ganz passend, wie oben dargelegt, auf Hinweise zu Lokalität und Anlass des im Dialog dargestellten Gesprächs zu verzichten. Dazu stimmt auch, dass der Dialog mit einem Personal auskommt, das auch in Sizilien bekannt sein dürfte: Menon aus den oben dargelegten Gründen und Anytos als Ankläger des Sokrates und athenischer Stratege. Dass das Thema des Dialoges, Areté, Tugend, auch der Name der Tochter des Dionysios I ist, die später die Ehefrau Dions sein wird, dürfte dem Autor Platon sowenig entgangen sein wie seinen sizilischen Lesern. Jedenfalls sollten wir nicht von vornherein annehmen, dass dieser Dialog in erster Linie für athenische Leser geschrieben wurde.¹⁰

Eingangsszene und Eröffnung des Gesprächs (70a1–71d9)

Der Dialog beginnt abrupt mit einer an Sokrates gerichteten Frage Menons:

> Sokrates, kannst du mir sagen, ob die Tugend lehrbar ist? Oder ist sie nicht lehrbar, kann aber eingeübt werden? Oder kann sie weder eingeübt noch gelernt werden, sondern stellt sich bei den Menschen von Natur aus ein oder auf sonst irgendeine Art und Weise?
>
> (70a1–3)

Mit dem Ausdruck ‚Tugend' wird das griechische ἀρετή wiedergegeben. Das griechische Wort bezeichnet den Inbegriff aller lobenswerten Eigenschaften einer Person oder auch eines anderen Lebewesens. So lautet etwa eine der Definitionen dieses Begriffs in den pseudo-platonischen *Definitionen*: ἕξις θνητοῦ ζῴου καθ'αὑτὴν ἐπαινετή, ein Habitus eines sterblichen Lebewesens, der an sich lobenswert ist (*Deff.* 411d1–2). Die deutsche Entsprechung drückt diese Vorstellung allenfalls sehr ungenügend aus. Ein deutsches Wort, das auch nur als Oberbegriff der Charaktertugenden im allgemeinen Sprachgebrauch üblich ist, gibt

---

9 Caven 1990, 168f. hält eine Einladung durch Dionysios deshalb für unwahrscheinlich, weil der siebte Brief sie nicht erwähnt. Aber das wird auch durch das spätere Zerwürfnis zwischen Platon und Dionysios erklärlich.

10 So etwa Canto-Sperber 1991, 18: „les Athéniens du début du iv⁰ siècle, premiers lecteurs du *Ménon* de Platon".

es nicht. Daher können wir zwar das Verhalten einer Person als couragiert, als besonnen oder als klug loben, aber wir würden diese Worte wohl nicht durch ‚tugendhaft' ersetzen.

Da Tugend in dem erläuterten Sinn für den politisch aktiven Bürger einer griechischen Stadt eine wichtige Voraussetzung für Vorankommen und Erfolg war, ist die Frage, auf welche Weise man in den Besitz dieser Eigenschaft kommt, eine keineswegs nur theoretische Frage. Dass die Sophisten sich anheischig machten, ihren Schülern die ἀρετή zu vermitteln, wird nicht nur durch die entsprechenden Stellen im *Menon* (91b–92a), sondern auch durch die Bemerkung des Sokrates im platonischen *Laches* 186c belegt. Und die Aufzählung mehrerer Alternativen in Menons Frage zeigt ja, dass es sich um ein viel diskutiertes Thema handelt. Menon gibt sich mit dem Aufwerfen dieser Frage als jemand zu erkennen, der sich in den zeitgenössischen Diskussionen dazu auskennt und der damit Sokrates beeindrucken möchte.

Die Reaktion des Sokrates auf die Frage Menons zeigt, dass Sokrates die Intention Menons durchschaut hat. Er geht auf die gestellte Frage gar nicht ein, sondern unterläuft die Intention des Fragestellers, indem er sich nach einer Reihe von Bemerkungen zu Menon für außerstande erklärt, die Frage nach den Möglichkeiten des Erwerbs der Tugend zu beantworten, da er gar nicht wisse, was die Tugend sei. Dabei hat Platon diese Reaktion des Sokrates so inszeniert, dass er ihn auf das so selbstbewusste Auftreten Menons mit urbaner Ironie erwidern lässt. Natürlich waren die Thessalier nicht nur früher für ihre Fähigkeiten als Reiter und für ihren Reichtum berühmt, sondern sind es immer noch, aber die Kenntnisse, die Gorgias, den Sokrates sofort hinter dem von Menon zur Schau gestellten Wissen vermuten kann, nach Thessalien gebracht haben soll, kontrastieren doch ganz eindrucksvoll mit dem, wofür die Thessalier in der griechischen Welt bekannt sind. Es liegt ein kaum zu überhörender Spott in der Bemerkung des Sokrates, dass in Athen eine Wissensdürre eingetreten sei, weil die Wissenschaft[11] nach Thessalien ausgewandert sei. Schließlich war Athen immer noch ein Zentrum der intellektuellen Kultur Griechenlands. Dabei lässt Platon seine Figur Sokrates das Geständnis eines Nichtwissens zunächst nur durch einen fingierten Athener aussprechen, den Menon für einen Glückspilz halten muss, weil er,

---

11 Das griechische Wort σοφία bezeichnet eine ausgezeichnete Form des Wissens, nämlich das Wissen des σοφός, des Mannes, der auf seinem Gebiet als Kenner ausgewiesen ist. Man könnte das annäherungsweise als das Wissen eines Experten wiedergeben. Die übliche Wiedergabe des Wortes mit ‚Weisheit' verschiebt die Bedeutung in den Bereich des praktischen Wissens: Weisheit scheint eine gesteigerte Form von Lebensklugheit zu sein. Das ist aber mit dem griechischen Wort hier nicht gemeint. Daher schien mir die Übersetzung durch ‚Wissenschaft' in diesem Kontext die am wenigstens missverständliche zu sein.

Menon, ihm unterstellt, zu wissen, ob die Tugend lehrbar sei oder nicht. Schließlich wisse er, dieser Athener, doch überhaupt nicht einmal, was die Tugend ist. Erst nach der Einführung dieses Mitbürgers, mit der die allgemeine Unkenntnis über das Wesen der Tugend in Athen illustriert wird, stellt sich Sokrates nun ebenfalls als jemand dar, der überhaupt nicht weiß, was die Tugend ist. Und er stellt sich damit in die Reihe der Athener, die auch alle nicht wissen sollen, was Tugend ist. Aber Sokrates scheint nun einen Schritt weiterzugehen, indem er das, was er bisher nur implizit getan hat, nämlich eine Antwort auf Menons Frage zu verweigern, mit der jetzt behaupteten Unkenntnis in Verbindung bringt. Von einer Sache, von der er nicht wisse, was sie ist, wie könnte er da wohl wissen, welche Eigenschaften sie hat, scheint er eher rhetorisch zu fragen, um sich dann sofort an Menon zu wenden:

> Oder scheint es dir möglich, dass jemand, der Menon überhaupt nicht kennt (γιγνώσκει), weiß, ob er schön oder reich oder auch von Adel ist oder das Gegenteil von all dem? Scheint dir das möglich? (71b4–8)

Menon verneint diese Frage ohne Umstände mit einem knappen „mir auf keinen Fall" (οὐκ ἔμοιγε 71b8). Ihm ist etwas anderes wichtig: Er hat aus den Bemerkungen des Sokrates nur das herausgehört, dass sein Gesprächspartner angibt, nicht zu wissen, was die Tugend sei, und fragt ihn, ob sie – er verwendet bewusst die erste Person Plural (71c1), verweist also auf seine Entourage – das zuhause von ihm berichten sollen. Die Ironie in den Bemerkungen des Sokrates über die nach Thessalien ausgewanderte Wissenschaft und die Wissensdürre in Athen ist ihm ganz offenbar entgangen. Sokrates zeigt sich von dieser Frage unbeeindruckt und erklärt Menon, dass sie nicht nur das von ihm berichten sollen, sondern auch, dass er noch keinen getroffen habe, der es wusste (71c2–3). Das bringt Menon zu der erstaunten Rückfrage, ob er denn Gorgias, als dieser in Athen war, nicht getroffen habe. (71c4). Die bejahende Antwort des Sokrates provoziert die weitere Frage: „Und du hattest nicht den Eindruck, dass er es wusste?" (71c6). Eigentlich wäre Sokrates nach dem, was er bisher gesagt hat, nun verpflichtet zu behaupten, dass auch Gorgias, den er ja getroffen hat, es nicht wusste. Aber er wählt einen anderen Weg: Er beruft sich auf sein schlechtes Gedächtnis. Im Augenblick wisse er einfach nicht mehr, welchen Eindruck er damals hatte. Ja, er räumt ein, dass Gorgias es vielleicht wusste, und dass Menon weiß, was jener gesagt hat (71c7–d1). Dann möge Menon ihn erinnern, wie Gorgias sich geäußert habe. Oder besser noch, er, Menon, solle selbst sagen, was er dazu wisse. Denn, wie Sokrates hinzufügt, er sei doch sicher derselben Ansicht wie Gorgias (71d1–2). Das bin ich, erwidert Menon (71d3). Dann, so Sokrates, sollten wir Gorgias, der ja ohnehin nicht da ist, beiseite lassen, und Menon selbst solle sagen, was die Tugend ist und damit nicht hinter dem Berge halten (71d4–5), damit er, Sokrates, wenn sich herausstellt, dass Menon und Gorgias es wissen, mit seiner Behauptung, noch nie jemanden getroffen zu haben, der es wusste, die glücklichste Lüge gelogen habe (71d6–8). Und dann folgt Menons erste Antwort auf die Frage, was die Tugend ist.

In diesem kurzen Textstück wird Menon aus der Rolle dessen, der Sokrates mit einer Frage nach der Lehrbarkeit der Tugend imponieren möchte, in die Rolle dessen versetzt, der selber befragt wird und zwar befragt nach der Definition der Tugend. Dabei sind die komödienhaften Züge dieser Szene nicht zu übersehen: Dem sehr selbstbewusst auftretenden jungen Mann aus Thessalien[12] wird ein ironisch reagierender Sokrates gegenübergestellt, dessen Spott über die Wissensdürre in Athen und die Fortschritte der Wissenschaft in der Heimat Menons von diesem jedoch gar nicht wahrgenommen wird. Die Erfindung eines anonymen Atheners, den Sokrates zunächst an seiner Stelle antworten und seine Unkenntnis bekunden lässt, der sich als „Glückspilz" (μακάριός τις) angesprochen sieht, weil ihm ein Wissen von der Lehrbarkeit der Tugend unterstellt wird, gibt dem Ganzen einen weiteren komischen Zug. Insbesondere trägt aber die Reaktion des Sokrates auf die angedrohte Verbreitung seines eingestandenen Nichtwissens in Thessalien zur Komik der Situation bei: Obendrein solle doch auch noch berichtet werden, dass er niemanden getroffen habe, der über das ihm, Sokrates, fehlende Wissen verfüge habe. Auch die Art, wie Menon hier zu einem bloßen Nachredner des Gorgias gemacht wird, zu jemandem, der „doch sicher der gleichen Ansicht" wie Gorgias ist (71d1–2), trägt zur komischen Charakterisierung Menons bei. Und dahin gehört schließlich auch die ironische Selbstdarstellung des Sokrates, der sich scheinbar in vorauseilendem Eingeständnis, dass er sich wohl geirrt haben muss, vorwirft, die glücklichste Lüge gelogen zu haben, wenn sich doch herausstellen sollte, dass er mit Gorgias und Menon zwei Personen begegnet ist, die beide über das ihm selbst fehlende Wissen verfügen.

Platon lässt seinen Dialog mit einer komödienhaften Szene beginnen. Das ist ein Umstand, der auch für die weitere Deutung des *Menon* nicht aus den Augen zu verlieren ist. Zwar lassen sich aus diesem Textstück auch Positionen des platonischen Sokrates herauslesen, die philosophisch interessanter zu sein scheinen, so das Abstreiten eigenen Wissens durch Sokrates, sein „disavowal of knowledge", oder seine These, dass die Kenntnis der Definition den Vorrang vor der Kenntnis

---

12 Das zur Schau getragene Selbstbewusstsein Menons wird auch dadurch betont, dass Platon ihn seine Antworten oft unter Benutzung der ersten Person Singular mit der verstärkenden Partikel γε aussprechen lässt, eine Partikel, die „serves to focus the attention upon a single idea, and place it, as it were, in the limelight" (Denniston, *Greek Particles,* 114). So in 71b9, d3, 72c5, e9, 73a4, 74c4, c9, e3 u. ö.

anderer Eigenschaften einer Sache verdient, ja dass diese Kenntnis Voraussetzung für die erfolgreiche Bestimmung anderer Eigenschaften ist, die „priority of definition".[13] Ganz ähnlich wird ja auch im *Laches* die Klärung der Frage, was die Tugend ist, von Sokrates als Voraussetzung behandelt für eine Antwort auf die Frage, wie die Tugend erworben wird (vgl. *Lach.* 190b–c).

Aber auffallend ist an unserer Stelle im *Menon* doch die eher nonchalante Begründung für den Vorrang des definitorischen Wissens mit der Frage an Menon, ob es ihm möglich scheine, „dass jemand, der Menon überhaupt nicht kennt (γιγνώσκει), weiß, ob er schön oder reich oder auch von Adel ist oder das Gegenteil von all dem" (71b5–7). Schließlich ist die persönliche Kenntnis einer Person doch keineswegs eine Voraussetzung für eine Kenntnis ihres Vermögens oder ihres sozialen Status.[14] Zwar scheint im Fall der ersten von Sokrates genannten Eigenschaften Menons, nämlich für ein Wissen über Menons gutes Aussehen, jedenfalls eine persönliche Kenntnis sehr förderlich zu sein. Aber schon für die beiden anderen Eigenschaften, Reichtum und adlige Herkunft, ist eine persönliche Kenntnis der betreffenden Person keineswegs eine notwendige oder auch nur eine hilfreiche Voraussetzung. Kenntnisse über diese Eigenschaften einer Person gewinnt man im allgemeinen durch Informationen, für die eine persönliche Kenntnis der betreffenden Person gar nicht erforderlich ist. Es scheint immerhin möglich, dass Menons schnelle Zustimmung zu dieser, seine Person betreffenden Frage ihn als unbedacht charakterisieren soll.

Menons erste Antwort und die Kritik des Sokrates (71e1–72d3)

An der Antwort Menons (71e1–72a4) ist zunächst auffallend, dass Menon hier gar kein wirkliches Problem sieht: Mehrmals betont er die Leichtigkeit, mit der sich die Frage beantworten lässt; eine Antwort darauf sei „nicht schwer" (οὐ χαλεπόν 71e1, e5), sei „leicht" (ῥᾴδιον 71e2), man sei „nicht in Verlegenheit" (οὐκ ἀπορία 72a2) anzugeben, was die Tugend ist. Umgekehrt wird damit natürlich sein Gesprächspartner Sokrates, den Menon hier mehrmals direkt anspricht („wenn

---

[13] Vgl. dazu die Bemerkungen im Kommentar von Scott 2006, 19–22, mit Hinweisen zu weiterer Literatur.

[14] Das griechische Verbum γιγνώσκειν hat, wie etwa *Theait.* 191b, 192e–193b zeigt, auch den Sinn des Kennens einer Person, so dass man in der Lage ist, sie unter anderen Personen wiederzuerkennen. Das Wort wird also auch in den Präsensformen, anders als in Liddell/Scott/Jones mitgeteilt, nicht nur für den Akt des Erkennens, sondern auch für die Disposition des Kennens verwendet.

du möchtest", εἰ βούλει 71e1–2, e5, e8), als jemand behandelt, der bei dieser Frage nun wirklich nicht auf der Höhe der Diskussion ist.

Inhaltlich besteht Menons Antwort in der Angabe unterschiedlicher Tugendarten, nämlich solcher für einen (politisch aktiven) Mann und solcher für eine Frau. Der Mann müsse „in der Lage sein, sich um die Angelegenheiten der Polis zu kümmern und dabei seinen Freunden zu nützen, seinen Feinden zu schaden und darauf zu achten, dass ihm selber nicht geschadet wird" (71e3–5). Die Tugend einer Frau, gedacht ist dabei an die verheiratete Frau eines Mannes, wie er gerade beschrieben wurde, bestehe darin, „das Haus gut zu verwalten, alles im Hause in Stand zu halten und ihrem Mann zu gehorchen" (71e6–7). Daran hängt Menon bloße Hinweise auf andere Tugendträger an: So gebe es Tugend für ein Kind, ob Junge oder Mädchen, für einen älteren Mann, für einen Freien und für einen Sklaven (71e8–72a1). Keine Frage, dass Menon meint, seinem begriffsstutzigen athenischen Gesprächspartner eine überzeugende und ausreichende Antwort gegeben zu haben. Seine vermeintliche Überlegenheit gegenüber Sokrates demonstriert er charakteristischerweise mit einer kunstvollen abschließenden Bemerkung (72a1–4), die unter Einsatz von rhetorischen Mitteln à la Gorgias noch einmal betont, dass er jedenfalls nicht in Verlegenheit ist, die gestellte Frage zu beantworten: Mit den Reimen und den Hyperbata dieser Periode kann Menon zeigen, was er von seinem sizilischen Lehrer gelernt hat.

Menon hat die Frage des Sokrates missverstanden. Und es trägt wiederum zur komischen Qualität dieses Gespräches bei, dass Sokrates das nicht etwa direkt moniert, sondern sich ironisch darüber erfreut zeigt, dass er auf der Suche nach der einen Tugend nun auf einen ganzen Schwarm von Tugenden gestoßen ist, der sich bei Menon niedergelassen hat (72a5–6). Er stellt das Missverständnis, das in der Antwort Menons zum Ausdruck kommt, nun in einem Bild dar, wobei er sich assoziativ von der Rede von einem Schwarm leiten lässt und seine Kritik an Menon mit dem stilistischen Mittel eines Dialogs im Dialog vorbringt:[15] Wenn er Menon nach der Natur der Biene fragen würde und Menon ihm zur Antwort gegeben hätte, es seien „viele ganz verschiedene" (πολλαὶ καὶ παντοδαπαί 72b1–2, b3), wie Sokrates unter Aufnahme der Rede Menons von einer „Unzahl weiterer Tugenden" (ἄλλαι πάμπολλαι ἀρεταί 72a1) sagt, was würde er auf die weitere Frage antworten, ob er meine, „dass sie viele ganz verschiedene und voneinander unterschiedene insoweit sind, als sie Bienen sind. Oder unterscheiden sie sich in dieser Hinsicht überhaupt nicht, wohl aber in anderer, etwa in ihrer Schönheit oder Größe oder in sonst etwas derartigem?" (72b3–5). Sokrates hebt also

---

15 Platon lässt Sokrates dieses Mittel im *Menon* noch an weiteren Stellen nutzen: 74b–e, 75a, 75c–d, 87a.

bei der Aufnahme von Menons Wendung auf die Unterschiedlichkeit ab, wo sein Gesprächspartner vor allem die Vielzahl betont hatte.

Menon sieht keinen Unterschied hinsichtlich ihres Biene-Seins (72b7–8). Und Sokrates kann in dem Dialog im Dialog hypothetisch fragend fortfahren: „Wenn ich anschließend sagte: ‚Erkläre mir nur noch dies, Menon: das, worin sie sich nicht unterscheiden, sondern alle identisch sind, was soll das deiner Meinung nach sein?' Darauf hättest du sicher für mich eine Antwort parat?" (72c1–3) Die hypothetische Formulierung der Frage erlaubt es Menon, statt einer Antwort nur die Versicherung abzugeben, er verfüge über eine Antwort (72c4). Da Menons entomologische Kenntnisse wohl eher beschränkt sein dürften, ist auch das nicht ohne komische Qualität.

Nach dieser Erläuterung an einem Beispiel kann Sokrates nun zum Gegenstand der eigentlichen Fragestellung zurückkehren, zu den Tugenden. Auch wenn es davon ebenfalls „viele ganz verschiedene gibt, so besitzen sie doch alle eine und dieselbe Gestalt, aufgrund derer sie eben Tugenden sind" (72c5–7). Im Griechischen steht an dieser Stelle für das Wort, das hier mit ‚Gestalt' wiedergegeben ist, der Ausdruck ‚Eidos' (εἶδος). Da dieses Wort in anderen und wohl späteren Dialogen für die Ideen der Ideenlehre benutzt wird, ist hier gelegentlich eine erste Anspielung auf diese Platon zugeschriebene Theorie vermutet worden. Aber das griechische Wort bezeichnet wie das deutsche ‚Gestalt' im normalen Sprachgebrauch die körperliche Erscheinung einer menschlichen Person. So wird im *Phaidon* an einer Stelle vom εἶδος, von der Gestalt des geliebten Knaben gesprochen, die evoziert wird, wenn die Verliebten einen Gegenstand sehen, der dem Geliebten gehört (*Phaid.* 73d9). Das Erkennen der Gestalt einer Person ist aber mit einer charakteristischen Abstraktionsleistung verbunden, weil eine Gestalt unter den ganz unterschiedlichen Haltungen und Körperpositionen als dieselbe erkannt werden muss. Das unterscheidet das Erkennen und Wiedererkennen der Gestalt eines Menschen eben von dem Wiedererkennen eines starren Dinges wie einer Statue oder eines Gebrauchsgegenstandes, die zwar auch, von unterschiedlichen Seiten betrachtet, unterschiedliche Aspekte bieten, aber bei denen sich doch die Verhältnisse ihrer Teile zueinander nicht ändern. Daher haben die Griechen diesen Begriff vor allem im Bereich der Medizin schon früh benutzt, um damit das Typische und Einheitliche eines Phänomens zu umschreiben.[16] Darum muss aber auch an dieser Stelle des *Menon* keineswegs schon an die Ideen einer Ideenlehre gedacht werden.

---

[16] S. dazu Gillespie 1912, der den typisierenden und klassifikatorischen Gebrauch in der zeitgenössischen Medizin an einer Reihe von Beispielen aus dem *Corpus Hippocraticum* belegt.

Sokrates kleidet seine Bitte um eine Antwort im Fall der Tugenden in eine allgemeine Feststellung: die Tugenden besitzen „doch alle eine und dieselbe Gestalt, aufgrund derer sie eben Tugenden sind. Mit dem richtigen Blick auf sie sollte derjenige, der antwortet, in der Lage sein, dem Frager das klar zu machen, was eben Tugend ist." (72c5–8) Er appelliert also an das Ehrgefühl Menons als an jemanden, der richtig zu antworten wisse. Wenn Menon auf die Nachfrage des Sokrates, ob er verstehe, was gemeint ist, zwar diese Nachfrage bejaht, dann aber hinzufügt: „allerdings habe ich das, wonach du fragst, nicht so im Griff, wie ich wohl möchte" (72d2–3), so muss das nicht bedeuten, dass Platon seine Figur Menon hier als begriffsstutzig darstellen möchte. Hier kann auch ein Hinweis auf ein reales Problem vorliegen, zumal da Menon im folgenden Text (73a3–4) ausdrücklich sagt, dass ihm der Fall der Tugend von den Beispielen der Gesundheit, Größe und Körperkraft verschieden zu sein scheint.

Mit der Rede von „derselben Gestalt, aufgrund derer die Tugenden eben Tugenden sind", wird etwas in den Blick genommen, das allen Tugenden gemeinsam ist. Zu prüfen ist, ob dieser Gedanke bei den folgenden Definitionsversuchen eine Rolle spielt oder nicht.

Dieselbe Gestalt der Tugend oder dieselbe Tugend für alle? (72d4–73c6)

Sokrates bringt nun mit der folgenden Argumentation (72d4–73c6) Menon zu der Behauptung, dass die Tugend bei allen Menschen dieselbe sei (73c5). Das ist keineswegs unmittelbar einleuchtend, und der Weg, der von der einen und selben Gestalt (ἕν γέ τι εἶδος ταὐτόν 72c6), an der alle Tugenden teilhaben, zu derselben Tugend für alle (ἡ αὐτὴ ἀρετὴ πάντων 73c5 vgl. c3) führt, verdient daher eine genaue Prüfung.

Sokrates versucht in einem ersten Schritt eine Antwort Menons durch einen Vergleich mit anderen positiv besetzten Eigenschaften von Menschen zu erreichen: mit Gesundheit, Größe und Körperkraft. Er knüpft an Menons Rede von der „anderen Tugend des Kindes" (καὶ ἄλλη ἐστὶν παιδὸς ἀρετή 71e7) an und fragt, indem er Menons Äußerung 72d2–3 als ein Beharren auf der gerade gegebenen Aufzählung unterschiedlicher Tugenden interpretiert, ob es ihm denn nur bei der Tugend so zu sein scheine, dass es für Mann und Frau unterschiedliche Tugenden gebe, oder auch bei Gesundheit, Größe und Körperkraft (72d4–6). „Oder ist die Gestalt überall dieselbe, wenn es sich um die Gesundheit handelt, gleichgültig ob sie bei einem Mann oder bei wem sonst vorliegt?" (72d7–e1) Sokrates hat bis hierhin nur von „derselben Gestalt" (εἶδος ταὐτόν 72c6, d7–e1) gesprochen. Es ist Menon, der in seiner Antwort nicht mehr von derselben Gestalt, sondern von „derselben Gesundheit" (ἡ αὐτή ... ὑγίεια 72e2) spricht, die ihm bei Mann und Frau vorzuliegen scheint. Zwei Eigenschaften vom selben Typ müssen aber keineswegs dieselbe Eigenschaft sein. Es scheint also, dass Platon seine Figur Menon hier einen Fehler begehen lässt.

Interessant ist nun, wie Sokrates auf diese Äußerung Menons reagiert: Sokrates will das von Menon Behauptete sogleich auf die beiden anderen Beispiele, (körperliche) Größe und Körperkraft ausdehnen:

> Also doch auch Größe und Kraft? Wenn immer eine Frau kräftig ist, dann wird sie doch aufgrund derselben Gestalt und aufgrund derselben Kraft (τῷ αὐτῷ εἴδει καὶ τῇ αὐτῇ ἰσχύϊ) kräftig sein? Ich meine mit ‚aufgrund derselben' (τῇ αὐτῇ) dies: Für die Kraft macht es hinsichtlich des Kraft-Seins keinen Unterschied, ob sie bei einem Mann oder bei einer Frau vorliegt. Oder scheint dir da ein Unterschied zu sein? (72e4–7)

Menon sieht hier wohl zu Recht keinen Unterschied (72e8). Sokrates nimmt also zu der von ihm bisher gebrauchten Rede von einer selben Gestalt die Rede von der Selbigkeit, hier der Kraft hinzu, und expliziert den Ausdruck ‚aufgrund derselben' (im Griechischen bezieht sich, anders als in der deutschen Übersetzung, die feminine Form nur auf die Wendung ‚aufgrund derselben Kraft') so, dass es für das Kraft-Sein einer Körperkraft keinen Unterschied ausmacht, ob sie bei einem Mann oder einer Frau vorliegt. Selbst wenn man bei einer Frau nicht dieselbe Kräftigkeit wie bei einem Mann vorliegen sieht, so ist doch die Leistung, die eine Frau etwa beim Heben eines Gewichtes erbringt, der Leistung eines Mannes, der dasselbe Gewicht hebt, gleich. Insoweit scheint Menons Zustimmung in diesem Punkt unproblematisch. Aber die Ablösung der Rede von derselben Gestalt (sc. der Kraft) durch die Rede von derselben Kraft, wie Sokrates sie hier in Aufnahme der Wortwahl Menons vorgenommen hat, ist eben nicht unproblematisch. Und es ist zweifelsohne auffallend, dass der Begriff der Gestalt, der in der Exposition der Frage nach dem Was der Tugend eine ganz prominente Rolle gespielt hat, im ganzen restlichen Dialog in dem bisher gebrauchten Sinn nicht mehr vorkommt.[17] Was das andere Beispiel, die Größe angeht, so scheint es auch dabei ganz analog zu sein: ein Mann und eine Frau können dieselbe Größe haben, wenn nämlich der Mann nicht die Frau und diese nicht den Mann überragt. Und das spricht dafür, dass wir nicht von unterschiedlichen Arten von Größe bei Mann und bei Frau zu reden scheinen, wenn von deren Größe die Rede ist. Nicht ganz entsprechend scheint es sich allerdings bei dem Beispiel zu verhalten, bei dem Menon zuerst den Übergang von der Selbigkeit der Gestalt zur selben Sache macht,

---

[17] Das Wort εἶδος, Gestalt erscheint im Menon nur noch einmal, in der Rede Menons 80a5. Aber dort bezeichnet es die äußere körperliche Erscheinung des Sokrates.

nämlich bei der Gesundheit. Hier gibt es nicht die Möglichkeit eines einfachen Vergleichs wie in den Fällen von Kraft und Größe. Aber auch in diesem Fall wird man vielleicht geneigt sein, zwei Personen unterschiedlichen Geschlechts, die beide nicht krank sind, als von gleicher Gesundheit anzusehen. Ist aber deshalb die Gesundheit dieselbe bei beiden? Und eben das wird ja von Menon 72e2–3 behauptet, während Sokrates vorher nur von derselben Gestalt der Gesundheit (72e1) gesprochen hat. Wenn mit derselben Gestalt der Gesundheit das erfasst wird, was in einer Definition zum Ausdruck kommt, das was allen Fällen von Gesundheit gemeinsam ist, dann folgt aus einer und derselben Definition der Gesundheit, etwa als Normalzustand eines belebten Körpers, keineswegs, dass diejenigen Lebewesen, auf die diese Definition angewendet werden kann, auch dieselbe Gesundheit haben. Diese Definition würde auf einen Menschen ebenso zutreffen wie auf ein Tier, aber es würde doch recht merkwürdig klingen, dass ein Mensch und ein Fisch dieselbe Gesundheit haben. Schließlich hängt die Erhaltung (oder auch die Bedrohung) der Gesundheit in beiden Fällen doch von sehr unterschiedlichen Umständen ab.

Nachdem Menon zugestanden hat, dass es ihm „für die Kraft hinsichtlich des Kraft-Seins keinen Unterschied macht, ob sie bei einem Mann oder bei einer Frau vorliegt" (72e6–8), konfrontiert Sokrates ihn mit der Übertragung dieser Frage auf den Fall der Tugend:

> Für die Tugend soll es aber einen Unterschied hinsichtlich der Tugend-Seins machen, ob sie bei einem Kind oder einem älteren Mann, ob sie bei einer Frau oder bei einem Mann vorliegt? (73a1–2)

Es fällt auf, dass Sokrates hier den Beispielen von Mann und Frau die beiden weiteren von Kind und älterem Mann vorangestellt hat. Er hat damit vier der vorher von Menon angeführten Fälle (vgl. 71e2–8) in seine Frage übernommen, bezeichnenderweise aber nicht die Rede von der Tugend eines Sklaven (vgl. 72a1). Menons zögerliche Antwort

> Ich habe doch irgendwie den Eindruck, Sokrates, dass das den erwähnten anderen Fällen nicht mehr analog ist. (73a3–4)

ist gerade deshalb bemerkenswert, weil das nun folgende Räsonnement mit dem Ergebnis, dass alle Menschen dieselbe Tugend haben (73c3), auf einem erkennbaren Fehlschluss beruht. Sokrates beginnt diese Argumentation, indem er die von Menon 71e angegebenen Tugendarten von Mann und Frau aufnimmt, allerdings mit bestimmten Änderungen: Während Menon nur bei der Frau von einem „gut verwalten" (εὖ οἰκεῖν 71e6) des Hauses gesprochen hatte, subsumiert Sokrates das von Menon zur Tugend des Mannes Gesagte nun ebenfalls unter den Begriff des „Verwaltens" (διοικεῖν 73a5), fügt ihm aber das Adverb „gut" (εὖ) an, das in der Rede Menons gerade gefehlt hatte bzw. das dort in ganz anderer Funktion vorkam: „den Freunden gut zu tun, den Feinden zu schaden" (71e4). Sokrates überträgt also eine Wertung, die von Menon nur bei der Tugend der Frau benutzt wurde, nun auch auf die des Mannes und parallelisiert beide, indem er dem Haus, das die Frau gut verwaltet, nun beim Mann die Polis, den Staat, an die Seite stellt. Beide unterscheiden sich nun nur noch in ihrem Aufgabengebiet, nicht in der Art ihres Handelns. Menon stimmt diesem Referat seiner These ohne Umstände zu (73a5–6). Eine solche Umdeutung der traditionellen Auffassung von der Tugend des Mannes durch ihre Parallelisierung mit der Tugend der Frau und Menons schnelle Zustimmung dazu dürfte ein weiteres komisches Moment enthalten, und das erst recht in der patriarchalischen Gesellschaft der klassischen Zeit.

Die Ausdehnung der Wertung auch auf die Tugend des Mannes ist nun die Basis für das folgende Argument, denn aus dem gut Verwalten wird nun auf das gerecht und besonnen Verwalten geschlossen:

> Sokrates: Kann denn jemand die Polis oder das Haus oder was auch sonst gut verwalten, wenn er es nicht besonnen und gerecht verwaltet?
> Menon: Sicher nicht. (73a6–b1)

Übersetzt man diese rhetorische Frage in die These, die Menon mit ihrer Bejahung übernimmt, dann besagt sie:

> Jeder der etwas gut verwaltet, wird es besonnen und gerecht verwalten.

Mit dem Wort δίκαιος bzw. dem an dieser Stelle benutzten Adverb δικαίως, das ich hier, einer etablierten Tradition folgend, mit „gerecht" wiedergegeben habe, ist meist und so auch an dieser Stelle das rechtstreue Verhalten, die Rechtlichkeit gemeint. Das deutsche Wort ‚gerecht' charakterisiert das Verhalten von Personen, die über eine gewisse Entscheidungsmacht verfügen. So ist ein Richter (oder sein Urteil) gerecht. Oder wer einen Preis für eine Ware festsetzt, kann einen gerechten (fairen) Preis festsetzen, das setzt aber die Kompetenz zur Preisfestsetzung voraus. Diesen Sinn kann zwar das griechische Wort auch haben, aber die weitaus häufigere Bedeutung ist die der Rechtstreue oder Rechtlichkeit.[18] Die

---

[18] So wird Sokrates mit dem letzten Wort des *Phaidon* als der rechtstreueste (δικαιότατος) unter den Personen dargestellt, die den Gefährten des Sokrates bekannt waren. Aristoteles kann daher in *NE* V 2–3 bei der Unterscheidung verschiedener Bedeutungen von δικαιοσύνη einen Sinn dieses Wortes hervorheben, in dem es die Eigenschaft bezeichnet, die den rechtstreuen Bürger, den νόμιμος, charakterisiert (*EN* V 2, 1129a33). Dieser Sinn von δικαιοσύνη trifft dann nicht einen

These, die Menon übernimmt, besagt damit, was ihren Inhalt angeht, dass wer etwas gut verwaltet, sich nicht von eigenen Emotionen leiten lässt und dass er sich an die für alle geltenden Normen hält.

Exkurs I: Zwei Bedeutungen von ‚gut'

Da an der gerade kommentierten Stelle das Wort ‚gut' eine wichtige Rolle spielt und da es auch an anderen Stellen des *Menon* für die Argumentation zentral sein wird, ist es sinnvoll, sich über zwei grundlegende Bedeutungen dieses Wortes wie seiner griechischen Entsprechung ἀγαθός klar zu werden. Wir können ‚gut' zum einen in dem Sinne gebrauchen, in dem etwa ein Schachspieler als guter Schachspieler, oder jemand als guter Lehrer, eine Frage als gute Frage oder ein Wagen als guter Wagen bezeichnet wird. In diesen Fällen drücken wir mit diesem Wort aus, dass die Gegenstände, von denen es ausgesagt wird, bestimmten Standards genügen. Ein guter Schachspieler oder ein guter Lehrer genügen den Anforderungen, die wir im allgemeinen an einen Schachspieler oder Lehrer stellen. Eine gute Frage ist eine Frage, die den Standards genügt, die man an eine Frage stellt, etwa indem sie einen bedenkenswerten Aspekt einer Sache ins Licht stellt. Und ein guter Wagen hat eben die Eigenschaften, die ein Wagen als Fortbewegungsmittel haben sollte. In diesem, eine Standarderfüllung anzeigenden Sinn wird dieses Wort als Anzeiger für Eigenschaften gebraucht, deren Besitz durch den Begriff der Tugend im Sinne des griechischen Wortes ἀρετή ausgedrückt wird. Entsprechendes gilt dann auch für den Gegenbegriff ‚schlecht'. Ein schlechter Lehrer ist dann einer, der die Anforderungen, die an einen Lehrer gestellt werden, nicht erfüllt.

Daneben wird das Wort ‚gut' auch dort eingesetzt, wo es Sachverhalte oder Umstände charakterisiert, die etwa für eine oder mehrere Personen vorteilhaft oder von Nutzen sind, oder auch Dinge, deren Besitz für eine Person von Nutzen ist. Bei diesem Gebrauch des Wortes haben wir es mit einem relativen Sinn zu tun, nämlich immer in Beziehung auf etwas, *für das* der bezeichnete Sachverhalt oder Gegenstand gut ist. In diesem Sinn geht ‚gut' meist mit einem Dass-Satz zusammen: Es war gut, dass wir ausreichend Vorräte mitgenommen hatten, nämlich gut für uns. Und hier gilt eben, dass das, was für eine Person gut ist, für eine

---

Teil der Tugend, sondern die Tugend insgesamt (1130a8–9). Die Bedeutung wird später von den Scholastikern als *iustitia universalis* von der *iustitia specialis* unterschieden, welch letztere die Gerechtigkeit in unserem Sinn ist: die verteilende und korrigierende Gerechtigkeit.

andere schlecht sein kann. Was für den einen gut ist, kann für einen anderen, etwa einen Konkurrenten, schlecht, nämlich unvorteilhaft oder schädlich sein. Dagegen kann der gute Lehrer nicht in anderer Hinsicht ein schlechter Lehrer sein. Der Standarderfüllung anzeigende Sinn von ‚gut' wird eben nicht relativ zu einem anderen Gegenstand gebraucht.[19]

Exkurs II: Sokrates' Fragen und Fragetechnik

Platon hat für seine Mitteilungen, von den wenigen Briefen abgesehen, die Form des Dialoges gewählt. Diese literarische Form imitiert die Situation eines Gespräches, darin also dramatischer Dichtung vergleichbar. Aber Platons Dialoge unterscheiden sich von den Dialogen anderer Autoren auf spezifische Weise. Die Mehrzahl der späteren Dialogautoren, von Cicero bis David Hume, sind an dem Gesprächstyp des Unterrichtsgesprächs orientiert. Dabei gibt ein Gesprächsführer, durch gelegentliche Fragen unterbrochen, eine belehrende Darlegung seiner Ansichten. Aber gerade die sokratischen Dialoge Platons, zu denen auch der *Menon* gehört, sind nicht am Modell eines Unterrichtsgespräches orientiert, sondern am Modell des Elenchos, eines spezifischen Gesprächstyps, bei dem es um die Widerlegung eines Gesprächspartners durch dessen Verwicklung in Widersprüche oder paradoxe Thesen geht. Ursprünglich dürfte dieser Typ von Gesprächsführung seinen Platz wohl vor Gericht, bei der Auseinandersetzung mit einem Gegner oder der Befragung eines Zeugen, gehabt haben. Im Unterschied zum Unterrichtsgespräch, bei dem der Frager nur eine Art Stichwortgeber ist, liegt beim elenktischen Gespräch die Rolle der Gesprächsführung bei demjenigen, der die Fragen stellt und der nicht (oder doch nur sehr gelegentlich) auch eigene Ansichten darlegt.

Dass die Fragen des Sokrates Bestandteile einer elenktischen Befragung eines Gesprächspartners sind, und damit in eine Dialogstrategie gehören, die einen Gesprächspartner in einen Widerspruch verwickeln oder zu paradoxen Thesen bringen will,[20] hat zur Folge, dass man aus ihnen nicht einfach eine Meinung des fragenden Sokrates herauslesen kann. Oft genug werden aber die Fragen des Sok-

---

[19] Ich habe diese unterschiedlichen Gebrauchsweisen von ‚gut' ausführlicher in Ebert 1974, 143–151, insbesondere 144–146 diskutiert.
[20] Zu den Regeln dieser elenktischen Fragegänge ist die aristotelische *Topik*, Buch VIII zu vergleichen. Dort werden die unterschiedlichen diskussionstaktischen Anforderungen an den Frager und den Antwortenden im einzelnen erörtert (vgl. insbesondere *Top.* VIII 4, 159a18–24). Zu dieser Fragetechnik der aristotelischen *Topik* vgl. jetzt a. Primavesi 1996, insbes. 34–40.

rates als Anlässe zu den erhaltenen Antworten gesehen und Frage des Sokrates und Antwort seines Gesprächspartners werden zu einer Meinung des Sokrates und womöglich zu einer Meinung Platons verrechnet.

Dass dieses Vorgehen nicht den Intentionen Platons entspricht, kann man nun aber glücklicherweise aus den Dialogen selbst belegen. An zwei Textstellen, die eine im *Ersten Alkibiades*, die andere im *Protagoras*, lässt Platon Sokrates feststellen, dass es nicht der Frager ist, sondern der Antwortende, der sich mit seinen Antworten auf die Übernahme bestimmter Thesen festlegt. Im *Ersten Alkibiades* diskutiert Sokrates mit seinem Gesprächspartner über die Kenntnis von Recht und Unrecht, und Alkibiades muss Sokrates zugeben, dass er ein Wissen von Recht und Unrecht weder selbst gefunden hat, da er keinen Zeitpunkt angeben kann, an dem er es gelernt hat (*Alc. Mai.* 110c9–d2), noch es von jemandem gelernt haben kann, da die vorgeblichen Lehrer, die Vielen, auf die Alkibiades meint sich berufen zu sollen, untereinander uneins sind (*Alc. Mai.* 112d4–6). Sokrates fasst das Ergebnis dieser Argumentation dann wie folgt zusammen:

> Wie soll es dann plausibel sein, dass du Recht und Unrecht kennst, worüber du doch derart schwankend bist und es weder von jemandem gelernt zu haben scheinst noch es selbst gefunden hast? (*Alc. Mai.* 112d7–9)

Als Alkibiades darauf antwortet:

> Nach dem, was du sagst, ist es auch nicht plausibel. (*Alc. Mai.* 112d10),

wird er von Sokrates zurecht gewiesen; seine Antwort sei nicht korrekt, „weil du behauptest, ich sage dies" (112e1–3). Als Alkibiades das nicht sofort versteht, gibt Sokrates ihm ein paar einfache Beispiele von Fragen, die es mit Zahlen zu tun haben und auf die Alkibiades richtig antwortet, und lässt sich von seinem Partner bestätigen, dass Sokrates hier der Frager, Alkibiades der Antwortende ist. Das fasst Sokrates dann wie folgt zusammen:

> Nun denn, sage mir mit einem Wort: Wenn es zu Frage und Antwort kommt, wer ist der, der die Behauptungen aufstellt, der Fragende oder der Antwortende? (*Alc. Mai.* 113a7–9)

Und Alkibiades gibt etwas kleinlaut zu:

> Der Antwortende, scheint mir, Sokrates. (*Alc. Mai.* 113a10)

Im *Protagoras*, einem von Sokrates erzählten Dialog, ist an einer Stelle das Verhältnis einzelner Tugenden zueinander das Thema. Ist ihr Verhältnis zueinander eher so wie das der Teile des menschlichen Gesichtes, so dass jedes eine unterschiedliche Funktion hat, oder eher so wie die Teile des Goldes, die sich nur nach

Größe und Kleinheit unterscheiden? (329d4-8) Dann fragt Sokrates seinen Unterredner mit Beziehung auf das Beispiel der Teile des Gesichtes:

> Ist nun ebenso von den Teilen der Tugend keiner wie der andere, weder er selbst noch seine Funktion? Liegt es nicht auf der Hand, dass es sich so verhält, wenn es dem Beispiel ähnlich sein soll? (*Prot.* 330a7-b2)

Protagoras stimmt dem zu. Dann führt Sokrates etwas weiter (330c2) einen fingierten Dritten ein, der an sie beide, an Sokrates und Protagoras, gemeinsam seine Fragen richtet. Dieser Dritte wirft dann im Verlauf seiner Befragung unter Bezugnahme auf diese Stelle die Frage auf:

> Wie habt ihr doch vor kurzem gesagt? Oder habe ich euch nicht richtig verstanden? Ihr schient mir zu behaupten, die Teile der Tugend verhielten sich so zueinander, dass keiner wäre wie der andere. (*Prot.* 330e3-6)

Darauf erwidert Sokrates:

> Sonst hast du zwar alles richtig aufgefasst, wenn du aber glaubst, dass ich das ebenfalls behaupte, dann hast du dich verhört. Denn Protagoras hier hat das zur Antwort gegeben, ich habe nur gefragt. (*Prot.* 330e7-331a1)

Diese Replik des Sokrates, mit der er sich gegen die Unterstellung verwahrt, auch er habe an der fraglichen Stelle des vorhergehenden Gespräches, auf die der Dritte Bezug nimmt, eine Behauptung aufgestellt, ist gerade deshalb so aufschlussreich, weil dort eine Distanzierung des Sokrates von den Antworten des Protagoras keineswegs erkennbar ist.

Aus der Beobachtung, die aus den erörterten Stellen in den beiden Dialogen zu gewinnen ist, sollte nun allerdings nicht gefolgert werden, Sokrates ließe sich, wenn er fragt, gewissermaßen nie in die Karten schauen, er ließe seine eigene Auffassung nie erkennen. Das wäre bei den Fragen des Sokrates wohl ebenso falsch wie bei Fragen allgemein. Es kommt auf die Formulierung der Frage an. Wenn gefragt wird: ‚Du weißt doch, dass p?', dann kann man davon ausgehen, dass der Frager ‚p' für wahr hält. Und ganz entsprechend verhält es sich mit Wendungen wie ‚Stimmst du mit mir überein, dass p?', ‚Stimmst du mir zu, dass p?', ‚Stimmen wir darin überein, dass p?'. Es ist ja gerade in einer Diskussion, bei der ein Frager vom befragten Partner bestimmte Zugeständnisse erhalten möchte, oft psychologisch von Vorteil, diesem gegenüber auch die eigene Position erkennen zu lassen. Es wird also immer darauf ankommen, ob eine Frage so formuliert ist, dass der Fragende sich damit auch selber auf eine bestimmte Position festlegt oder ob er eine solche Festlegung vermeidet. Umgekehrt sollte aber auch auf die

Formulierung der Antworten des Befragten geachtet werden, gerade weil Platon hier über eine Skala verfügt, die von uneingeschränkter Zustimmung bis zu Wendungen reicht, mit denen der Befragte erkennen lässt, dass er sich nur gezwungenermaßen zu seiner Antwort bereit findet.

Menon über gut verwalten

Mit der Antwort Menons 73b1 ist ‚besonnen Verwalten' ebenso wie ‚gerecht Verwalten' als eine notwendige Bedingung für ‚gut Verwalten' zugestanden. Zugestanden ist damit genauer gesagt: die Aussage ‚x hat b gut verwaltet' kann nur wahr sein, wenn auch die Aussage ‚x hat b gerecht verwaltet' und die Aussage ‚x hat b besonnen verwaltet' wahr sind. Bei einer notwendigen Bedingung haben wir es mit einer Beziehung zwischen den Wahrheitswerten von Aussagen zu tun. Mit der folgenden folgernden Frage des Sokrates ändert sich das:

> Immer wenn sie es gerecht und besonnen verwalten, werden sie es also mit Gerechtigkeit und mit Besonnenheit (δικαιοσύνῃ καὶ σωφροσύνῃ) verwalten? (73b1–2)

Denn der griechische Dativ, den ich hier durch „mit Gerechtigkeit" bzw. „mit Besonnenheit" wiedergegeben habe und der hier als Dativus instrumentalis aufzufassen ist, kann auch die Ursache, den Grund für etwas ausdrücken (*dativus causae*). Erst indem diesen beiden Eigenschaften die Rolle eines Grundes für das gut Verwalten zugeschrieben wird, lässt sich die anschließende Folgerung ziehen:

> Beide, sowohl die Frau wie der Mann, haben daher, wenn sie gut sein sollen, dasselbe nötig, nämlich Gerechtigkeit und Besonnenheit? (73b3–5)

Mit dem Begriff ‚gut' wird hier einfach das Vorliegen von Tugend ausgedrückt. Es ist jener Sinn von ‚gut', der oben als eine Standarderfüllung anzeigend charakterisiert wurde. Menons Antwort „es scheint so" (73b5) dürfte anzeigen, dass ihm hier ein Zugeständnis abgenötigt worden ist.

Der nächste Schritt im Argument bezieht nun das Kind und den älteren Mann mit ein. Auch sie müssen, wenn sie gut sein sollen, also über Tugend verfügen sollen, besonnen und gerecht sein (73b5–7). Dann zieht Sokrates eine bedenkliche Folgerung, oder sollten wir nicht besser sagen, er legt Menon eine bedenkliche Folgerung nahe?

> Also sind alle Menschen auf dieselbe Art und Weise gut. Denn damit sie gut werden, müssen sich dieselben Eigenschaften bei ihnen finden? (73c1–2)

Während bei der vorhergehenden Frage (73b3–5) die Rede von ‚dasselbe' (im Griechischen Plural: τῶν αὐτῶν) durch den erläuternden Zusatz „nämlich Gerechtigkeit und Besonnenheit" eingeschränkt war, ist das bei der letzten Frage nicht mehr der Fall; hier fehlt eine Beschränkung auf die beiden Eigenschaften Gerechtigkeit und Besonnenheit. Damit wird von Menon die These übernommen, dass alle Menschen, die über Tugend verfügen, *insgesamt* dieselben tugendhaften Eigenschaften besitzen müssen. Menons Antwort „Anscheinend" (73c2) drückt zwar keine uneingeschränkte Zustimmung aus, aber sie lässt auch nicht ein klares Bewusstsein erkennen, dass hier eine Beweiserschleichung vorliegt.[21]

Man kann sich ja leicht vorstellen, dass das hier vorgeführte Räsonnement mit den Begriffen ‚tapfer' und ‚großzügig' gearbeitet hätte, etwa so:

> Kann ein Mann wohl den Staat gut verwalten, wenn er nicht tapfer und großzügig ist?

Immerhin sind ja Tapferkeit und Großzügigkeit zwei der Tugenden, die Menon anführt, als Sokrates ihn 74a um die Nennung weiterer Tugenden bittet. Im Griechischen ist das Wort für Tapferkeit, ἀνδρεία, schon von seiner Form her mit dem Wort für Mann (ἀνήρ, Genitiv ἀνδρός) verwandt. Dass diese Tugend auch der Frau oder gar dem Kind zukommen soll, ist vom Wertekanon der klassischen Zeit her ganz unwahrscheinlich. Erst recht kann kein Kind, von einem Sklaven ganz zu schweigen, über die Tugend der Großzügigkeit verfügen, die ja doch die Entscheidungsmacht über gewisse Vermögensmittel voraussetzt. Wenn diese Personen

---

21 Irwin 1977, 313–314) gibt eine Rekonstruktion des Argumentationsganges 73a5–c4, die diesen als Sokrates' „argument against Meno" (313) versteht und Sokrates, nicht Menon, als denjenigen sieht, der hier Behauptungen aufstellt. Irwin meint dann auch, dass in 73b1–2 „the argument moves dubiously from adverbs to underlying states"; ähnlich sieht auch Hallich 2013, hier eine „problematische Substantivierung adverbialer Ausdrücke" vorliegen (48f.). Das wäre zutreffend, wenn wir es gewissermaßen mit einer Momentaufnahme besonnenen und gerechten Handelns zu tun hätten. Aber Sokrates hat ein Fähigsein (zu guter Verwaltung) vor Augen (vgl. οἷόν τε mit dem Infinitiv 73a6), redet also von vornherein über Dispositionen. Das griechische Wort οἷόν τε bezeichnet eine Fähigkeit, nicht eine bloße Möglichkeit. Hallich scheint dem Wechsel in der Rede von „dasselbe"/„dieselben", das zunächst eingeschränkt (auf Gerechtigkeit und Besonnenheit) (73b3) und beim zweiten Auftreten (73c1) ohne eine solche Einschränkung benutzt wird, im Unterschied zu der oben gegebenen Deutung keine Bedeutung beizumessen.
Falsch scheint mir Hallichs These: „(...) wenn A und B ‚auf dieselbe Weise gut' sind, heißt das nicht, dass sie über ‚dieselbe Tugend' verfügen würden." Schließlich heißt über Tugend zu verfügen nichts anderes als gut zu sein. Auch wenn man Hallichs Urteil über diese Textstelle („kein ernstzunehmendes Argument", „Argumentation (...) mangelhaft" (a.a.O.) nicht in jeder Beziehung teilen wird, so wird man seiner Vermutung doch zuneigen, dass es Platons Absicht ist, „zu einer Kritik dieser Argumentation und zu einem eigenständigen Nachweis ihrer Fehlerhaftigkeit zu ermuntern." (Hallich 2013, 49)

aber nicht auf dieselbe Art und Weise wie der Mann tugendhaft sein können, dann erweist sich die Behauptung, dass alle Menschen dadurch gut (= tugendhaft) werden, dass sie an denselben Eigenschaften teilhaben, als unbegründet. Dann ist aber auch die These unbegründet, dass alle Menschen auf dieselbe Art und Weise gut (= tugendhaft) sind. Damit hängt dann auch die dieses Räsonnement abschließende Folgerung in der Luft:

> Keineswegs aber könnten sie, wenn sie nicht dieselbe Tugend besäßen, auf dieselbe Art und Weise gut sein. (73c2–4)

Anders gesagt:
(a) Nur wenn die Menschen dieselbe Tugend besitzen, sind sie auf dieselbe Art und Weise gut.

Das ist wiederum äquivalent zu:
(b) Wenn die Menschen auf dieselbe Art und Weise gut sind, dann besitzen sie auch dieselbe Tugend.

Dass alle Menschen auf dieselbe Art und Weise gut sind, also das Antecedens von (b), hatte Menon 73c1–2 zugestanden. Also muss er auch die Konsequenz des Succedens annehmen, die These einer identischen Tugend für alle Menschen. Damit ist der problematische Übergang von der Suche nach der einen und derselben Gestalt der Tugend zur selben Tugend für alle Menschen vollzogen. Dies ist der fundamentale, von Menon begangene Fehler in der Argumentation des Dialoges, das sollte durch die nachfolgenden mangelhaften Definitionsversuche Menons nicht verdeckt werden.[22] Dass es die eine, allen Menschen gemeinsame Tugend nicht gibt, heißt wiederum nicht, das es nicht eine einzige korrekte Definition der Tugend geben kann, nämlich eine, die das allen Tugenden Gemeinsame benennt.

Da der Fehler in diesem Räsonnement ziemlich offen zu Tage liegt, sollte man ihn nicht für einen Fehler halten, der Platon unterlaufen ist. Dies auch deshalb nicht, weil der Autor Platon selber durch die zögerlichen Reaktionen Menons 73b5 und 73c2, vor allem aber durch Menons Bemerkung 73a3–4, dass ihm der Fall der

---

[22] Dieses Missverständnis setzt sich in der Literatur zum *Menon* fort, so etwa bei Scott 2006, 31f., der von Menon sagt: „he cannot grasp what the one virtue over the many virtues is, i.e. he cannot find the definition of virtue." Die Definition der Tugend zu finden, heißt eben nicht, eine bestimmte Tugend („one virtue over the many virtues") auszuzeichnen. So ist etwa die Definition der Tugend in den ps.-platonischen *Definitionen*, ἕξις θνητοῦ ζῴου καθ' αὑτὴν ἐπαινετή, ein Habitus eines sterblichen Lebewesens, der an sich lobenswert ist (*Deff.* 411d1–2), nicht selbst die Angabe einer Tugend.

Tugend doch von den gerade erwähnten Beispielen von Gesundheit, Größe und Kraft verschieden zu sein scheine, seinen Lesern andeutet, dass hier tatsächlich ein Problem liegt. Zu fragen ist daher, worin denn genau der Unterschied zwischen den Fällen der körperlichen Eigenschaften Gesundheit, Kraft und Größe zum Fall der Tugend liegt.

Sicher sind alle diese Eigenschaften positiv besetzt, aber während Menschen für ihre Gesundheit, Kraft und Größe *bewundert* werden, werden sie mit Blick auf ihre Tugenden *gelobt*.

Gelobt wird man für das, was sich eigener Anstrengung verdankt, bewundert wird man auch für das, was uns von der Natur mitgegeben wird, wie Körpergröße, Gesundheit und Kraft.[23] Loben aber heißt, etwas gut nennen. Und Tugend ist im Griechischen klarerweise mit Gutsein verknüpft, das zeigt diese Textstelle mit ziemlicher Eindeutigkeit. Mit dem Begriff ‚gut' in der hier einschlägigen Bedeutung, in der damit Dinge, auch Personen, und Prozesse oder Ereignisse charakterisiert werden können, also im Unterschied zum Gebrauch dieses Wortes im Sinne von ‚vorteilhaft', wird, wie oben erläutert, das Erreichen eines Standards angezeigt. Nun sind aber die Standards, deren Erfüllung mit der Zuschreibung des Prädikates ‚gut' zum Ausdruck gebracht wird, abhängig von dem jeweiligen Gegenstand, dem diese Wertung zugeschrieben wird. Und bei Personen spielt dabei auch ihre soziale Stellung eine Rolle. Darum ist die Tugend eines Mannes nicht dieselbe wie die einer Frau oder die eines Kindes, wenn denn die Rede von der Tugend eben die Zuschreibung von ‚gut' beinhaltet. Eine analoge Abhängigkeit von einer sozialen Rolle liegt aber bei der Zuschreibung von Eigenschaften wie Körpergröße, Gesundheit und Kraft, für die man bewundert werden kann, offenbar nicht vor. Darum ist es wohl auch unproblematisch zu sagen, dass ein Mann dieselbe Größe hat wie eine Frau oder dass ein Kind über dieselbe robuste Gesundheit verfügt wie seine Mutter. Aber dass ein Sklave dieselbe Tugend besitzt wie sein Herr, ist angesichts ihrer ganz unterschiedlichen sozialen Rollen für die Griechen der Zeit Platons wohl einigermaßen unvorstellbar. Wenn der offenbare Fehler, mit dem Menon schließlich zu der Konsequenz genötigt wird, dass es eine für alle Menschen identische Tugend gibt, und wenn die hinhaltenden und zöger-

---

23 Hallich möchte Begriffe wie ‚groß', ‚stark' und ‚gesund' als „Relations- oder implizit komparative Begriffe" auffassen und fragt sich, „warum Sokrates nicht andere, eindeutig nicht relationale Ausdrücke (...) als Parallelbeispiele wählt (...)", wobei Hallich Farbprädikate oder sortale Prädikate für besser geeignet hält (Hallich 2013, 46). Dem ist entgegenzuhalten, dass von den drei Begriffen allenfalls die Ausdrücke ‚groß' und ‚stark' in einem emphatischen Gebrauch implizit komparativ sind, nicht jedoch, wenn man sie vergleichend (‚ebenso groß wie', ‚nicht so stark wie') oder in Maßangaben (‚drei Fuß groß') verwendet. Und der Ausdruck ‚gesund' ist jedenfalls nicht im selben Sinne wie die beiden anderen emphatisch zu gebrauchen.

lichen Antworten, mit denen Menon auf diesem Weg der Ableitung einige Male auf die Fragen des Sokrates reagiert, aus der Sicht des Autors Platon einen Sinn haben, dann doch wohl den, dem Leser zu signalisieren, dass die den folgenden Diskussionen des Dialoges zugrunde liegende Annahme einer für alle Menschen identischen Tugend nicht richtig ist. Es ist eben nicht so, dass alle Menschen, wenn sie denn gut (= tugendhaft) sind, dies auf dieselbe Weise (τῷ αὐτῷ τρόπῳ 73c1, c3) sind.[24]

Dass damit die Suche nach der einen Gestalt, dem einen εἶδος der Tugend aus den Augen verloren wird, ist für den Schriftsteller Platon aber wohl auch ein Mittel, die Rolle dieses Begriffs bei dem Versuch zu betonen, die Definition einer Sache zu finden. Das mag bei den Freunden der Ideen, die es in der Magna Graecia gegeben haben dürfte, seinen Effekt nicht verfehlt haben.[25]

Menons erster Versuch einer allgemeinen Definition (73c7–74b2)

Da Menon eine für alle identische Tugend angenommen hat, wird er von Sokrates aufgefordert, nun anzugeben, was Gorgias und er mit ihm als diese eine Tugend ansieht (73c5–6).[26] Seine Antwort gibt er in der Form einer rhetorischen Frage:

Was denn sonst, als fähig zu sein, über die Menschen zu herrschen? (73c7)

Mit anderen Worten: Tugend ist die Fähigkeit, über die Menschen zu herrschen. Das impliziert: Jeder, der Tugend besitzt, ist fähig, über die Menschen zu herrschen. Und das ist wieder äquivalent zu: Nur wer fähig ist, über die Menschen zu herrschen, besitzt Tugend.

Sokrates kritisiert als erstes an diesem Definitionsversuch, dass die vorgeschlagene Erklärung zu eng ist: Die Tugend eines Kindes oder eines Sklaven

---

24 Aristoteles schreibt die Auffassung einer einheitlichen Tugend für alle Menschen dem Sokrates zu (vgl. *Pol.* I 13, 1260a22). Wenn er dabei, was manche Aristoteles-Ausleger annehmen, die Stelle *Menon* 73b–c vor Augen hat, dann wäre er wohl einer der ersten, der diese *Menon*-Stelle falsch gedeutet hat.
25 S. dazu Ebert 1998.
26 Wenn die Mitteilung des Aristoteles, dass Gorgias es bei einer Aufzählung der einzelnen Tugenden belassen hat (vgl. *Pol.* I 13, 1260a28), nicht nur aus der im *Menon* von der Titelfigur gegebenen Auflistung einzelner Tugenden herausgelesen wurde, sondern eine Quelle in den Schriften des sizilischen Rhetors selber hat, dann dürfte die Forderung an Menon, eine einheitliche, von Gorgias vertretene einheitliche Erklärung der Tugend anzugeben, den Intentionen des Gorgias zuwiderlaufen. Auch das wäre dann nicht ohne komische Pointe.

würde damit nicht erfasst werden, was Menon auch sofort zugesteht (73d2–5).[27] Wenn es also falsch ist, dass nur wer fähig ist, über die Menschen zu herrschen, die Tugend besitzt, dann ist die Fähigkeit zu herrschen *keine notwendige* Bedingung für den Besitz der Tugend.

Aber Sokrates kommt sofort mit einem weiteren (vgl. ἔτι 73d6) Kritikpunkt. Dass dieser nicht eine Fortsetzung des ersten ist, wird dadurch klar gemacht, dass Sokrates noch einmal das von Menon vorgeschlagene Definiens explizit anführt und dann fragt, ob hier nicht eine Ergänzung notwendig ist:

> Ziehe doch auch noch folgendes in Betracht! Fähig sein zu herrschen, ist deine Definition. Müssen wir da nicht anhängen ‚gerecht, nicht aber ungerecht'? (73d6–8)

Das sollte nicht so verstanden werden, dass Sokrates hier Menons Definitionsvorschlag in der Weise verbessern will, dass mit der angeregten Anfügung das Definiens dann korrekt sei. Zwar wäre dann die Implikation, die sich ebenfalls aus dem Vorschlag Menons ergibt, nämlich:

Jeder der fähig ist, über die Menschen zu herrschen, besitzt die Tugend mit dieser Ergänzung, also als:

Jeder der fähig ist, gerecht über die Menschen zu herrschen, besitzt die Tugend nun eine wahre Aussage. Aber als Definition, also als eine allgemeingültige Bestimmung der Tugend, wäre diese Erklärung immer noch nicht geeignet, denn auch der besonnen Herrschende würde die Tugend besitzen und der wäre noch nicht eingeschlossen. Damit würde auch der unbesonnen, aber gerecht Herrschende noch zu denen gehören, die die Tugend besitzen. Und Besonnenheit war ja neben der Gerechtigkeit durch die gerade vorhergehende Argumentation (73a7–c4) als Bestandteil der Tugend festgestellt worden.

Ob der anschließende Argumentationsgang (73d9–74a7), bei dem Menon aufgefordert wird, neben der Gerechtigkeit noch weitere Tugenden zu nennen, zeigen soll, dass Menons Definitionsvorschlag ebenfalls um alle diese Tugenden ergänzt werden müsste, kann offenbleiben; es wird nicht ausdrücklich behauptet, aber mit einiger Sicherheit dürfte die Besonnenheit, die Menon (74a3) anführt, zur Tugend des Herrschenden gehören. Es ist aber ganz offensichtlich nicht die Absicht des Sokrates, mit seiner Bemerkung seinen Gesprächspartner dahin zu bringen, in sein Definiens noch eine Reihe weiterer Tugenden aufzunehmen.

---

[27] Hallich findet es erstaunlich, „dass Menon dieses Argument sofort akzeptiert" (Hallich 2013, 50). Die Rede von der Tugend von Sklaven und Kindern, wird „von Sokrates nicht begründet, sondern schon vorausgesetzt und von Menon fraglos akzeptiert" (ebda.). Hallich scheint zu übersehen, dass Menon selbst vorher ganz fraglos von der Tugend eines Kindes und von der eines Sklaven geredet hatte (vgl. 71e7–72a1).

Denn dann wäre man wie schon vorhin wiederum bei einer Vielzahl von Tugenden, wenn auch anders als vorhin (74a5–7). In Menons erster Antwort (71e) waren die Tugenden unterschiedlicher Personen nämlich als Antwort auf die Frage, was die Tugend sei, aufgeführt worden, hier würden sie als Ergänzungen zu einem allgemein gemeinten Definiens der Tugend erscheinen. Was ist dann aber der Sinn dieser Bemerkung des Sokrates?

Der Sinn dieses Hinweises erschließt sich aus dem zweiten Teil der sokratischen Bemerkung, aus dem „nicht aber ungerecht". Menons Vorschlag ist, darauf macht Sokrates aufmerksam, nicht gegen den Einwand geschützt ist, dass dann auch ungerecht Herrschende über Tugend verfügen würden.[28] Menons Vorschlag eines Definiens impliziert nämlich, wie eben gesagt, auch:

Jeder der fähig ist, über die Menschen zu herrschen, besitzt (die) Tugend.

Damit würde aber auch der ungerecht Herrschende als tugendhaft gelten, und das widerspricht dem, dass bereits in der gerade vorhergehenden Argumentation (73a7–c4) die Gerechtigkeit als Bestandteil der Tugend von Menon zugestanden wurde. Damit ist gezeigt, dass Menons Definitionsvorschlag auch zu weit ist. Und für den Nachweis dieses Mangels reicht ein einziges Beispiel, nämlich das der Ungerechtigkeit, so wie für den Nachweis, dass Menons Definition zu eng ist, ebenfalls der Hinweis auf die Tugend des Kindes und die des Sklaven ausreichend war. Die Fähigkeit zu herrschen ist daher auch *keine hinreichende* Bedingung für den Besitz der Tugend. Menons Vorschlag der Bestimmung einer für alle Menschen geltenden Tugend leidet also daran, dass weder alle Personen, denen man Tugend zusprechen kann, über die Fähigkeit des Herrschens verfügen noch dass alle Personen, die über die Fähigkeit des Herrschens verfügen, die Tugend besitzen. Menon scheint sich nicht darüber im klaren zu sein, und Platon macht damit den Lesern des Dialoges deutlich, dass bei einer (lexikalischen) Definition die Koextensivität von Definiendum und Definiens gegeben sein muss.

Menons Reaktion auf die Frage, ob nicht sein Vorschlag einer Ergänzung bedarf, zeigt in der Tat, dass er den Sinn dieser Kritik offenbar nicht erfasst hat. Er stimmt dem zweiten Kritikpunkt des Sokrates nämlich sofort zu („Das glaube ich allerdings auch." 73d9), begründet das aber, indem er sich nur auf den ersten Teil der sokratischen Bemerkung bezieht, wie folgt:

Denn die Gerechtigkeit ist Tugend, Sokrates. (73d9–10)

---

28 Die vorgeschlagene Erweiterung wird, so Hallich, „von Sokrates, worüber Menons rasche Zustimmung nicht hinwegtäuschen darf, nicht begründet, sondern schlicht behauptet" (Hallich, 51). Tatsächlich ist bereits durch die Argumentation 73a–b die Gerechtigkeit als notwendiger Bestandteil der Tugend von Menon anerkannt worden. Insoweit kann Sokrates sich auch hier wieder auf etwas von Menon Zugestandenes berufen.

Er hätte besser gesagt: Denn sonst machen wir ja den ungerecht Herrschenden zu jemandem, der über Tugend verfügt. Sein Hinweis darauf, dass die Gerechtigkeit Tugend ist, ist insoweit irrelevant. Das dürften auch die Leser Platons, jedenfalls die etwas in dialektischer Argumentation geschulten, so gesehen haben. Auch dieser Fehler Menons fällt damit wohl unter die Rubrik der unfreiwilligen Komik.

Indem Menon aber die Gerechtigkeit als Tugend in einem generischen Sinn bezeichnet, hat er, ohne das allerdings zu bemerken, noch einen weiteren Fehler begangen. Denn auf die Rückfrage des Sokrates „Tugend oder eine Tugend?" (73e1) reagiert er mit einem „Wie meinst du das?" (73e2) und bringt so Sokrates dazu, ihm den Unterschied des generischen und des spezifizierenden Gebrauchs eines Ausdrucks zu erklären, am Beispiel des Ausdrucks ‚Figur' (73e3–5). Von der Rundheit würde Sokrates sagen, dass sie eine (oder eine Art) Figur (σχῆμά τι)[29] ist, nicht aber uneingeschränkt (ἁπλῶς), dass sie Figur ist, eben deshalb, weil es außer runden Figuren auch noch andere gibt. Ohne die Unterscheidung des generischen Gebrauchs eines Wortes von seinen spezifizierenden Gebrauchsweisen, die hier Menon klar gemacht wird, lässt sich die Aufgabe der Definition dieses Wortes nicht in Angriff nehmen.

Dass Menon, dessen mangelnde Unterscheidung des generischen und des spezifizierenden Gebrauchs von ‚Tugend' Sokrates zu seiner Erläuterung am Beispiel von ‚Figur' veranlasst hatte, nun seinerseits treuherzig erklärt:

> Du würdest dich so ganz richtig ausdrücken, denn auch ich behaupte, dass es nicht nur die Gerechtigkeit, sondern auch noch andere Tugenden gibt. (73e6–7)

zeigt wohl wieder Platons Sinn für Komik. Wenn Sokrates auf das abschließende Eingeständnis Menons

> Es gelingt mir eben einfach nicht, Sokrates, so wie du suchst, eine Tugend, die alle umfasst, zu ergreifen, so wie ich das in anderen Fällen kann (74b1–2),

mit der Bemerkung reagiert

> Ganz verständlich (74b3),

so kann das heißen: In der Tat, solange du nicht begriffen hast, dass ein Definiens bestimmte formale Anforderungen erfüllen muss, nämlich sowohl eine notwendige wie eine hinreichende Bedingung des Definiendums anzugeben,

---

[29] Das Griechische kennt, anders als das Deutsche, keinen unbestimmten Artikel; es benutzt dafür das nachgestellte Indefinitpronomen τις bzw. τι.

solange wirst du mit deinen Versuchen keinen Erfolg haben. Es könnte aber auch ganz wohl heißen, solange du nach einer einheitlichen Tugend für alle Menschen suchst statt nach der einen Gestalt, dem Eidos der Tugend, das allen Tugenden gemeinsam ist, solange wirst du keinen Erfolg haben. Wir sollten diese beiden Möglichkeiten im Auge behalten, wenn wir zu den Definitionsbeispielen des Sokrates kommen.

Sokrates' Modell einer Definition: Figur (74b3–75c2)

Bevor Sokrates 74e11–75a8 zu der Aufforderung an Menon kommt, eine Definition der Figur zu geben (die er dann schließlich doch selber geben muss), schickt er eine auffallend lange Erläuterung vorher (74b4–75a7). Dabei wählt er auch hier wieder das Mittel des Dialogs im Dialog: ein fingierter Frager stellt an Menon Fragen, so dass Sokrates Menon nicht direkt fragen muss und er die Möglichkeit hat, die Antworten, die Menon vermutlich geben würde, zu referieren.

Sokrates betont zunächst, dass die Unterscheidung von spezifizierendem und generischem Gebrauch eines Wortes ganz allgemein Gültigkeit hat („du verstehst doch, dass das hier ganz allgemein gilt" 74b4) und erläutert das wie folgt:

> Wenn dich jemand fragte, so wie ich dich gerade gefragt habe: ‚Menon, was ist Figur?', und wenn du ihm sagtest, Rundheit, und er dir, wie ich es tat, erwidern würde ‚Ist die Rundheit Figur oder eine Figur?', dann würdest du doch wohl erwidern, eine Figur? (74b4–8)

Das bildet den Wortwechsel 74e1–5 ab mit dem Unterschied, dass Menon dieses Mal die richtige Antwort unterstellt wird. Und ihm wird auch die richtige Begründung unterstellt, die vorher noch Sokrates gegeben hatte, dass es nämlich noch andere Figuren gebe. Auf die weitere Frage, welche das seien, würde er sie, wie Sokrates vermutet, nennen können. Menon bejaht das (74c1–4). Dieser Durchgang wird dann noch einmal am Beispiel der Farbe und einer Farbart (Weiß) wiederholt. Auch hier wäre Menon in der Lage, weitere Farben zu nennen (74c5–d3).

Aber dann spitzt Sokrates den Argumentationsgang auf die Frage nach der Figur zu, wobei er darauf abhebt, dass unter diesen Begriff auch Gegensätzliches fällt, nämlich Figuren mit runder wie solche mit geradliniger Begrenzung:

> Wenn er nun das Argument auf meine Art fortsetzen würde mit der Bemerkung: ‚Immer wieder kommen wir auf vieles, aber darum geht es mir nicht, sondern da du diese vielen Dinge mit einem einzigen Ausdruck bezeichnest und behauptest, dass keines von ihnen nicht Figur ist, obwohl sie einander entgegengesetzt sind, was ist also das, was Rundes ebenso umfasst wie Geradliniges, was du Figur nennst, wobei du vom Runden ebenso

wie vom Geradlinigen behauptest, dass es eine Figur ist?' Oder ist das nicht deine Behauptung? (74d4–e2)[30]

Menon bestätigt das. Die Gegensätzlichkeit von rund und geradlinig spielt nun auch in den beiden folgenden Fragen eine Rolle:

> Wenn du das behauptest, meinst du dann etwa, das Runde sei ebenso rund wie geradlinig, oder das Geradlinige ebenso geradlinig wie rund? (74e4–6)

Das wird von Menon verneint, während er der folgenden Frage zustimmt:

> Aber du behauptest doch, dass das Runde ebenso Figur ist wie das Geradlinige, und umgekehrt? (74e8–9)

Es scheint nicht klar, warum Sokrates so nachdrücklich Wert darauf legt, dass unter den Begriff ‚Figur' sowohl Figuren mit runder wie mit geradliniger Begrenzung fallen, dass diese Eigenschaften sich wechselweise ausschließen, dieser Umstand aber nicht hindert, dass Figuren mit diesen Eigenschaften unter denselben Begriff der Figur fallen. Ein Grund dafür könnte jedenfalls der sein, Menon davor zu warnen, bei der Suche nach einer Definition eine bestimmte, möglicherweise sehr allgemeine Figur im Blick zu haben, die dann wiederum zu anderen Figuren im Gegensatz stehen würde. Soll Menon davor gewarnt werden, wieder eine Definition zu formulieren, die wie die der Fähigkeit zur Herrschaft nur an einem Tugendträger, etwa dem erwachsenen Mann, abgelesen ist? Der unmittelbare Fortgang des Gesprächs mit Menon könnte das bestätigen.

Sokrates macht nämlich seinem Gesprächspartner, nachdem er ihn aufgefordert hat, das anzugeben, wofür das Wort ‚Figur' steht (74e11–75a1), in einem Dialog im Dialog, in dem Menon als jemand dargestellt wird, der die Frage nicht verstanden haben will (75a2–3), in der Rolle des fingierten Fragers klar, dass er das sucht, was in allen diesen Fällen identisch ist: „das in all diesen Fällen Iden-

---

30 Die Ausdrücke ‚rund' (στρογγύλος) und ‚gerade/geradlinig' (εὐθύς) charakterisieren im allgemeinen Linien, wie etwa aus der Erklärung *Parm.* 137e erhellt: dort kann ‚rund' durch ‚kreisförmig' (περιφερές) ersetzt werden und ‚gerade' wird erklärt als das, „dessen Mitte vor beiden Enden davor ist" (*Parm.* 137e3–4). Nur bei einer Linie macht die Rede von zwei Enden einen Sinn. Ich gehe davon aus, dass Sokrates ein Wort wie ‚gerade' (εὐθύς) hier im Sinne des bei Aristoteles belegten εὐθύγραμμος (etwa *De Caelo* II 4, 286b13, b25; *An. Post.* I 24, 86a1) verwendet. Bei Euklid ist der Ausdruck εὐθύγραμμος ein häufig gebrauchter Terminus für geradlinig begrenzte Figuren, etwa *El.* I, Def. 9. In Platons Werk ist der Ausdruck noch nicht belegt. – Warum Hallich 2013, 52 Anm. die Rede von ‚rund' und ‚gerade' als Indiz dafür nimmt, dass „sich *schema* im *Menon* offenbar nicht auf zweidimensionale, sondern auf dreidimensionale Figuren bezieht", ist mir unverständlich.

tische" (ἐπὶ πᾶσιν τούτοις ταὐτόν 75a4), „das Identische in all diesen Fällen" (ταὐτὸν ἐπὶ πᾶσιν 75a6-7). Hier ist nun auffallend, dass diese Redeweise sich von den Formulierungen, die vorher gebraucht wurden – von „derselben Tugend für alle" (ἡ αὐτὴ ἀρετὴ πάντων 73c5) oder der „einen Tugend für alle" (μία ἀρετὴ κατὰ πάντων 74b1-2, διὰ πάντων 74a7) – dadurch unterscheidet, dass das Definiendum, also das Wort ‚Figur', das dem Wort ‚Tugend' in der Beschreibung der Aufgabe des Definierens entsprechen würde, hier vermieden wird. Wer das in allen Figuren Identische sucht, der sucht jedenfalls nicht nach der einen Figur, die für alle passt. Da die Vorstellung, dass es eine allen Menschen zukommende Tugend gibt, in einem erkennbar dubiosen Argumentationsgang erreicht worden ist, dürfte die jetzt für die Definitionsaufgabe benutzte Wendung auch ein Hinweis auf das sein, was an dem Ergebnis der damaligen Argumentation falsch ist.

Menon will allerdings die ihm zugedachte Aufgabe einer Definition von ‚Figur' nicht übernehmen, sondern will sie seinem Gesprächspartner zuschieben (75b1). Sokrates will Menon diesen Gefallen tun, aber nicht ohne ihm vorher das Versprechen abgenommen zu haben, dass dieser ihm dann auch eine Definition der Tugend geben wird, ein Versprechen, dessen Einlösung Menon aber erst nach einigen Verzögerungsmanövern zu erfüllen gedenkt. Das Hin und Her dieser Szene trägt wiederum zum komischen Charakter des Dialoges bei.

Die Definition, die Sokrates dann gibt, wird als stipulative Festsetzung eingeführt:

> Figur sei für uns folgendes: Was allein von allen Dingen immer mit Farbe zusammengeht.
> (75b9-10)

Um zu sehen, warum diese Stipulation als Modell einer korrekten Definition gelten kann, ist es zweckmäßig, die beiden Worte, die hier eine quantorenlogische Rolle spielen, nämlich das ‚allein (von allen Dingen)' und das ‚immer', in zwei getrennten Aussagen zu betrachten. Der Einfachheit halber ersetze ich dabei die Wendung „was (...) mit Farbe zusammengeht" durch den Ausdruck ‚Farbbegleiter'. Dann impliziert diese Definition einmal:

(1) Allein (oder: nur) Figuren sind Farbbegleiter

Das Adverb ‚immer' in der oben angeführten Definition des Sokrates vertritt den Allquantor. Daher impliziert diese Definition auch:

(2) Alle Figuren sind Farbbegleiter.

Da eine Aussage der Form ‚Nur As sind B' äquivalent ist der Aussage ‚Alle Bs sind A', ist die Aussage (1) gleichbedeutend mit

(1') Alle Farbbegleiter sind Figuren.

Die von Sokrates gegebene Definition lässt sich also auflösen in das Aussagenpaar:
   Alle Figuren sind Farbbegleiter und alle Farbbegleiter sind Figuren.
   Sie erfüllt daher die Forderung, dass in einer (lexikalischen) Definition das Definiendum und das Definiens koextensiv sein müssen.[31] Notieren wir noch, dass mit dem Begriff ‚Farbbegleiter' nicht selbst eine Figur bezeichnet wird, die dann auf alle Figuren zutrifft, sondern eine gemeinsame Eigenschaft aller Figuren.

Menons Einwand und Sokrates' zweite Definition von ‚Figur' (75c3–76a7)

Menon nennt die von Sokrates gegeben Erklärung von Figur naiv (75c3). Als Sokrates ihn um eine Erläuterung dieser Kritik bittet, zeigt Menon zunächst einmal, dass er nicht begriffen hat, warum diese Definitionsformel des Sokrates modellhaft ist: er referiert sie nämlich in der Weise, dass nach Sokrates' „Erklärung,

---

[31] Es ist daher erstaunlich, dass diese Eigenschaft der von Sokrates angeführten Modelldefinition von den meisten modernen Kommentatoren nicht gesehen worden ist. So will Sharples hier zwei mögliche Interpretationen sehen, wo es sich in Wirklichkeit um die beiden in der Definition implizierten Allaussagen handelt: „There are two possible interpretations of this, not mutually exclusive: (i) one cannot have a patch of colour which has no shape (Sharples' Wort für σχῆμα. – Th. E.), (ii) anything that has shape must have some colour. (i) is perhaps the more natural reading of Plato's words.; (ii) might have been expressed as ‚is always accompanied by colour'." (Sharples 1985, 131; vgl. dazu Ebert 2007a, 113f.). Andere Kommentatoren übersehen die logische Aufgabe des „allein" und geben damit nur die eine Hälfte der Definitionsformel wieder, machen also aus dem Definiens lediglich eine notwendige Bedingung, so etwa Bluck: „the following definition, that shape is that which always ‚follows upon' or accompanies colour (...)" (Bluck 1961, 243), oder Scott, für den Sokrates „defines *schema* as what always accompanies colour" (Scott 2006, 35, ebenso 45, vgl. a. die Anmerkung 28 S. 41). Auch Long/Sedley meinen, dass „shape (...) is defined as ‚that which always accompanies colour' (75b)" (Long/Sedley 2010, xiv). Ebenso Hallich, demzufolge Sokrates ‚Gestalt' (Hallichs Wort für σχῆμα. – Th. E.) bestimmt „als etwas, was immer mit Farbe verbunden ist" (Hallich 2013, 14). Ebenso Erler 1987, 220: „Gestalt sei dasjenige, was immer mit Farbe zusammengeht." So schließlich auch Canto-Sperber: „La figure, c'est ce qui s'accompagne toujours de couleur." Wenn Canto-Sperber an dieser Definition moniert, dass sie uns nur „une marque distinctive de la figure, une condition nécessaire de sa présence" gibt (Canto-Sperber 1991, 60), so liegt das daran, dass sie die logische Rolle des μόνον (‚nur') 75b10, das sie korrekt mit „seule entre toutes" übersetzt, übersehen hat. – Irwin 1977 charakterisiert zwar die von Sokrates gegebene Definition der Figur (Irwin: ‚shape') als eine, bei der die Koextensivität von Definiens und Definiendum vorliegt (136, 314), aber er verzichtet darauf, die Rolle, die ‚nur' und ‚immer' für die Angabe der Koextensivität haben, zu erklären.

wenn ich recht verstehe (που), Figur das sein soll, was immer mit Farbe zusammengeht". Menon lässt also das ‚allein' aus und verkürzt damit die Formel auf die Angabe einer notwendigen Bedingung für das Definiendum. Die logische Aufgabe des „allein von allen Dingen" ist ihm ganz offenbar nicht klar geworden und damit auch nicht das, was ihm mit dieser Modelldefinition als allgemeine Eigenschaft einer korrekten Definition vor Augen geführt werden sollte.

Bei der Erläuterung seiner Kritik imitiert er nun das von Sokrates vorher praktizierte Verfahren der Einführung eines anonymen Fragers:

> Wenn aber jemand sagt, er wisse nicht, was Farbe ist, sondern wisse genauso wenig weiter wie bei der Figur, was glaubst du ihm für eine Antwort gegeben zu haben? (75c6–7)

Das ist offenbar ein Einwand, der die Diskussion in die Länge ziehen soll. Sachlich scheint er ganz unberechtigt. Denn erstens gehört die Kenntnis der Farben zu den elementaren Kenntnissen, über die Personen, die mit einem normalen Gesichtssinn ausgestattet sind, verfügen, und zweitens hatte Menon vorher mit diesem Begriff nicht die geringsten Schwierigkeiten: er war in der Lage, den allgemeinen Begriff der Farbe von einzelnen Farbarten zu unterscheiden (74c5–9) und er nahm für sich in Anspruch, weitere Farben neben Weiß nennen zu können (74d1–3). Wer zu all dem in der Lage ist, der kann eigentlich nicht von sich behaupten, er wisse nicht, was Farbe ist. Die Distanz, die er mit der Einführung eines anonymen Fragers hier zwischen sich und den fiktiven Fragesteller legt, soll ihn wohl auch vor dem kritischen Hinweis auf seine vorher beanspruchte Kenntnis der Farben schützen. Auch dieses Manöver Menons dürfte zum komischen Charakter des Dialoges beitragen.[32]

Auf die provokative Frage, in die Menon seine Kritik gekleidet hat, antwortet Sokrates mit einem knappen: „Eine zutreffende, glaube ich." (75c9) Seinem zweiten Definitionsvorschlag schickt er dann eine Bemerkung methodischer Art voran, die eine etwas ausführlichere Erörterung verdient:

> Wenn der Frager zu den Experten und zu denen gehören würde, die auf Wortstreit und Wettkampf aus sind, dann würde ich ihm sagen: ‚Meine Antwort habe ich gegeben. Wenn ich aber nicht korrekt geantwortet habe, dann ist es an dir, das Argument zu übernehmen und mich zu widerlegen.' Wenn er aber einer ist wie ich und du, die wir als Freunde jetzt miteinander ein Gespräch führen wollen, dann muss man wohl etwas nachgiebiger und dia-

---

[32] Es ist daher erstaunlich, dass Thompson und Bluck dieses Hinhaltemanöver Menons ernst nehmen und die Modelldefinition des Sokrates für einen Fall von „defining *ignotum per ignotius*" halten (E. S. Thompson 1901, 89, Bluck 1961, 243).

lektischer antworten. Dabei heißt ‚dialektischer' wohl, nicht nur zutreffend zu antworten, sondern auch aufgrund von dem, was der Befragte[33] vorher als bekannt zugestanden[34] hat.
(75c9–d7)

Sokrates interpretiert das Verhalten Menons wohl eher ironisch *in bonam partem*, wenn er ihm konzediert, nicht auf Wortstreit und Wettkampf aus zu sein, kein ἐριστικός zu sein. Später (80e2) wird er ihm diese Charakterisierung nicht ersparen, wenn er ein Argument Menons ausdrücklich als eristisch bezeichnet. Statt also in der Maske des anonymen Einwenders von Menon eine Widerlegung der gegebenen Definition zu verlangen, gibt Sokrates ihm insoweit nach, dass er die Frage nach der Bedeutung von Farbe als Vorwurf deutet, er habe nicht vorher eine ausdrückliche Bestätigung seines Gesprächspartner eingeholt, dass ihm dieser Ausdruck bekannt sei. So zu verfahren, wäre dialektischer gewesen. Die Forderung, bei einer Frage nach der Definition eines Begriffs sich vom Gesprächspartner ausdrücklich die im vorgeschlagenen Definiens benutzten Begriffe als bekannt zugestehen zu lassen, hat es als „dialektisches Erfordernis" (engl.: dialectical requirement[35]) in der englischsprachigen Literatur zum *Menon* zu einer gewissen Prominenz gebracht. Aber es scheint zweifelhaft, ob sie jenseits ihres Auftretens im *Menon* im Oeuvre Platons von systematischer Bedeutung ist. Hier

---

33 An der Stelle 75d7 lese ich anders als Bluck, der ὁ ἐρωτῶν (der Fragende) liest, mit Burnet und Verdenius 1957, ad loc. ὁ ἐρωτώμενος (der Befragte). Die Rede ist von dem, der eine Antwort geben soll und dem daher vorher die in der Definition benötigten Begriffe vorgelegt werden. Der mittelalterliche lateinische Übersetzer hat daher sinngemäß, aber richtig mit *respondens* übersetzt.
34 Die Handschriften lesen an der Stelle 75d6–7 προσομολογῇ (so BTW und die zweite Hand in F). Da προσομολογεῖν den Sinn von ‚zusätzlich zugestehen' hat, da es hier aber nicht um etwas geht, was zusätzlich zu etwas anderem zugestanden wird, sondern um etwas, das vor der Frage, auf die der Befragte eine Antwort geben soll (hier die Erklärung von ‚Figur'), vom Befragten konzediert wird, hat Bluck sich der Konjektur von Gedike προομολογῇ angeschlossen, die auch E. S. Thompson übernommen hat. Allerdings hat προομολογεῖν an den Stellen, an denen es bei Platon bezeugt ist (*Phaid.* 93d1; *Pol.* V, 479d7; *Theaet.* 159c15), den Sinn von etwas früher Zugestandenem, es wird rückverweisend gebraucht. Ich vermute daher, dass Platon geschrieben hat: προδιομολογῇ. Die Buchstabenfolge von Delta und Iota könnte leicht zu einem Sigma verlesen worden sein; jedenfalls scheint dieser Fehler plausibler als die Einfügung eines Sigma zwischen dem zweimaligen Auftreten des Omikron. Bei Aristoteles ist προδιομολογεῖσθαι ein häufiger terminus technicus für innerhalb einer dialektischen Diskussion zu erreichende Zugeständnisse vor der endgültigen Folgerung (vgl. *Top.* I 18, 108b15; II 3, 110a37; VI 10, 148b7; *An. pr.* I 44, 50a33, a36). Bei Platon ist das Wort in dieser Bedeutung an zwei Stellen belegt: *Soph.* 241a5, *Tim.* 78a1. – Ich habe die vorgeschlagene Konjektur erstmals in Ebert 2007a, 116 in Erwägung gezogen, es aber seinerzeit bei der Emendation von Gedike belassen.
35 Vgl. Irwin 1977, 136; Scott 2006, 36.

jedenfalls will Sokrates dieser Forderung nachkommen und wird sie beim nächsten Definitionsvorschlag entsprechend berücksichtigen:

> Deshalb will auch ich versuchen, dir so zu antworten. Sage mir, du nennst doch etwas ‚Ende'; ich meine etwas in der Art von ‚Grenze' oder ‚Äußerstem' – alle diese Ausdrücke kommen, wie ich behaupte, auf dasselbe hinaus. Vielleicht würde Prodikos hier anderer Meinung sein, aber du nennst doch etwas ‚begrenzt sein' und ‚zu Ende gekommen sein' – etwas Derartiges meine ich, nicht irgend etwas Schillerndes. (75d7–e4)

Menon bejaht das. Und er bejaht auch die anschließende Frage:

> Nennst du etwas ‚eben' und etwas anderes wiederum ‚Körper', wie diese Ausdrücke beispielsweise in der Geometrie gebraucht werden? (76a1–2)

Sokrates hat sich also drei Begriffe als für Menon bekannt zugeben lassen: ‚Grenze' (πέρας), wobei er für diesen Ausdruck noch eine Reihe gleichbedeutender Begriffe anführt, sowie ‚eben' (ἐπίπεδος)[36] und ‚Körper' (στερεόν), im Sinne eines räumlichen Gebildes. Der Zusatz „wie diese Ausdrücke beispielsweise in der Geometrie gebraucht werden" macht klar, dass Sokrates hier an den Gebrauch dieser Ausdrücke in einem technischen Sinn denkt. Danach gibt Sokrates nun seine zweite Definition von Figur:

> Aufgrund dieser Angaben könntest du bereits verstehen, was ich Figur nenne. Von jeder Figur behaupte ich nämlich, dass eine Figur das ist, worin ein Körper endet. Was ich so zusammenfassen könnte: Figur ist die Grenze eines Körpers. (76a4–8)[37]

---

[36] Die meisten englischen Übersetzer geben das griechische Wort mit ‚surface' wieder (Long/Sedley, Lamb, Guthrie, Thomas), die französischen geben es mit ‚surface' wieder (Croiset, Canto-Sperber). Schleiermacher und M. Kranz haben ‚Fläche' gewählt. Aber das muss nicht die Bedeutung des griechischen Ausdrucks sein. In technischer Bedeutung heißt ἐπίπεδος soviel wie ‚flach', ‚plan', ‚eben' (vgl. den Eintrag in Mugler 1959). In *Pol.* VII, 528a9 wird das Wort benutzt, um das zu bezeichnen, was zwei Dimensionen hat (vgl. a. *Tim.* 32a7) und daher der Gegenstand der Geometrie ist im Unterschied zu dem der Stereometrie (528d2–3.). Das ist im übrigen auch der übliche Sinn des Wortes bei Euklid, etwa *El.* I, Def. 7. Die Wortform ἐπίπεδον ist als Akkusativ von ἐπίπεδος aufzufassen, abhängig von καλεῖς τι, vgl. die analoge Konstruktion ὄψιν καλεῖς τι 76d2–3. (In Ebert 2007a, 118 hatte ich ἐπίπεδον irrtümlich als substantiviertes Neutrum gedeutet.) Nichts zwingt also dazu, das Wort mit der Mehrzahl der Übersetzer als τὸ ἐπίπεδον im Sinne von ‚ebene Fläche' aufzufassen.
[37] Die Erklärung von Figur als Grenze eines Körpers zeigt übrigens, dass das Wort σχῆμα im *Menon* zweidimensionale Figuren bezeichnet. Zwar kann das Wort auch für dreidimensionale Gebilde verwendet werden, so erklärt Aristoteles etwa den Kreis zur ersten unter den ebenen Figuren (*De Caelo* II 4, 286b17f.), die Kugel zur ersten unter den körperlichen (ebda. 286b32f.). Aber was Grenze eines Körpers ist, kann nicht selbst ein Körper sein.

Im Vergleich zu der ersten Definition von Figur (75d9–10) fallen drei Dinge ins Auge: Ein erster Unterschied liegt zunächst darin, dass hier eine abstraktere Erklärung gegeben wird; sie ist zu verstehen als: Jeder Typ von Figur lässt sich als Grenze eines Körpers denken. Darum wohl auch der Hinweis auf die Geometrie. Zum anderen fällt auf, dass Sokrates damals die Definition als eine für sie beide, für Menon wie für ihn selbst, geltende Stipulation eingeführt hatte („Figur sei für uns folgendes" ἔστω γὰρ ἡμῖν τοῦτο σχῆμα 75d9), jetzt aber die neue Definition nur als eine von ihm formulierte vorstellt, es wird drei Mal nur die erste Person Singular gebraucht (λέγω 76a4, a5; εἴποιμι 76a6). Noch auffälliger aber ist der Umstand, dass Sokrates, der in seiner ersten Definitionsformel von Figur das Definiens ‚Farbbegleiter' sowohl zu einer notwendigen wie zu einer hinreichenden Bedingung des Definiendums gemacht hat, dieses Mal das Definiens nur als notwendige Bedingung des Definiendums einzuführen scheint: Von jeder Figur wird behauptet, dass sie Grenze eines Körpers ist. Dass nur Figuren die Eigenschaft haben, Grenze eines Körpers zu sein, dass also alles, was Grenze eines Körpers ist, Figur sein soll, wird jedenfalls nicht mit derselben analogen Deutlichkeit wie im Fall der ersten Definition festgestellt. Es wäre natürlich auch falsch. Indem Sokrates den Begriff Grenze eines Körpers zu einer nur notwendigen Bedingung von Figur macht, imitiert er den Fehler, den Menon bei seinem Referat der ersten Definition des Sokrates gemacht hat.

An dieser zweiten Definition ist für sich genommen bemerkenswert, dass von den drei Begriffen, die Sokrates sich als für Menon bekannt hatte zugeben lassen, überhaupt nur zwei in dieser Erklärung benutzt werden: Der Begriff ‚eben' (ἐπίπεδος) ist hier gar nicht gebraucht worden. Das ist im Zusammenhang mit einer weiteren Beobachtung von Bedeutung. Als Definition, die ja die Koextensivität von Definiens (Grenze eines Körpers) und Definiendum (Figur) behaupten muss, ist die neue Erklärung falsch. Zwar mag sich jede Figur (jeder Typ von Figur) als Grenze eines Körpers denken lassen, so sind Quadrate etwa die Grenzflächen eines Würfels, aber nicht jede Grenze eines Körpers kann auch als Figur gelten. Der Oberfläche einer Kugel entspricht eben keine Figur. Diese Mangelhaftigkeit der neuen Definition lässt sich aber einfach beheben, wenn nämlich der Begriff ‚eben' in das Definiens aufgenommen wird. Jede (plane) Figur lässt sich als ebene Grenzfläche eines Körpers denken und jede ebene Grenzfläche eines Körpers ist eine Figur.[38] Es wäre also an Menon gewesen, auf die mangelnde

---

[38] Dass Euklid die Formel ‚Grenze eines Körpers' πέρας στερεοῦ zur Definition von Oberfläche (ἐπιφάνεια) benutzt (*El.* XI Def. 2.1), mag dazu beigetragen haben, dass einige Kommentatoren (Klein, Scott) unter σχῆμα ‚surface' verstehen wollen. Zu Scotts Versuch, das mit Belegen aus Platon zu begründen, vgl. Appendix II.

Benutzung des dritten von ihm als bekannt zugestandenen Ausdrucks hinzuweisen und durch dessen Einfügung in das Definiens die Definitionsformel mit dem durch Sokrates' erste Definition aufgestellten Modell einer Definitionsformel in Übereinstimmung zu bringen. In der Tat sind ja nur Figuren und alle Figuren als ebene Grenzflächen (Schnittflächen) eines Körpers darstellbar.[39]

Menon soll durch diese fehlerhafte Erklärung des Sokrates zu einer Reaktion bewegt werden, nämlich auf den fehlenden Gebrauch des dritten, von ihm als bekannt zugegebenen Begriffs hinzuweisen und ihn vielleicht sogar einzufügen. Hätte er das getan, dann hätte er wohl auch den wirklichen Wert der ersten, modellhaften Definition seines Gesprächspartners erkennen können. Darum wohl hat Sokrates diese zweite und fehlerhafte Erklärung von Figur so eingeführt, dass sie nur von ihm, nicht für sie beide aufgestellt wird. Und auch darum wohl vermeidet Sokrates hier eine klare Formulierung, mit der das Definiens ‚Grenze eines Körpers' auch zu einer hinreichenden Bedingung für das Definiendum gemacht wird. Aber diese Mühe war vergebens: Menon, der jetzt eigentlich verpflichtet wäre, die 75b4–5 versprochene Erklärung der Tugend zu geben, wenn er schon zur neuen Definition der Figur nichts zu sagen hat, verlangt von Sokrates nun ein Erklärung der – Farbe: „Aber was, Sokrates, ist deiner Behauptung nach Farbe?" (76a8).

Ein Zwischenspiel: Sokrates' Definition der Farbe (76a8–77b1)

Platon hat den Wortwechsel, der sich aus der Aufforderung Menons ergibt, Sokrates möge ihm nun auch noch den Begriff der Farbe erläutern, zu einer in mancher Hinsicht komödienhaften Szene ausgestaltet. Da der Begriff der Farbe zwar bei der ersten Definition als Teil des Definiens vorkam, aber in der neuen Definition von

---

[39] Gaiser 1964, 247, der die hier gegebenen Erklärungen von σχῆμα beide anführt, stellt allerdings die zweite, (als Definition fehlerhafte) Erklärung an die erste Stelle, und kommentiert das wie folgt: „Eine bestimmten mathematischen Sinn hat vor allem die hier zuerst angegebene Definition. Mit στερεόν ist sicher das Dreidimensional-Körperliche gemeint, und zwar in bewußter Unterscheidung vom Zweidimensional-Flächenhaften, das Sokrates im gleichen Zusammenhang als das ‚Ebene' (ἐπίπεδον) bezeichnet (76 A 1)". Dass das Wort ἐπίπεδον zwar als einer von drei Begriffen von Sokrates als Material der in Aussicht genommenen Definition angeführt, aber in diese Erklärung gar nicht aufgenommen wird, scheint Gaiser nicht erklärungsbedürftig. Auch scheint ihm nicht klar zu sein, warum die erste, von Sokrates vorgeschlagene Definition tatsächlich eine modellhafte Definition ist, nämlich die Koextensivität von Definiens und Definiendum zum Ausdruck bringt. Sie wird zwar von ihm angeführt („Was als einziges Wesen immer mit *Farbe* zusammenhängt"), aber im folgenden nirgends kommentiert.

Figur gar nicht benutzt wurde, handelt es sich bei dieser Forderung Menons um ein reines Hinhaltemanöver, worüber sich Sokrates auch sofort beschwert (76a9-b1). Dabei stellt er sich als alten Mann dar, dem gegenüber Menon sich anmaßend verhält, sieht sich aber zugleich ironisch in der Rolle dessen, der sich den Reizen des schönen Menon nicht entziehen kann, auch wenn er dessen Verhalten als das eines verwöhnten Jungen charakterisiert (76b4-c1). Der alte Liebhaber junger Schönheit, ein bekanntes Komödienmotiv, mit dem Sokrates hier selbstironisch spielt.

Zur Komik der Szene trägt dann auch bei, dass Menon dem Vorschlag des Sokrates, ihm eine Antwort in der Manier des Gorgias zu geben (76c4-6), sofort uneingeschränkt zustimmt, ebenso wie sein überschwängliches Lob der von Sokrates unter Nutzung von sinnesphysiologischen Thesen des Empedokles gegebenen Definition der Farbe (76d6-7):

> ‚Vernimm, was ich dir sage', wie es bei Pindar heißt. Farbe ist nämlich ein Abfluss von Figuren, dem Gesichtssinn angepasst und somit wahrnehmbar. (76d4-5)

Dabei fällt auf, dass Sokrates auch hier zwar dem dialektischen Erfordernis nachzukommen scheint, er lässt sich die Ausdrücke ‚Abfluss' und ‚Gesichtssinn' als bekannt zugeben (76c7-d3), die dann auch im Definiens vorkommen, aber der Ausdruck ‚Figur', der dort ebenfalls auftritt, wird nicht erwähnt. Nun kann das seinen Grund darin haben, dass dieses Wort vorher zweimal zum Gegenstand einer Definition gemacht worden ist, und von daher als Menon bekannt vorausgesetzt werden kann. Aber Menon hatte seinen Einwurf hinsichtlich der Unbekanntheit von ‚Farbe' im Anschluss an die erste Definition vorgebracht (75c6-7), bei der der Begriff Farbe im Definiens auftrat. Bezieht man diesen Begriff auf diese Definition zurück, dann zeigt sich sofort, dass hier ein Zirkel im Erklären vorliegt: der Begriff der Figur wurde mit Hilfe des Begriffs Farbe erklärt, dieser Begriff wiederum mit Hilfe des Begriffs der Figur.

Sokrates, der seine ursprüngliche Definition der Figur für besser als die der Farbe erklärt (76e6-7), könnte dabei diesen Umstand (der Zirkelhaftigkeit) im Auge haben.[40] Aber die neue Definition ist noch aus anderen Gründen schlech-

---

40 Bluck sieht hier einen Rückverweis auf Sokrates' zweite Definition der Figur (ad 76e6). Das scheint aber, wenn man sich den Mangel dieser Definition klar gemacht hat, ausgeschlossen zu sein. Überdies stellt Menons Forderung nach einer Definition der Farbe den Bezug zu der ersten Definition her, in der dieser Begriff im Definiens vorkam. – Dass Sokrates im Definiens dieser Definition wieder den Begriff der Figur gebrauchte, zu deren Erklärung der Begriff der Farbe in der ersten Definition von Figur benutzt worden war, und dadurch einen Zirkel im Erklären begeht, kann durchaus mit Absicht geschehen sein. Menon soll als jemand dargestellt werden, der diesen elementaren Fehler nicht bemerkt. Daher scheint auch der Vorschlag von Hermann

ter: Von ‚allein' und ‚immer' ist kein Gebrauch gemacht worden und daher ist die Koextensivität von Definiens und Definiendum hier keineswegs zum Ausdruck gebracht. Aber das ist nicht der einzige Mangel dieser Definition: Sie erklärt nämlich ein offenbares Phänomen unter Rückgriff auf eine durchaus nicht unmittelbar einleuchtende und komplizierte Theorie, die des Empedokles. Definitionen sollten aber unmittelbar einleuchtend sein. Die uneingeschränkte Begeisterung Menons für diese Worterklärung hat angesichts ihrer offenbaren Mängel ebenfalls komische Züge, ebenso wie der Umstand, dass Sokrates seine Formulierung der Farbdefinition mit einem Pindarzitat garniert. Obendrein charakterisiert Sokrates sie anschließend als „theatralisch"[41]: er hat sich damit noch einen Spott über Gorgias, Menons großes Vorbild, erlaubt.

An dieser Textpassage sind zwei weitere Dinge hervorhebenswert. Einmal wird den Lesern hier Sokrates als jemand dargestellt, der die Lehre des Empedokles kennt: Er ist in der Lage, aufgrund der sinnesphysiologischen Theorie dieses sizilischen Philosophen eine Erklärung der Farbe zu geben (76c7–d5). Zum zweiten aber macht Sokrates eine Bemerkung, die für den Fortgang des Gespräches von Bedeutung ist. Auf die Bemerkung Menons, er würde noch länger in Athen bleiben, wenn Sokrates ihm noch viele Erklärungen in der Art der von ihm so bewunderten Erklärung der Farbe geben würde (77a1–2), erwidert Sokrates:

> An mangelnder Bereitschaft meinerseits, dir solche Erklärungen zu geben, soll es aber nicht liegen, sowohl deinet- als auch meinetwegen. Ich werde jedoch wohl nicht in der Lage sein, viele derartige Erklärungen zu geben. (77a3–5)[42]

Diels, an der Stelle 76d4 des *Menon* das Wort σχημάτων, der Konjektur eines Abschreibers folgend, durch χρημάτων zu ersetzen, unnötig (vgl. Diels 1976, 358–360; Diels hat diese Textänderung auch in die Testimonien zu Empedokles aufgenommen, vgl. Diels/Kranz 31 A 92). Die Handschriften BTWF sowie der mittelalterliche Übersetzer lesen übereinstimmend σχημάτων.
41 Sokrates charakterisiert seine Worterklärung hier als τραγική ἀπόκρισις (76e3), als eine Antwort in der Art der Tragödiendichter. Über deren gespielt feierlichen Stil macht sich die attische Komödie des öfteren lustig. Mit der wörtlichen Übersetzung ‚tragisch' würde der Sinn des Griechischen hier verfehlt. Daher habe ich mich für die, zugegebenermaßen etwas freie, Übersetzung ‚theatralisch' entschieden.
42 Einige Übersetzer und Kommentatoren lassen hier Sokrates erklären, er werde dazu nicht in der Lage sein, lassen also die Einschränkung auf „viele derartige Erklärungen" weg, so Kranz, die 77a4f. übersetzt: „Aber ich werde nicht dazu imstande sein". Richtig wäre: „Aber ich werde nicht imstande sein, dir viele solche Sachen zu sagen." Ebenso Gaiser 1964, 255, der die Worte des Sokrates wie folgt referiert: „an Bereitwilligkeit werde er es zwar nicht fehlen lassen. Aber er wisse nicht, ob er dazu imstande sei", obwohl Gaiser gleich anschließend den griechischen Text korrekt anführt. Mit dieser Auslassung wird dieser Bemerkung des Sokrates ihre Pointe für die Dramaturgie des Dialoges genommen.

Aus der Perspektive des Autors Platon ist das ein Hinweis darauf, dass der Leser zwar nicht mit vielen, aber doch mit einer oder mehreren weiteren Erklärungen dieser Art, einer Mischung aus sizilischer Philosophie und gorgianischer Redekunst, rechnen kann.

Menons zweiter Versuch einer allgemeinen Definition (77b2–79e5)

Menons erneuter Versuch einer Definition der Tugend lautet:

> Ich denke, Sokrates, Tugend ist, wie der Dichter sagt, ‚sich an Schönem zu freuen und dessen fähig zu sein'. Und ich gebe diese Erklärung der Tugend: Wenn man Schönes begehrt, fähig zu sein, es sich zu verschaffen. (77b2–4)

Sie zerfällt in zwei Teile: eine Erklärung durch ein Dichterzitat und dessen interpretierende Deutung durch Menon. Im Unterschied zu Menons bisherigen Definitionsversuchen kann dieser Vorschlag für sich in Anspruch nehmen, dass er tatsächlich alle Menschen zu berücksichtigen scheint. Er ist nicht, wie der erste Versuch einer allgemeinen Definition, am Mann als Maß der Tugend abgelesen, und er hat auch den Fehler einer Aufzählung von Tugenden vermieden. Es scheint, dass die sokratische Ermahnung, Menon möge nicht wieder die Tugend in Teile zerbrechen, sondern sie heil und ganz lassen (77a6–8), auf fruchtbaren Boden gefallen ist. Aber den weiteren Hinweis, sich an den von Sokrates gegebenen Definitionsbeispielen zu orientieren, hat Menon keineswegs befolgt. Von ‚nur' und ‚immer' ist in seinem Vorschlag nichts zu sehen.

Der erste Zug des Sokrates in der folgenden Argumentation besteht darin, den Begriff ‚Schönes' durch ‚Gutes' zu ersetzen, bzw., da es sich im Griechischen um Pluralbildungen handelt, ‚schöne Dinge' durch ‚gute Dinge' (77b5–6). Die anschließende Argumentation (77b6–78b2) ist ein typisches Beispiel eines Elenchos. Menon wird genötigt, das Gegenteil einer zunächst eingenommenen Position, der Position nämlich, dass einige Personen auch Schlechtes wollen (77c2), einzunehmen und schließlich zu behaupten, dass niemand Schlechtes will (78a5–b2).

Nachdem Menon konzediert hat, dass er mit dem, der schöne Dinge begehrt, den meint, der gute Dinge begehrt (77b5–6), will Sokrates von ihm wissen, ob er zwei Gruppen von Menschen annimmt: solche, die Gutes begehren, und solche, die Schlechtes begehren (77b6–7). Menon räumt auf die Frage des Sokrates ein, dass ihm nicht alle Gutes zu begehren scheinen, sondern einige Schlechtes (77c1–2). Die Formulierung lässt noch offen, ob die Rede vom Schlechtes begehren hier aus der Position eines Beobachters zu verstehen ist, oder ob sie aus der Sicht dessen zu verstehen ist, von dessen Begehren geredet wird. Diese Mehrdeutigkeit wird nun mit der folgenden Frage geklärt.

Als nächstes wird Menon nämlich gefragt, ob er auch meine (λέγεις), dass die Personen, die Schlechtes begehren, dies in der (irrigen) Meinung tun, dass das Schlechte Gutes ist, oder ob sie auch in Kenntnis dessen, dass es Schlechtes ist, dieses dennoch begehren (77c2–4). Es geht also jetzt um die Sicht des Begehrenden. Menon hält beides für möglich (77c4). Damit hat er also eine Konditionalaussage behauptet, in deren Antecedens die Aussage steht: Einige Personen begehren Schlechtes, und in deren Succedens gesagt wird, diese Personen begehren das Schlechte entweder in der Meinung, dass es Gutes ist, oder sie begehren es in Kenntnis dessen, dass es Schlechtes ist. Oder:

> (D1) Wenn einige Menschen Schlechtes begehren, dann begehren sie es entweder in der (irrigen) Meinung, dass es Gutes ist, oder in Kenntnis dessen, dass es Schlechtes ist.

Die Widerlegung der These, dass einige Menschen Schlechtes begehren, verläuft dann nach dem Schema eines *modus tollendo tollens*: beide Disjunkte im Succedens werden von Menon schließlich als falsch zugegeben.[43]

Sokrates nimmt sich nun den Teil der Aussage Menons 77c4 vor, der den offensichtlich größten Grad an Unwahrscheinlichkeit aufweist, nämlich das zweite Disjunkt, und fragt Menon explizit:

> Menon, scheint dir denn wirklich irgend einer, in Kenntnis dessen, dass Schlechtes schlecht ist, es dennoch zu begehren? (77c4–6)

Die Nachdrücklichkeit, mit der Menon diese Frage bejaht, nötigt Sokrates zu einer Rückfrage:

Er will von Menon wissen, was denn der Begehrende begehrt, was denn der Inhalt seines Begehrens sei.

---

[43] Hallich meint, Sokrates widerlege die These im Antecedens, „indem er zeigt, dass aus ihr eine disjunktive Aussage folgt und beide Disjunkte falsch sind" (Hallich 2013, 64). Sokrates zeigt keineswegs, dass aus der These Menons eine disjunktive Aussage *folgt*, denn zwischen dem Antecedens und dem Succedens besteht gar keine Beziehung der logischen Notwendigkeit. Das erhellt schon daraus, dass Menon auf die Frage des Sokrates nur das erste der beiden Disjunkte hätte behaupten können. Die Beziehung einer logischen Folge zwischen Antecedens und Succedens ist keineswegs eine Voraussetzung dafür, auf eine Konditionalaussage den *modus tollendo tollens* anwenden zu können. Die diskutierte Konditionalaussage ist aufgrund einer Zugabe Menons als kontingenterweise wahr zu unterstellen.

> Was, meinst du, begehrt er denn? Nicht, dass er es bekommt? (77c6–d1)[44]

Wer etwas begehrt, der will es für sich. Damit ist explizit ein Bezug auf das Subjekt des Begehrens hergestellt und daher kann Sokrates nun die Frage 77c2–4 und damit die Disjunktion im Succedens der von Menon behaupteten Konditionalaussage in Begriffen von Nutzen und Schaden wiederholen. Denn Nutzen oder Schaden ist stets ein Nutzen oder Schaden für eine bestimmte Person. Hatte Menon auf die Frage nach dem, was der Begehrende begehrt, zur Antwort gegeben, dass, wer etwas begehrt, damit begehrt, dass er es bekommt, m. a. W. dass es ihm, dem Begehrenden, zukommt, so fährt Sokrates nun fort:

> In der Meinung, dass das Schlechte für den von Nutzen ist, der es bekommt, oder in Kenntnis dessen, dass das Schlechte dem schadet, bei dem es sich einstellt? (77d2–3)

Die Rede von ‚nutzen' und ‚schaden' macht aber auch klar, dass die Ausdrücke ‚gut' und ‚schlecht' hier nicht mehr im Sinne der Erfüllung bzw. der Nicht-Erfüllung bestimmter Standards gebraucht werden, sondern im Sinn von ‚vorteilhaft' und ‚nützlich' bzw. von ‚unvorteilhaft' und ‚schädlich'.[45] Menon antwortet auch auf diese Alternativfrage wieder mit der Zulassung beider Möglichkeiten wie schon 77c4, wobei er aus den zwei Optionen, die Sokrates für den Begehrenden im Singular aufgemacht hatte, zwei Gruppen von Personen macht:

> Es gibt welche, die meinen, dass das Schlechte von Nutzen ist, es gibt aber auch welche, die wissen, dass es schadet. (77d3–5)

Das ist in gewissem Sinn eine ausweichende Antwort. Denn mit der Formulierung, die Menon für die zweite Alternative gewählt hat, ist offenbar weggefallen, dass es um Personen geht, die das Schlechte begehren und zwar in Kenntnis des Umstandes, dass es schlecht ist. Ohne diese Voraussetzung wird diese Alternative harmlos. Vollständig müsste die Formulierung der in Untersuchung stehenden Konditionalaussage (D1) jetzt also lauten:

> (D2) Wenn einige Menschen Schlechtes begehren, dann begehren sie es entweder in der (irrigen) Meinung, dass es von Nutzen ist, oder im Wissen darum, dass es schadet.

---

44 Die Frage, die Sokrates 77c6–d1 stellt (Τί ἐπιθυμεῖν λέγεις;), könnte auch so verstanden werden, dass nach der Bedeutung von ‚begehren' gefragt wird: was nennst du ‚begehren'? Aber der Fortgang (ἢ γενέσθαι αὐτῷ;) zeigt, dass damit nach dem Inhalt des Begehrens gefragt wird: was begehrt er denn? Das Fragewort gehört nicht zu λέγεις, sondern zu ἐπιθυμεῖν. Vgl. die analogen Konstruktionen *Symp.* 204d und 205e.
45 Vgl. dazu oben S. 61f.

Sokrates wendet sich zunächst der ersten der beiden Alternativen in Menons Antwort und damit dem ersten Disjunkt des nun in Begriffen von Nutzen und Schaden formulierten Succedens zu, nämlich denjenigen, die meinen, dass Schlechtes nützen kann:

> Und bist du wirklich der Ansicht, dass diejenigen, die meinen, das Schlechte sei von Nutzen, auch wissen, dass das Schlechte schlecht ist? (77d5–6)

Das wird von Menon emphatisch verneint (77d6–7). Daraus folgert nun Sokrates:

> Liegt es dann nicht auf der Hand, dass diese nicht Schlechtes begehren, über das sie ja in Unkenntnis sind, sondern das, was sie für gut halten, was in Wahrheit aber schlecht ist? Da sie über dieses aber in Unkenntnis sind und es für gut halten, liegt es also auf der Hand, dass sie Gutes begehren. Oder nicht? (77d7–e3)

Die Folgerung, dass diese Personen das begehren, was sie irrtümlich für gut halten, ergibt sich aus dem von Menon Zugestandenen. Die Frage ist aber, ob sich aus diesem Umstand folgern lässt, dass sie nicht Schlechtes, sondern Gutes begehren. Hier muss die Binnenperspektive des Begehrenden von der Außenperspektive eines Beobachters unterschieden werden. Nur aus der Binnenperspektive des Begehrenden ist es richtig zu sagen, dass er, wenn er scheinbar Gutes begehrt, Gutes begehrt. Das an die letzte Frage angehängte „oder nicht?" kann durchaus als Hinweis des Autors Platon darauf gelesen werden, dass hier ein Problem liegt, das einer Differenzierung bedarf.[46] Zumal da auch die Antwort Menons „Darauf läuft es bei ihnen wohl hinaus" (77e4) nicht gerade eine sichere Überzeugung ausdrückt. Aber für die dialektische Auseinandersetzung mit Menon ist dessen Zugeständnis ausreichend, um damit das erste Disjunkt im Succedens der von Menon 77c2–5 implizit behaupteten Konditionalaussage als widerlegt anzusehen.

Sokrates wendet sich dann dem zweiten Disjunkt und damit den Personen zu, die Schlechtes begehren in Kenntnis des Umstandes, dass es schädlich ist:

> Diejenigen, die zwar, wie du behauptest, Schlechtes begehren, aber der Meinung sind, das Schlechte schade dem, bei dem es sich einstellt, wissen doch, dass sie davon Schaden nehmen werden? (77e5–7)

Das wird von Menon als notwendig anerkannt (77e7). Dabei liegt in dem „wie du behauptest" eine Distanzierung des Sokrates von dieser Position, mit der

---

46 In der aristotelischen *Topik* (vgl. *Top.* I 4, 101b28–34) ist das angehängte „oder nicht?" das unterscheidende Merkmal eines *problema* im Unterschied zu einer bloßen *protasis*.

Menon ja paradoxerweise behauptet, dass man etwas begehren kann in Kenntnis des Umstandes, dass es einem schadet. Die folgenden Fragen des Sokrates sind dann darauf gerichtet, den in dieser Paradoxie enthaltenen Widerspruch offen zu legen.

> Aber diese Leute sollen nicht glauben, dass diejenigen, die Schaden nehmen, elend dran sind, soweit sie Schaden nehmen? (77e7–78a2)

Auch der in dieser rhetorischen Frage enthaltenen Behauptung stimmt Menon als notwendig zu (78a2). Nachdem von Menon ebenfalls noch zugestanden wird, dass die Elenden auch unglücklich sind (78a2–3) und dass niemand elend und unglücklich sein will (78a3–5), zieht Sokrates aus diesen Zugaben dann die Folgerung:

> Also will niemand Schlechtes, Menon, wenn doch niemand in dieser Lage sein will. Denn was ist elend sein anderes als Schlechtes zu begehren und sich in seinen Besitz zu bringen? (78a5–b1)

Die Konklusion, die Sokrates mit dem „Also" in dieser Frage zieht, scheint nicht unproblematisch. Denn diese Folgerung betrifft ja die Personen, die „Schlechtes begehren in der Meinung, das Schlechte schade dem, bei dem es sich einstellt" (77e5–6), also nur von einer bestimmten Gruppe von Personen. Das „niemand" scheint nur deshalb berechtigt, weil die Personen, die irrtümlich das Schlechte für gut halten, bereits vorher abgehandelt worden sind, in der Behandlung des ersten Disjunktes. Schließlich ist auch die dieser Konklusion angehängte Begründung problematisch. Elend sein ist nicht identisch mit Schlechtes begehren und sich in seinen Besitz bringen. Schließlich können Menschen auch durch einen unvorhergesehenen und unverschuldeten Schicksalsschlag ins Elend stürzen.

Menon stimmt dieser Folgerung zu, wobei es wiederum ein komischer Effekt ist, dass er das, was ihm in einer elenktischen Befragung als Zugeständnis abgenötigt worden ist, als Meinung des Sokrates darzustellen sucht. Er begeht also eben den Fehler, für den Alkibiades in der oben (S. 63) diskutierten Textpassage aus dem *Ersten Alkibiades* (112d–e) von Sokrates kritisiert wurde. Menon:

> Es läuft wohl darauf hinaus, dass du recht hast, Sokrates, und dass niemand Schlechtes will. (78b1–2)

Damit ist die eine These in Menons neuer Definition der Tugend abgehandelt: Wenn niemand Schlechtes begehrt, dann begehrt, wer etwas begehrt, Gutes. Der nächste Abschnitt zieht aus diesem Ergebnis eine Konsequenz für das Verständ-

Menons zweiter Versuch einer allgemeinen Definition (77b2–79e5) — 89

nis der von Menon vorgeschlagenen Definition der Tugend, und Sokrates wiederholt zunächst diese Definition Menons mit der Änderung von „Schönes" in „Gutes":

> Hast du nicht eben gesagt, die Tugend sei, das Gute zu wollen und dessen fähig zu sein?
> (78b3–4)

Sokrates macht Menon dann klar, dass die Rede vom ‚Wollen' in dieser Erklärung redundant ist und dass sich der für den Begriff der Tugend wichtige Unterschied von besser und schlechter allenfalls in dem anderen Teil von Menons Definitionsvorschlag finden kann, in dem vom Fähigsein die Rede ist (78b4–8). Sokrates zieht daraus die Folgerung:

> Wie es scheint, ist also nach deiner Erklärung dies die Tugend, die Fähigkeit, sich Güter zu verschaffen?
> (78b8–c1)

Menons Antwort:

> Ich denke, dass es sich genauso verhält, Sokrates, wie du jetzt annimmst.
> (78c2–3)

Wo Sokrates also auf die Erklärung Menons abhebt, will dieser wiederum seinen Gesprächspartner zum Autor dieser These machen. Dieser Versuch Menons, seinem Gesprächspartner Sokrates seine eigene Position zuzuschieben, dürfte wieder zur Komik des Dialoges beitragen. Sokrates wird aber, wie seine unmittelbar folgende Bemerkung zeigt, ganz unbeirrt daran festhalten, dass hier eine Position Menons untersucht wird:

> Sehen wir uns daher auch diese Formulierung daraufhin an, ob du recht hast. Denn du sagst ja vielleicht etwas Richtiges. Du behauptest also, Tugend sei, sich Güter verschaffen zu können.
> (78c4–5)

Nachdem Menon erklärt hat, was er alles unter ‚Gütern' versteht, nämlich den Besitz von Gold und Silber und auch von Ehren und Ämtern in der Polis (78c5–d1), macht Sokrates ihn darauf aufmerksam, dass für dieses Beschaffen von Gold und Silber, damit es als Tugend zählen kann, das auf gerechte und fromme Art Beschaffen wesentlich ist, so dass ein Beschaffen auf unrechte Art und Weise nicht als Tugend zählen kann. (78d1–6) Menon stimmt dem uneingeschränkt zu (78d6). Auch als Sokrates dann eine Folgerung zieht, die schon auf die Widersprüchlichkeit in Menons Position hinweist:

> Es muss also anscheinend bei diesem Beschaffen Gerechtigkeit oder Besonnenheit oder Frömmigkeit dabei sein, oder ein anderer Teil der Tugend. Wenn das aber nicht der

Fall ist, dann haben wir es nicht mit Tugend zu tun, auch wenn dabei Güter beschafft werden? (78d7–e1)

zeigt Menon mit seiner Antwort

Wie könnte denn auch ohne das Tugend zustande kommen? (78e2),

dass er nicht bemerkt, wie sich die Schlinge der Argumentation des Sokrates hier langsam zuzieht. Erst als Sokrates ihn fragt, ob dann nicht das Nicht-Beschaffen von Gold und Silber, wenn das Beschaffen nicht recht wäre, ebenfalls Tugend sei, lässt seine Antwort „Es scheint so" (78e4) erkennen, dass er die Misslichkeit seiner Position begriffen hat. Auf die Folgerung, die Sokrates dann zieht, dass das Beschaffen nicht eher Tugend wäre als das Nicht-Beschaffen von Gütern der bezeichneten Art (78e5–6), und erst dann, wenn es jeweils mit Gerechtigkeit zustande kommt, ein Fall von Tugend vorliegt, bei Fehlen all dieser Eigenschaften dagegen ein Fall von Schlechtigkeit (κακία 79a1), reagiert Menon wiederum so, wie auch schon 78c2–3, dass er nämlich Sokrates zum Vertreter dieser These macht (79a2). Nun könnte ja schon der Hinweis auf die gerade entwickelte Konsequenz von Menons neuer Definition, dass sie nämlich ganz offenbar zu eng ist, da doch neben dem Beschaffen auch das Nicht-Beschaffen von Gütern nun als Tugend zählen muss, ausreichend sein, um ihre Mangelhaftigkeit als Definition begreiflich zu machen.

Aber Sokrates wählt dafür einen anderen Weg. Er wird Menon klarmachen, dass sein Definitionsvorschlag gegen die unmittelbar vor Menons letzter Erklärung ausgesprochene Aufforderung verstößt, doch dieses Mal die Tugend ganz und heil zu lassen und sie nicht zu zerbrechen (vgl. 77a5–8). Sokrates erinnert Menon nämlich daran, dass sie gerade vorher, nämlich 78d8–e1, von Gerechtigkeit und Besonnenheit als einem Teil der Tugend gesprochen haben (79a3–6). Da Menon den Vorwurf, er wolle Sokrates wohl auf den Arm nehmen, ganz offenbar nicht versteht (79a7–8), erinnert ihn Sokrates ebenfalls an die erwähnte Aufforderung, wobei er die Wendung vom ‚zerbrechen' (συντρίβειν) durch die plastischeren Ausdrücke vom ‚zerschneiden' (καταγνύναι) und ‚zerstückeln' (κερματίζειν) ersetzt (79a9–10). Da Menon erklärt hat, dass die Fähigkeit, mit Gerechtigkeit Güter zu beschaffen, Tugend sei und Gerechtigkeit von ihm als Teil der Tugend bezeichnet werde (79a11–b3), setzt Sokrates ihm dann auseinander, dass sich aus dem, was er eingeräumt hat, logisch ergibt, dass mit einem Teil der Tugend zu tun, was immer jemand tut, Tugend sein soll (79b4–6). Da Menon immer noch nicht versteht (vgl. 79b6–7), macht Sokrates ihm in einer längeren Ausführung die Unhaltbarkeit seiner Position klar (79b8–c8). Er folgert dabei, dass Menon auf die Ausgangsfrage, was die Tugend sei, zurückgeworfen ist (79c2–7). Menon muss zugeben, dass wer nicht weiß, was die Tugend selbst ist, auch nicht wissen kann, was ein Teil der Tugend ist (79c7–9). Obendrein erinnert ihn Sokrates daran, dass sie bei der Diskussion über die Erklärung der Figur eine Antwort verworfen haben, bei der im Definiens etwas verwendet wurde, was noch nicht vom Gesprächspartner als bekannt zugestanden worden war (79d1–3). Gemeint ist Menons Einwand 75c3–7, dass nach der ersten von Sokrates gegebenen Definition der Figur doch noch gefragt werden könne, was denn Farbe sei, also der im Definiens verwendete Begriff. Sokrates wendet also einen Einwand, den Menon damals gegen ihn vorgebracht hatte, nun gegen Menon selbst.

Sokrates fordert Menon abschließend abermals auf, er solle doch angeben, was er und sein Freund Gorgias sagen, was die Tugend sei (79e4–5). Es ist übrigens das letzte Mal, dass Sokrates Menon zur Antwort auf die Definitionsfrage unter Hinweis auf Gorgias auffordert. Bei den folgenden Aufforderungen wird Sokrates dann Menon zu einer gemeinsamen Suche auffordern, Gorgias wird nicht erwähnt (vgl. 80d3–4, 81e2, 86c5).

Damit ist die Reihe der Versuche, eine Definition der Tugend zu finden, innerhalb des Dialoges abgeschlossen. Auch dieser letzte Versuch ist dadurch charakterisiert, dass wiederum nicht nach dem gesucht wird, was allen Tugenden gemeinsam ist, sondern nach einer Eigenschaft, die allen Trägern der Tugend zukommen soll, nach einer möglichst allgemein zukommenden Tugend.

Menons Ausweichmanöver und die Reaktion des Sokrates (79e6–81e4)

Die Niederlage, zu der es an dieser Stelle der Diskussion für Menon kommt, ist deshalb für ihn einigermaßen peinlich, weil Sokrates dabei auf Dinge verweisen kann, die Menon, da sie nämlich im Verlauf des Gespräches behandelt wurden, eigentlich wissen müsste, und weil seine Entourage das ja alles ebenfalls mitbekommen hat. Die Peinlichkeit dieser Niederlage ist nun für Menon der Grund, auf die abermalige Aufforderung des Sokrates, doch anzugeben, was nach ihm und Gorgias die Tugend sei, überhaupt nicht einzugehen, sondern sich mit einer Charakterisierung des Sokrates und einer Kommentierung seiner eigenen Situation aus der Affäre zu ziehen. Statt seine ausweglose Lage zu leugnen, möchte er sie lieber in einem interessanten Vergleich beschreiben. Dabei nutzt er die stilistischen Mittel, die er bei Gorgias gelernt hat: das zeigt die Ausnutzung von reimenden Wortendungen (γοητεύεις, φαρμάττεις, κατεπᾴδεις 80a2–3), oder παμπόλλους λόγους ... πρὸς πολλούς (80b2–3) zusammen mit den Alliterationen und das kunstvolle ταύτῃ τῇ πλατείᾳ νάρκῃ τῇ θαλαττίᾳ (80a5). Dabei dient der scherzhafte Vergleich des Sokrates mit einem Zitterrochen (80a4–5) in erster Linie dazu, Menons eigene Unfähigkeit zur Antwort zu entschuldigen: Er ist von Sokrates wie von einem Zitterrochen gelähmt, starr geworden an Seele und Mund, und daher gar nicht in der Lage, ihm eine Antwort zu geben, wo er doch „schon tausend Mal vor vielen Leuten unzählige Reden über die Tugend gehalten" hat (80b1–3). Gar nicht scherzhaft gemeint ist dagegen die Gleichsetzung des Sokrates mit einem Hexer: Menon sieht sich von Sokrates behext (γοητεύεις με), das ist das erste Wort, mit dem Menon Sokrates' Wirkung auf ihn bezeichnet, und Hexer (γόης) ist das vorletzte Wort in dieser kurzen Rede Menons (80b6): In einer Stadt außerhalb Athens würde er, wie Menon ihm ankündigt, wohl als Hexer verhaftet werden.

Sokrates geht in seiner Antwort auf den Vorwurf der Hexerei gar nicht ein, sondern hält sich an das Bild des starr machenden Zitterrochens. Nur wenn er als Zitterrochen ebenfalls starr ist, wie diejenigen, die durch seine Berührung starr werden, dann will er diesen Vergleich für sich gelten lassen, sonst aber nicht (80c6–7). Denn, wie Sokrates betont, es ist „ja nicht so, dass ich alle anderen dazu bringe, nicht mehr weiter zu wissen, während ich selbst einen Ausweg weiß", sondern als jemand, der selbst nicht mehr weiter weiß, bringe er alle anderen dazu, nicht mehr weiter zu wissen (80c7–d1). Und er fügt hinzu, dass er auch jetzt nicht weiß, was die Tugend ist.

> Früher allerdings hast du es vielleicht einmal gewusst, bevor du mit mir in Berührung kamst, jetzt allerdings bist du einem ähnlich, der es nicht weiß. Trotzdem will ich mit dir gemeinsam suchen und untersuchen, was sie wohl ist. (80d2–4)

Menon hat sein Nichtwissen eingeräumt, seine Aporie (80a3), er, der doch zu Beginn des Gespräches (72a2) versichert hat, die Antwort auf die Frage, was die Tugend sei, stelle keine Aporie dar. Sokrates kann daher die Fiktion, Menon müsse nur sagen, was er in dieser Sache von Gorgias gehört hat, die bei seinen früheren Aufforderungen eine Rolle spielte (vgl. 71d4–8, 73c5–6, 76a9–b1, 79e4–5), jetzt und bei den beiden nachfolgenden Aufforderungen unterlassen. Es ist das erstmalige Eingeständnis seines Nichtwissens, mit dem sich Menon nun dem Einfluss des Gorgias entzogen hat. Sokrates hält jedoch an der Notwendigkeit einer Suche nach dem Was der Tugend, ganz anders als Menon, nachdrücklich fest, bietet Menon aber nun an, da sie beide Unwissende seien, mit ihm gemeinsam an die Klärung dieser Definitionsfrage zu gehen (80d3–4). Menon ist dazu allerdings keineswegs bereit und verlegt sich auf ein weiteres Ausweichmanöver:

> Und wie willst du denn das suchen, Sokrates, von dem du überhaupt nicht weißt, was es ist? Denn als Ding mit welcher Beschaffenheit unter den Dingen, von denen du dies nicht weißt, willst du es dir vorstellen, um es zu suchen? Und selbst wenn du genau auf das Gesuchte triffst, wie willst du wissen, dass dieses das dir unbekannte Ding ist? (80d5–8)

Dieser Einwand Menons hat es in der neueren Literatur zum *Menon* unter dem Titel ‚Menons Paradox' zu einer gewissen philosophischen Prominenz gebracht. Platon habe hier ein echtes Problem gesehen.[47] Dagegen ist zunächst einmal darauf zu verweisen, dass das Urteil des Sokrates zu diesem Argument Menons uneingeschränkt negativ ist. Schon in seiner ersten Reaktion wird es ‚eristisch' genannt:

> Ich verstehe, was du sagen willst, Menon. Siehst du, was für ein eristisches Argument du da ausspinnst, dass es also einem Menschen weder möglich ist, zu suchen, was er weiß, noch, was er nicht weiß; denn er würde ja wohl nicht suchen, was er weiß, – denn er weiß es ja, und für so jemanden ist eine Suche überflüssig – noch, was er nicht weiß, – denn er weiß ja nicht, wonach er suchen soll. (80e1–5)

Auch nachdem Sokrates den Anamnesis-Mythos dargestellt hat, heißt es, dass man dem von Menon vorgebrachten eristischen Argument nicht glauben soll, da es uns träge macht und „Musik in den Ohren der Weichlinge" ist (81d5–e1). Und die von Sokrates vertretene Meinung, dass die Überzeugung, wir müssten suchen, was wir nicht wissen, uns besser macht und weniger träge als das von Menon vorgebrachte Argument (86b7–c2), zeigt abermals das negative Verständnis dieses Argumentes bei Sokrates.

Hinzu kommt, dass ganz ähnliche Argumente etwa im *Euthydemos* (vgl. 275d–278b) von Sokrates als auf einer Doppeldeutigkeit des griechischen Wortes μανθάνειν beruhend zurückgewiesen werden: dieses Wort kann sowohl ‚lernen' wie ‚verstehen' heißen. Es wäre zumindest einigermaßen erstaunlich, wenn Platon im *Menon* eine ganz andere Bewertung des vorgebrachten Argumentes für angemessen halten würde. Dafür liefert der Text des Dialoges selbst jedenfalls keine Hinweise. Das heißt wiederum nicht, dass dieser Einwand Menons und die Fassung, die ihm Sokrates gibt, nicht eine genauere Untersuchung verdienen, zumal da Sokrates das Argument Menons nicht einfach wiederholt, sondern ihm die Form eines Dilemmas gibt, in dem der ursprüngliche Einwand Menons lediglich zum zweiten Horn des Dilemmas wird.

An der Äußerung Menons fällt auf, dass sie an der Vorstellung einer gegenstandsbezogenen Suche orientiert ist. Das lässt sich ablesen sowohl an der Rede davon, dass man sich das gesuchte Ding als eines mit bestimmter Beschaffenheit vorstellen, es sich vor Augen stellen können muss, als auch davon, dass man zufällig darauf stoßen kann. All das macht Sinn bei einer Suche nach Dingen

---

47 S. dazu Appendix III.

oder Personen.⁴⁸ Wenn mir eine Person gänzlich unbekannt ist, ich weder ihr Aussehen noch ihren Namen kenne oder sonst etwas von ihr weiß, dann ist eine Suche nach ihr in der Tat unmöglich. Menon hat durchaus mit Bedacht in seinen Einwand die Wendung eingebaut, mit der Sokrates zu Beginn ihres Gespräches, zunächst in den Worten des fingierten Atheners (71a6), dann in seinen eigenen Worten (71b3) seine gänzliche Unkenntnis dessen, was die Tugend sei, zum Ausdruck gebracht hatte: das „überhaupt" (nicht): τὸ παράπαν (80d6).

Aber diese Vorstellung eines gegenstandsbezogenen Suchens ist dort fehl am Platze, wo es etwa um die Lösung einer mathematischen Aufgabe geht. In diesem Fall geht es um die Suche nach etwas, das bestimmte Bedingungen erfüllen muss, so wie beispielsweise bei der Lösung der Aufgabe, mit der später der Sklave konfrontiert wird, nämlich eine Linie zu finden, auf der sich das doppelt so große Quadrat errichten lässt. Hier muss gezeigt werden, dass eine bestimmte, auf einer Linie errichtete Figur tatsächlich der Bedingung genügt, doppelt so groß zu sein wie die Ausgangsfigur. Und die Suche nach der Definition der Tugend ist klarerweise von der letzteren Art: Das gesuchte Definiens muss, wie die erste Definition der Figur durch Sokrates klar gemacht hat, jedenfalls die Bedingung erfüllen, dass es mit dem Definiendum koextensiv ist.

Sokrates geht in der Fassung, die er dem Argument Menons gibt, auf die diesem Einwand zugrundeliegende Vorstellung einer gegenstandsbezogenen Suche gar nicht ein. Darüber hinaus verallgemeinert er Menons Argument: während Menon sich unmittelbar an Sokrates gewandt und ihn in der zweiten Person Singular angeredet hat, spricht Sokrates davon, dass es „einem Menschen" nach Menon nicht möglich ist zu suchen, weder was er weiß, noch was er nicht weiß. Was Menon als eine Schwierigkeit für seinen Gesprächspartner aufgefasst hatte, wendet Sokrates zu einem ganz allgemeinen Problem. Erst in dieser Allgemeinheit lässt sich der Einwurf Menons überhaupt auf die Untersuchung beziehen, mit der sie beide befasst sind. Entscheidend ist aber, dass Menon diese Umformulierung seines Argumentes, wie seine Reaktion 81a1–2 zeigt, sofort übernimmt und von Sokrates nur wissen will, ob er nicht den Eindruck habe, dass dieses Argument schön formuliert sei. Sokrates verneint das knapp, und auf Menons Aufforderung, diese Position zu begründen, erwidert Sokrates mit einer erstaunlich mythologischen Darstellung.

---

48 Das Verbum προτίθεσθαι hat die Bedeutung ‚etwas vor sich hinstellen', etwa sich ein Ziel (σκοπός) setzen; ἐντυγχάνειν hat den Sinn von ‚zufällig auf etwas treffen', z. B. auf eine Person.

Sokrates über Wiedererinnerung und die sog. Geometriestunde (81a5–86d2)

Die folgenden Seiten des *Menon* (81a5–86c5) dürften wohl zu den bekanntesten, aber auch zu den umstrittensten Texten der griechischen Philosophie gehören. Die gesamte Passage ist in drei klar unterschiedene Teile gegliedert. In einem ersten Teil scheint Sokrates in monologischer Rede eine religiöse Lehre vorzubringen, in der es um das Schicksal menschlicher Seelen in einem Jenseits und die dort vor der Geburt erworbenen Kenntnisse geht. Der zweite Teil führt in einem Gespräch zwischen Sokrates und einem Sklaven Menons zur Lösung eines geometrischen Problems, dem der Quadratverdoppelung. Zu diesem Gespräch mit dem Sklaven Menons kommt es, weil Menon einen Nachweis für die These verlangt, die eine Konsequenz der von Sokrates dargestellten religiösen Lehre zu sein scheint, nämlich einen Nachweis der These, dass es möglich sei, sich an Dinge zu erinnern, welche die Seele vor der Geburt in einem Jenseits zur Kenntnis genommen hat. In einem dritten Teil wird schließlich in einem Gespräch zwischen Sokrates und Menon über die mit dem Sklaven erreichte Lösung der Quadratverdoppelung ein Fazit gezogen, das dem Anschein nach das Finden der Lösung durch den Sklaven als Beleg für die Fähigkeit der Wiedererinnerung an vorgeburtliches Wissen darstellt.

Aber dieses Bild, das sich bei einer unbefangenen ersten Lektüre dieses Textstücks bietet, bekommt bei genauerem Hinsehen doch sehr bald auch Risse. Ist es schon schwer verständlich, dass Sokrates innerhalb eines Gespräches mit einem einigermaßen trickreichen Partner, dem bisher jedes Mittel recht schien, sich einer Niederlage im dialektischen Gespräch zu entziehen, plötzlich auf die Überzeugungskraft einer doch durchaus nicht unmittelbar einleuchtenden religiös begründeten Lehre bauen will, so wird die Auffassung, Sokrates vertrete hier eine eigene religiöse Überzeugung erst recht wankend, wenn eben dieser Sokrates am Ende des Gespräches mit Menon über die Geometriestunde auf ein Kompliment Menons erwidert:

> Was ich sonst für mein Argument vorgebracht habe, das würde ich nicht wirklich durchfechten wollen. Dass aber die Überzeugung, man müsse suchen, was man nicht weiß, uns besser macht und mannhafter und weniger träge als der Glaube, was wir nicht wissen, das sei weder möglich zu finden noch nötig zu suchen, dafür würde ich wirklich streiten, wie ich nur kann, in Wort und Tat. (86b6–c2)

Da Sokrates gerade vorher (86b1–4) die mythologische Deutung der Anamnesis, die Unsterblichkeit der Seele als Bedingung der Wiedererinnerung noch einmal knapp zusammengefasst hat, dürfte sich seine einschränkende Bemerkung auf diese mythologische Deutung beziehen. Das will Sokrates nicht wirklich durchfechten. Aber warum wird dann diese religiöse Lehre von ihm überhaupt eingeführt? Und was wird mit ihr gesagt, und wie wird es gesagt?

(a) Die Rede des Sokrates (81a5–e2)

Platon hat die Rede, mit der Sokrates auf Menons Einwand gegen die Möglichkeit des Suchens antwortet, so inszeniert, dass Sokrates schon nach seinen ersten Worten von Menon zweimal ungeduldig unterbrochen wird, der nach der weihevollen Eröffnung sofort wissen will, um was für ein Argument es sich handelt, und der bei seinem zweiten Einwurf auch wissen will, wer denn diejenigen sind, die diesen Logos vorbringen. Auf die erste Frage nach dem Argument bekommt Menon zu hören, dass es wahr und, wie es Sokrates scheint, schön sei. Also eine Antwort, die zum Inhalt nichts sagt und damit auf die Frage Menons gar nicht eingeht. Auch diese hinhaltende Antwort des Sokrates zeigt ebenso wie Menons Ungeduld, dass Platon wiederum Sinn für komödiantische Effekte hat. Menons Frage nach den Personen, die das von Sokrates in Aussicht gestellte Argument vertreten, wird mit der gleichen Feierlichkeit beantwortet, die schon die erste Ankündigung des Sokrates charakterisierte, und inhaltlich bleibt sie genauso unbestimmt: es seien „Männer und Frauen, die in göttlichen Dingen bewandert sind" (81a5), außerdem „Priester und Priesterinnen, denen daran gelegen ist, von den Dingen, die sie verwalten, Rechenschaft geben zu können" (81a10–11), sowie schließlich Pindar und „viele andere unter den Dichtern, soviel ihrer göttlich sind" (81b1–2). Mit Ausnahme des Dichters Pindar bleiben alle anderen Autoritäten namenlos.[49]

Erst nachdem Sokrates die Reihe der Autoritäten angeführt hat, wird ihr Argument selbst dargestellt: Sie vertreten die Unsterblichkeit der Seele des Menschen (81b3) und daraus wird nach dem Pindar-Zitat nun gefolgert – ob auch von diesen Autoritäten selbst, bleibt unklar –, dass die Seele im Kreislauf ihrer Existenzen die Dinge hier und die Dinge im Hades gesehen hat und dass es daher nichts gibt, was sie nicht gelernt hat (81c5–8). Aber noch bevor Sokrates diese religiöse Lehre der angeführten Autoritäten darstellt, fordert er seinen Gesprächspartner auf, zu prüfen, ob sie ihm „die Wahrheit zu sagen scheinen" (81b2–3).

Neben der gespielten Feierlichkeit ist an dieser Rede noch etwas anderes auffallend: Sokrates erwidert einem Menon, der sich in seiner Rede 79e6–80b6 typisch gorgianischer Stilmittel bedient hatte, nun seinerseits unter Einsatz der

---

[49] Dass das Dichterzitat Pindar zuzuschreiben ist, hat Rose 1936 m. E. überzeugend nachgewiesen.

für Gorgias typischen rhetorischen Mittel: so die Reime in 81a5: ἀνδρῶν τε καὶ γυναικῶν σοφῶν, in 81a10: τῶν ἱερέων τε καὶ τῶν ἱερειῶν, in 81a10–11: ὅσοις (…) οἵοις, in 81a11: τ' εἶναι διδόναι, in 81b1: ἄλλοι πολλοὶ τῶν ποιητῶν ὅσοι θεῖοί εἰσιν, in 81c5–6: γεγονυῖα καὶ ἑωρακυῖα. Oder die Alliterationen, in 81a11: μεμέληκε (…) μεταχειρίζονται, in 81b5–6: δεῖν δὴ διὰ (…) διαβιῶναι τὸν βίον. Oder das Paromoion in 81c6: καὶ τὰ ἐνθάδε καὶ τὰ ἐν Ἅιδου. Auch die zahlreichen Hyperbata, die Trennung syntaktisch zusammengehörender Satzglieder, die figura etymologica 81b6: διαβιῶναι τὸν βίον zeigen, dass Platon seine Figur Sokrates hier den Stil des Gorgias imitieren lässt.[50]

Was die religiös begründete Lehre der Wiedererinnerung zusammen mit der Lehre einer Unsterblichkeit der Seele angeht, so wird in der Literatur dazu eine Herkunft, sei es aus der pythagoreischen Tradition, sei es aus orphischen Quellen vermutet. Da Sokrates es hier aber mit Menon als Gesprächspartner zu tun hat, scheint die naheliegendste Erklärung die zu sein, dass Sokrates hier auf Empedokles zurückgreift, dessen Lehren, wie die Stelle 76c7–8 zeigt, Menon schließlich kennt.[51] Empedokles berichtet in den *Katharmoi* von seiner Erinnerung an frühere Existenzen als „junger Mann, junge Frau, Gebüsch, Vogel und Fisch" (DK 31 B 115, 117). Überdies ist in diesem Gedicht von einem Mann, möglicherweise Pythagoras, die Rede, der „ohne Mühe ein jedes aller seienden Dinge sah, was in zehn oder zwanzig Lebenszeiten der Menschen geschah" (DK B 129). Auch weiß Empedokles aus der Unterwelt zu berichten (DK 31 B 122, 123). Und die Distanzierung der eigenen Redeweise von jener der Sterblichen, wie sie Sokrates in seiner Rede vornimmt (81b4, d2–3), findet eine Entsprechung bei Empedokles (vgl. DK 31 B 8, B 10, B15). Dass Menon sich in dieser Vorstellungswelt des Empedokles auskennt, zeigt seine Reaktion auf die Rede des Sokrates: Er will nämlich wissen, ob Sokrates seine These, dass das, was wir Lernen nennen, Erinnern ist, uneingeschränkt (ἁπλῶς), nämlich wohl nicht auf Personen wie Empedokles oder Pythagoras beschränkt, behaupten will.[52] Denn das ist ja für jemanden, der die Tradition eines durch Empedokles vermittelten Pythagoreismus kennt, in der Tat nicht ohne weiteres einsichtig. Es entbehrt wiederum nicht einer gewissen Komik, dass Menon nicht etwa an der Vorstellung, unser Lernen sei bloße Wiedererinnerung, Anstoß nimmt, sondern nur danach fragt, ob das nun auch für alle Menschen gelten soll.

---

50 Zu den für Gorgias typischen Stilmitteln vgl. Blass 1887, 64–71.
51 So auch Tarrant 2005, 45.
52 Seit Stallbaum lesen alle modernen Herausgeber fälschlich an der Stelle 81e3 mit Stobaios und der Handschrift F ἀλλὰ πῶς λέγεις τοῦτο anstatt des von BTWYΛ bezeugten ἀλλ' ἁπλῶς λέγεις τοῦτο. Vgl. dazu ausführlich Appendix IV.

Nun ist diese Mischung aus gorgianischer Rhetorik und empedokleischer Philosophie nichts, was hier zum ersten Mal im Gespräch mit Menon auftritt. Das waren auch die Ingredienzien der „theatralischen", von Menon so bewunderten Antwort, mit der Sokrates 76c–d die Erklärung der Farbe gegeben hatte. Und hier wie dort wird das Ganze mit einem Pindar-Zitat garniert. Zwar wird an der Stelle 81a–d weder der Name des Gorgias noch der des Empedokles erwähnt, aber für den zeitgenössischen griechischen Leser dürften die Imitation gorgianischer Stilmittel und die Vorstellungswelt der empedokleischen *Katharmoi* unschwer zu erkennen gewesen sein. Aber diese Übereinstimmung ist noch nicht alles. Menon hatte an der früheren Stelle zu Sokrates gesagt, er würde in Athen bleiben, „wenn du mir viele solche Erklärungen geben würdest" (77a1–2). Und Sokrates hatte darauf erwidert:

> An mangelnder Bereitschaft meinerseits, dir solche Erklärungen zu geben, soll es aber nicht liegen, sowohl deinet- als auch meinetwegen. Ich werde jedoch wohl nicht in der Lage sein, viele derartige Erklärungen zu geben. (77a3–5)

Wenn Platon seinen Sokrates sagen lässt, es mangele nicht an seiner Bereitschaft, seinem Gesprächspartner auch weitere Antworten in der von Menon bewunderten Art zu geben, nur mit vielen derartigen Erklärungen werde er nicht dienen können, so ist das aus der Sicht des Autors ein Hinweis darauf, dass der Leser mit wenigstens einer weiteren Erklärung dieser Art wird rechnen dürfen. Der Text der Stelle 81a–d erfüllt alle Voraussetzungen, die mit dieser Ankündigung gesetzt worden sind. Gorgias ist hier ebenso präsent wie Empedokles. Damit dürfte aber für die spätere Stelle auch das gelten, was Sokrates an der früheren feststellt: Sie ist wohl so formuliert, wie Menon es gewohnt ist. Und die Distanzierung, die Sokrates an der früheren Stelle mit der Charakterisierung seiner Erklärung der Farbe als „theatralische" Antwort vorgenommen hatte, sollte dann wohl auch für die spätere Stelle gelten, jedenfalls was ihre im engeren Sinne mythologischen Aussagen angeht; in der Tat distanziert sich Sokrates, wie oben schon gesagt, am Ende der Diskussion mit Menon über die Geometriestunde von diesen Elementen, wenn er erklärt, dass er das, was er sonst für sein Argument vorgebracht habe, nicht wirklich durchfechten wolle (vgl. 86b6–7). Nur für die Behauptung, dass wir besser werden, wenn wir das, was wir nicht wissen, zu suchen unternehmen, dafür würde er in Wort und Tat streiten (86b7–c2). Dem Leser signalisiert Platon mit dieser in gorgianischer Redeweise verfassten Darstellung, von der Sokrates sich dann später auch noch ausdrücklich distanziert, dass hier keineswegs eine „Anamnesis-Lehre" vorgetragen werden soll. Weder in Syrakus noch in Athen würde er mit einer derartigen „Lehre" ernst genommen werden. Die gespielte Feierlichkeit seiner Worte ist in Wahrheit Teil einer Komödie[53].

Welchen Sinn hat aber dann dieser Ausflug des Sokrates in die Mythologie empedokleischer Jenseitsvorstellungen im Gespräch mit Menon? Vor allem: Wieso ist das eine Erwiderung auf Menons eristischen Logos, mit dem die Möglichkeit des Suchens von etwas nicht Gewusstem geleugnet wird? Sokrates erinnert Menon daran, dass auch in der ihm bekannten Vorstellungswelt des Empedokles eine Vergegenwärtigung früherer Existenzen möglich ist, also von etwas, das dem Menschen normalerweise nicht vor Augen steht, das also vergessen war. Außerhalb des mythologischen Kontextes lässt sich der Hinweis auf das psychologische Phänomen der Wiedererinnerung, der Erinnerung von Dingen, die wir vergessen hatten, als ein Beleg dafür lesen, dass wir jedenfalls nach Dingen, die wir nicht (mehr) wissen, weil wir sie vergessen hatten, doch sehr wohl erfolgreich suchen können. Dass wir Vergessenes wieder bewusst machen können, zeigt jedenfalls, dass es einen Bereich von Nicht-Gewusstem gibt, in dem eine Suche, entgegen Menons These, durchaus erfolgreich möglich ist.

Menon reagiert auf die Rede des Sokrates 81a5–e2 mit der Frage, ob Sokrates die vorgetragene These „uneingeschränkt" (ἁπλῶς 81e3) behaupten will, und bittet um einen Nachweis dafür, dass es sich so verhält, wie Sokrates behauptet (81e4–5, 82a4–5). Was wäre eine eingeschränkte Behauptung? Worauf wäre sie eingeschränkt? Offenbar auf die großen Geister wie Empedokles oder Pythagoras, die sich an ihre vorgeburtlichen Erfahrungen erinnern können. Das mag Menon aus seiner Kenntnis der empedokleischen Philosophie bekannt sein, was ihm aber in der Darstellung des Sokrates ungewohnt und neu erscheinen muss, ist die Behauptung, dass „die Seele des Menschen" (81b3), dass also jeder Mensch, da seine Seele alles gesehen und gelernt hat, sich nun an alles wiedererinnern kann. Die Allgemeinheit dieser Behauptung ist für Menon erstaunlich. Daher will er wissen, ob Sokrates die Uneingeschränktheit dieser Fähigkeit nachweisen kann. Und Sokrates führt den Nachweis dafür, dass die vorgetragene Lehre für alle Menschen gilt, in der Weise, wie sich die Allgemeinheit einer derartigen Behauptung beweisen lässt, nämlich durch den Nachweis an einem beliebig und zufällig

---

[53] Gänzlich anders liest Szlezák 1985, 183 diese Stelle: hier hole Sokrates „sehr unvermittelt die Überzeugung von der Unsterblichkeit der Seele und ihrer jenseitigen Schau aller Zusammenhänge hervor – τιμιώτερα im wahrsten Sinne des Wortes, (...) deren ‚höherer Rang' durch die Berufung auf rechenschaftsfähige Priester und Priesterinnen angedeutet wird (81a5–b1)". Warum dann nur die Distanzierung des Sokrates 86b6–c2, eines Sokrates, dem an der ganzen, Menon gegenüber kommentierten Diskussion mit dem Sklaven nur das wichtig ist, dass wir durch Suchen besser werden; alles andere möchte er nicht durchfechten. Leider geht Szlezák auf diese die Diskussion abschließend bewertende Bemerkung des Sokrates nicht ein.

gewählten Menschen, dem Sklaven Menons. Die Beliebigkeit der Auswahl wird durch die Aufforderung an Menon unterstrichen, aus seinen vielen Begleitern, einen „wen immer du willst" (82b1), zu wählen. Nur dass er Griechisch kann, ist wichtig (82b3–4).

(b) Das Gespräch mit dem Sklaven Menons (82b8–85b6)

Das Gespräch, das Sokrates mit dem Sklaven Menons führt, ist immer auch an Menon gerichtet, und es wird daher auch zweimal durch kommentierende und für Menon bestimmte Bemerkungen des Sokrates unterbrochen (82e4–13, 84a3–d3). Das Gespräch mit dem Sklaven Menons zerfällt dadurch in drei Teile: der erste führt zur ersten irrtümlichen Antwort des Sklaven (82b8–e3), der zweite zum Eingeständnis seines Nichtwissens, zum Erreichen der Aporie (82e14–84a2) und der dritte schließlich zum Finden der Lösung (84d4–85b6).

Sokrates erklärt dem Sklaven zunächst, was ein Quadrat ist, nämlich ein viereckiges[54] Flächenstück[55] mit vier gleich langen Seiten (82b8–c2) und zwei Diagonalen gleicher Länge,

---

54 Die Übersetzer geben den Ausdruck τετράγωνον an den Stellen 82b8 und 82b9–10, mit den Ausnahmen von Apelt und Rufener, so gut wie immer mit ‚Quadrat' bzw. ‚quadratisch' wieder. Auf die Bedeutung ‚Quadrat' wird das Wort τετράγωνον bei Euklid (*El.* I, Def. 22) festgelegt. Aber dies scheint nicht der Sinn des Ausdrucks zur Zeit Platons zu sein. Platon könnte im *Timaios* 55b7, c2f., e6 nicht von einem Quadrat als ἰσόπλευρον τετράγωνον sprechen, wenn jedes τετράγωνον gleichlange Seiten hätte. In der hippokratischen Schrift *De Articulis* (*Über das Einrenken der* nämlich zwei gleich langen Linien, „die durch die Mitte gehen", AC und BD (82c2–3). Das ist eine ganz elegante Definition des Quadrates, da sie nur vom Begriff der Längengleichheit Gebrauch macht. Ein Viereck mit vier Seiten gleicher Länge ist ein Rhombus, erst die gleiche Länge der Diagonalen sichert die Rechtwinkligkeit der Figur, denn in allen Rechtecken sind die Diagonalen gleich lang.[56]

Gelenke) wird eine Anweisung für die Herstellung eines Streckbettes, des sog. *scamnum Hippocratis*, gegeben, für das der Arzt ein viereckiges Brett (ξύλον τετράγωνον) mit den Maßen zwei mal sechs Fuß nehmen soll (*De Art.* 72). Da das griechische Wort von seiner Zusammensetzung her das Verständnis als Viereck nahelegt), ist hier die Bedeutung ‚Viereck' bzw. ‚viereckig' passend, nicht dagegen ‚Quadrat' oder ‚quadratisch'. Zum Begriff des Quadrates führt Sokrates den Sklaven dann durch eine fortschreitende Spezifizierung. Im *Menon* wird zwar beispielhaft die Verdoppelung des Quadrates behandelt, aber einen Ausdruck für ‚Quadrat' gibt es dort nicht. Sokrates benutzt den Ausdruck τετράγωνον (und dort nur als adjektivische Bestimmung zu χωρίον) lediglich zu Beginn der ‚Geometriestunde' (82b8, 82b9–c1) und bezieht sich auf die gezeichneten Quadrate später stets nur mit dem Wort χωρίον (s. die folgende Anmerkung).

55 Der griechische Ausdruck ist χωρίον (Chorion). Für das griechische Wort verwende ich den Begriff ‚Flächenstück'. Das Wort χωρίον ist bei Euklid mehrfach belegt, häufig vor allem im Buch X, wird aber von ihm nicht definiert. Der Gebrauch in den *Elementen* zeigt aber, dass darunter geradlinig begrenzte ebene Figuren verstanden werden. Dieser Gebrauch liegt auch an der späteren Stelle im *Menon* vor, bei der es um die Möglichkeit der Einbeschreibung eines gegebenen beliebigen χωρίον als Dreieck in einen gegebenen Kreis geht (86e6–87a6). Die hierfür notwendigen Umformungen lassen sich nur bei geradlinig begrenzten Figuren vornehmen.

56 In der Mehrzahl der Kommentare werden die „Linien, die durch die Mitte gehen" (82e2–3), als Mittelparallelen der gezeichneten Figur aufgefasst. Damit hätte Sokrates aber gar kein Quadrat, sondern nur einen Rhombus gezeichnet, denn in allen Rhomben sind die Linien, die parallel zu den Seiten des Rhombus verlaufen, gleich lang. Bluck 1961, 293 ad 82b9 sagt denn auch: „This is not an exact definition of a square, as a rhombus might equally well be thus described. But Socrates' figure would show what he was talking about (...)". Das wäre allerdings eine merkwürdige Mathematikstunde! Zu 82c2, zu den Linien, „die durch die Mitte gehen", versichert Bluck: „These are not diagonals (diagonals, διάμετροι, are mentioned for the first time at 85b4), but transversals joining the mid-points of opposite sides of the square." An der Stelle 85b4 erhält diese Linie nur ihren wissenschaftlichen Titel ‚Diagonale', erwähnt ist sie, von der strittigen Stelle 82c2 abgesehen, auch etwa als „Linie, die von Winkel zu Winkel verläuft" 84e4–85a1 und in den Bemerkungen, die dann zu 85b4 hinführen. Auch kann der Sklave das neue Quadrat, dessen Grundlinie die Diagonale des Ausgangsquadrates ist, nur deshalb als Quadrat erkennen, weil in ihm ebenfalls die Seiten gleich lang sind, nämlich die Diagonalen des vervierfachten ursprünglichen Quadrates, und weil in ihm wiederum zwei Diagonalen von gleicher Länge vorliegen, nämlich die verdoppelten Seiten des ursprünglichen Quadrates. Dass Sokrates, wie Bluck 1961, 294 meint, diese Mittelparallelen einführt, damit dem Sklaven die Größenbestimmung des Quadrates erleichtert wird, ist eine bloße Spekulation. – Unter den älteren Kommentaren weist E. S. Thompson 1901, ad 82c4 darauf hin, dass wenn die in 82c7 erwähnten Linien die Diagonalen wären, eine korrekte Definition eines Quadrates vorläge, aber er will diese Deutung nicht

Sokrates beginnt sein Gespräch mit dem Sklaven, indem er ihn fragt:

> Sage mir, Junge, erkennst du, dass das hier ein viereckiges Flächenstück sein soll? (82b8–9)

Das kann der in der Geometrie ganz ungeübte Sklave in der Tat erkennen, nämlich mit seinen Augen wahrnehmen. Er könnte kaum erkennen, dass dieses Flächenstück ein Quadrat ist, denn dazu gehört die Vorstellung der Längengleichheit, und die ist nicht mit den Augen zu sehen, sondern ist ein Begriff, den wir uns mit Hilfe der logischen Operationen der Verneinung und der Konjunktion bilden. Wenn eine Strecke a nicht länger ist als eine Strecke b und wenn umgekehrt b nicht länger ist als a, dann sind beide gleich lang. Darum wird der Begriff eines Quadrates hier eben auch ausgehend vom Begriff des Vierecks durch die Annahme von vier gleich langen Seiten (82b9–c1) und von zwei gleich langen Diagonalen (82c2–3) gewonnen.

Nachdem erklärt worden ist, dass eine Figur des vorgestellten Typs, ein Quadrat, größer und kleiner sein kann, wird dem Sklaven das Problem der Quadratverdoppelung klar gemacht, und zwar unter der Annahme, dass die Seite des Ausgangsquadrates zwei Fuß lang sein soll (82c4–6). Da das gezeichnete Quadrat dann eine Größe von vier Quadratfuß hat, muss das doppelt so große acht Quadratfuß enthalten (82d4–7). Auf die Frage nach der Grundseite des doppelten Quadrates gibt der Sklave voller Überzeugung die falsche Antwort:

> Es ist doch klar, Sokrates, dass sie doppelt so lang sein wird. (82e2–3)

Das ist nun für Sokrates ein Anlass, sich an Menon zu wenden:

> Siehst du, Menon, dass ich ihn nichts lehre, sondern ihn alles nur frage. Jetzt glaubt er noch zu wissen, was für eine Seite es ist, auf der das acht Fuß große Flächenstück sich errichten lässt. Oder hast du nicht diesen Eindruck? (82e4–6)

Das kann Menon nur bejahen. Nachdem Sokrates sich von Menon noch einmal hat bestätigen lassen, dass der Sklave unwissend ist und irrtümlich die doppelte Seite des Ausgangsquadrates für die gesuchte Linie hält (82e8–11), schließt er diese Unterbrechung des Gespräches mit der Bemerkung an Menon:

übernehmen. Zur Deutung dieser Linien als Diagonalen vgl. schon Mugler 1948, 388, s. Ebert 1974, 100 und Ebert 2007b, 190f. sowie die Untersuchung dazu von Boter 1988, die Bemerkungen von Weiss 2001, 84–85 sowie jetzt a. Ionescu 2007, 167–170. Auch könnte Sokrates den Sklaven kaum dazu auffordern, die Linie zu zeigen, auf der sich das gesuchte Quadrat errichten ließe (84a1), wenn diese Linie nicht bereits gezogen wäre.

> Sieh nun genau hin, wie er sich schrittweise wiedererinnern wird, so wie es beim Wiedererinnern sein muss. (82e12–13)

Zum Sinn dieses ‚schrittweise' (ἐφεξῆς) zitiere ich hier zunächst nur zwei Kommentatoren. Bluck 1961, 297 meint dazu: „We have seen above (81d) that it is possible through remembering one thing to be reminded of another, and it is probably with reference to this fact that Socrates now says that one must recollect things ‚in order'. But we are not told what the relationship is between the things here in question, or in *what* order they should be recollected." Scott, der an der Stelle 81c9–d3 die Einführung von einem „significant epistemological theme, viz. that the recollection of one proposition creates an associative link that leads to the next" sieht, verbindet das wie folgt mit dem Text unserer Stelle: „This will be picked up when Socrates insists that the boy recollects sequentially (82e12) …". Was bei Bluck noch eine vorsichtige Vermutung war, ist bei Scott die Feststellung einer Tatsache. Ich werde auf die Frage des Verständnisses eines schrittweisen Sich-Erinnerns bei der Besprechung der Stelle 84a3–4 zurückkommen.

Sokrates wendet sich dann wieder zum Sklaven, referiert dessen (falsche) Antwort (82e14–83a1) und setzt ihm auseinander, dass mit dem doppelten Flächenstück eines gemeint ist, das an allen Seiten gleich lang ist, wie das erste, aber doppelt so groß, nämlich acht (Quadrat-)Fuß, und fragt ihn noch einmal, ob das gesuchte Flächenstück seiner Meinung nach sich auf der doppelten Seite soll errichten lassen (83a1–3). Der Sklave bleibt bei seiner Meinung (83a4). Sokrates verlängert dann eine Seite des ursprünglichen Quadrates (83a4–5) und erkundigt sich beim Sklaven:

> Auf dieser lässt sich also, so deine Behauptung, das acht Fuß große Flächenstück errichten, sobald man vier Seiten von eben dieser Länge hat? (83a5–b1)

Nachdem der Sklave das bejaht hat, zieht Sokrates nun alle vier gleich langen doppelten Seiten des ursprünglichen Quadrates aus und hat damit eine quadratische Figur, deren Seiten alle der doppelten Seite des Ausgangsquadrates entsprechen (vgl. 83b1–2). Und wieder wird der Sklave gefragt:

> Das hier wäre, so deine Behauptung, genau das Flächenstück von acht Fuß? (83b2)

Auf die selbstsichere Antwort des Sklaven weist Sokrates ihn nun darauf hin, dass die gezeichnete Figur vier Quadrate enthält, von denen jedes dem vier Fuß großen Ausgangsquadrat entspricht (83b3–4). Mit etwas Nachrechnen wird nun auch der Sklave zu der Einsicht gebracht, dass sie es nun nicht mit einem doppelt, sondern einem vierfach so großen Quadrat zu tun haben (83b4–7), und dass auf der doppelt so langen Seite sich ein vierfach so großes Flächenstück, nicht aber das doppelt so große errichten lässt (83b7–c2). Das ist *in nuce* ein Beispiel einer elenktischen Befragung: Der Sklave wird zu der Erkenntnis gebracht, dass sich aus seinen Annahmen ein Widerspruch ergibt: „Das vierfach so große ist dann zweifach so groß?" (83b5–6), was er auch sofort als falsch verwirft. Dem Sklaven wird dann klar gemacht, dass die gesuchte Linie größer sein muss als die Grundlinie des Ausgangsquadrates und kleiner als die des vierfach so großen (83c7–d1). Der Sklave bestätigt das als seine Meinung und wird von Sokrates ausdrücklich dafür gelobt, dass er hier das sagt, was er meint (83d1–2).

Sokrates erwähnt nun die beiden Linien, die des Ausgangsquadrates und die des vierfach größeren, mit ihren respektiven Längen von zwei bzw. vier Fuß (83d3) und folgert dann, dass die Seite des acht Fuß großen Flächenstücks größer sein muss als die des zwei Fuß großen und kleiner als die des vier Fuß großen (83d4–5). Auf die Aufforderung hin, anzugeben, wie lang diese Seite dann sein soll (83e1), gibt der Sklave zur Antwort: Drei Fuß lang (83e2). Im Unterschied zu seiner ersten falschen Antwort 82e2–3, die er mit dem Ausdruck großer Sicherheit gegeben hat, lässt Platon ihn hier aber lediglich mit der knappen Angabe der von ihm vermuteten Länge antworten. Sokrates konstruiert nun wiederum ein Quadrat durch Verlängern der Seiten des Ausgangsquadrates zu Seiten von jeweils drei Fuß (83e2–5) und lässt sich dann vom Sklaven bestätigen, dass bei diesen Seitenverhältnissen das gesamte Flächenstück drei Mal drei Fuß misst (83e5–6). Die Reaktion des Sklaven verrät aber bereits, dass er seinen Irrtum erkannt hat: Sein „Es scheint so" (83e7) zeigt, dass ihm hier eine Antwort, die er von sich aus nicht gegeben hätte, abgenötigt worden ist. Sokrates lässt den Sklaven dann ausrechnen, dass drei Mal drei Fuß eben einen Inhalt von neun (Quadrat-)Fuß hat (83e7); da das gesuchte Flächenstück aber acht Fuß groß sein muss (83e8), ergibt sich, dass es sich auf der Linie von drei Fuß nicht errichten lässt (83e9–10). Sokrates wendet sich dann noch einmal an den Sklaven:

> Aber auf welcher denn? Versuche es uns genau zu sagen; und wenn du es nicht ausrechnen willst, dann zeige uns doch, auf welcher. (83e10–84a1)

Aber der Sklave kann hier nur sein vollständiges Nichtwissen bekennen:

> Aber beim Zeus, Sokrates, ich weiß es einfach nicht. (84a1–2)

Das ist für Sokrates nun ein Anlass, sich wieder an Menon zu wenden:

> Menon, merkst du nun, an welcher Stelle im Prozess des Wiedererinnerns er jetzt steht? Zu Anfang wusste er nicht, was die Seite des acht Fuß großen Flächenstücks ist, wie er es auch jetzt noch nicht weiß; aber vorher glaubte er es zu wissen, und gab ganz unbekümmert

seine Antworten, als ob er es wüsste, und er hatte nicht das Gefühl, er wisse nicht weiter; jetzt hat er aber schon das Gefühl, nicht weiter zu wissen, das heißt, er weiß es nicht, glaubt es aber auch nicht mehr zu wissen. (84a3–b1)

Während der Sklave vorher seine falschen Antworten mit dem Bewusstsein vermeintlichen Wissens gegeben hatte, was Sokrates damals in seiner Bemerkung an Menon auch deutlich als vermeintliches, als irrtümliches Wissen herausgestellt hatte (82e4–10), hat er selber nun sein Nichtwissen erkannt. Und während Sokrates seine damalige Feststellung über den Irrtum des Sklaven mit einer Bemerkung in Begriffen von Wiedererinnern abgeschlossen hatte („Sieh nun genau hin, wie er sich schrittweise wiedererinnern wird, so wie es beim Wiedererinnern sein muss." 82e12–13), stellt er hier seiner Erklärung über den bewusst gewordenen Irrtum des Sklaven eine Frage in Begriffen der Wiedererinnerung voran.

Auf die Bedeutung, welche die Rede von Wiedererinnerung an dieser Stelle hat, wird weiter unten noch einzugehen sein. Hier ist zunächst festzuhalten, dass Sokrates den Fortschritt betont, den der Sklave mit dem Bewusstsein seines Nichtwissens erreicht hat: Jetzt ist der Weg zur Erkenntnis nicht mehr durch ein vermeintliches Wissen blockiert. Und Sokrates geht es weiter darum, die Feststellungen über den Fortschritt, den der Sklave mit der Einsicht in sein Nichtwissen erreicht hat, auf die Situation Menons nach dessen eingestandener Aporie umzulegen. Er greift die Rede vom Zitterrochen, durch den sich Menon gelähmt sah (80a), auf und wendet sie auf die Situation des Sklaven an. Er lässt sich von Menon bestätigen, dass dem Sklaven die Aporie, in die er gebracht worden ist, keineswegs geschadet hat (84b3–7). Und auch hier lässt sich Platon nicht die Gelegenheit zu einer komödienhaften Szene entgehen, wenn er Sokrates, Menons Worte (vgl. 80b2–3) imitierend, vom Sklaven behaupten lässt, dass dieser vor Erreichen seiner Aporie glaubte, „ohne Schwierigkeiten oftmals vor vielen Leuten gut darüber zu reden, dass dem doppelten Flächenstück die doppelt so lange Linie zugrunde liegt" (84b9–c1). Für Menon ist die Geometriestunde jedenfalls in erster Linie ein Lehrstück über den Nutzen der Aporie.

Mit der abschließenden Bemerkung des Sokrates an Menon wird dieser aufgefordert, darauf zu achten, dass Sokrates dem Sklaven nichts beibringen (oder lehren), sondern nur dessen Meinungen erfragen wird (84c9–d3). Es verdient vielleicht Hervorhebung, dass dieses Mal von einem Sich-Erinnern des Sklaven nicht geredet wird. Damit kann Sokrates sich nun wieder dem Sklaven zuwenden und mit ihm die Lösung der Frage finden.

Sokrates bereitet diese Lösung in der Weise vor, dass er zunächst das vorliegende vier Fuß große Quadrat durch drei weitere Quadrate zu einem größeren Quadrat ergänzt, das nun die vierfache Größe des Ausgangsquadrates hat (84d4–e2). Gesucht wird aber ein nicht vierfach, sondern nur doppelt so großes Quadrat

(84e3–4). Dann zieht Sokrates in jedem der vier Quadrate, aus denen das große Quadrat besteht, die Diagonale, die „Linie, die von Winkel zu Winkel verläuft" (84e4), und fragt den Sklaven, ob sie nicht jedes der vier (quadratischen) Flächenstücke halbiert (84e4–85a1), was dieser bejaht. Anschließend stellt Sokrates die Frage:

> Erhalten wir dann nicht vier gleich lange Linien, die dieses Flächenstück hier einschließen? (85a2–3)

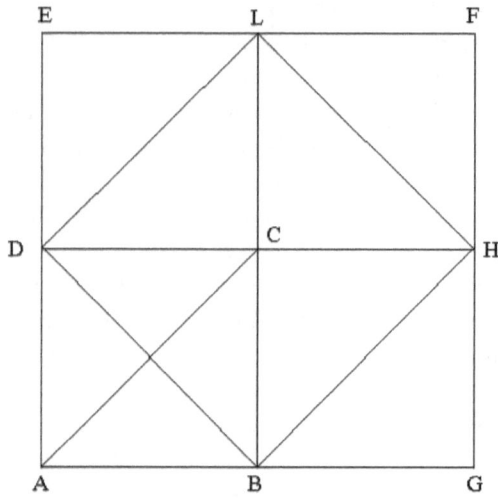

Mit den vier gleich langen Linien sind die Diagonalen gemeint, deren gleiche Länge bereits bei der Erklärung der zu Beginn gezeichneten Figur als Quadrat festgesetzt worden war (82c2–3). Dabei sind die Diagonalen ins Auge gefasst, die ihrerseits innerhalb des großen Quadrates AGFE ein zusammenhängendes Viereck bilden und damit ein Quadrat, nämlich DBHL, einschließen. Dass es sich um ein Quadrat handelt, ergibt sich aus dem Umstand, dass diese vier Diagonalen in den vier kleinen Quadraten von gleicher Länge sind und daher die Gleichheit der vier Seiten erfüllt ist, und dass dieses Quadrat seinerseits über zwei gleich lange Diagonalen verfügt, nämlich die doppelte Seite des Ausgangsquadrates. Als Sokrates dann aber nach der Größe dieses inneren Quadrates fragt:

> Jetzt überlege! Wie groß ist dann dieses Flächenstück? (85a3–4)

versteht der Sklave die Frage zunächst nicht (85a4), und Sokrates muss erklärend nachfragen:

> Hat nicht jede dieser Linien die nach innen liegende Hälfte dieser vier Flächenstücke abgeschnitten? (85a4–6)

Die nach innen liegende Hälfte ist das rechtwinklige Dreieck, das jeweils durch die Halbierung der Quadrate entstanden ist und dessen Scheitelpunkt in der Mitte des großen Quadrates liegt, also etwa DCL. Wenn Sokrates nun fragt:

> Wieviele Stücke dieser halben Größe sind dann in diesem Flächenstück enthalten? (85a6–7)

dann ist das Flächenstück, auf das er zeigt, das durch die neu gezogenen Diagonalen entstandene innere Quadrat, das ja auch vier dieser Dreiecke enthält. Die nächste Frage gilt dann dem Ausgangsquadrat ABCD, das ein Viertel des großen ausmacht und in dem nur zwei dieser Dreiecke liegen (85a7). Da vier das Doppelte von zwei ist (85a8), muss der Sklave nun nur noch dazu gebracht werden, die Größe des neuen inneren Quadrates BHLD in Quadratfuß auszurechnen, es sind acht (85b1), und dann die Linie zeigen, auf der das innere Quadrat errichtet ist (85b1–2). Es ist die Linie, die „von Winkel zu Winkel" im vier (Quadrat-)Fuß großen Flächenstück verläuft (85b2–3).[57] Sokrates kann dann dem Sklaven mitteilen, dass diese Linie bei den Experten den Namen ‚Diagonale' hat, so dass er, der Sklave Menons, die Behauptung aufstellt, auf der Diagonalen des ursprünglichen Quadrates lasse sich ein Quadrat errichten, das den doppelten Flächeninhalt des ersten hat (85b3–6).

Damit ist die ‚Geometriestunde' abgeschlossen. Es liegt nahe zu fragen, ob Sokrates mit seiner Behauptung recht hat, dass er seinen Gesprächspartner nichts lehrt, ihm nichts beibringt, sondern ihn nur etwas fragt (vgl. 84d1–3). Es ist sicher so, dass der Sklave, wenn Sokrates ihn nach der eingestandenen Aporie mit der Suche nach der Lösung allein gelassen hätte, die Lösung wohl kaum gefunden hätte. Ohne das Ziehen der Diagonalen in den vier Quadraten, die dann das Quadrat von doppelter Größe umschließen, hätte Sokrates den Sklaven nicht zur Lösung führen können. Da Sokrates die Vervierfachung des Ausgangsquadrates und das Ziehen der Diagonalen nur vornimmt, um das Finden der Lösung

---

[57] Dass Sokrates die Diagonale hier als die Linie bezeichnet, die von Winkel zu Winkel verläuft, während er die Diagonalen bei der Erklärung des Quadrates als Linien bezeichnet hat, die durch die Mitte verlaufen (82c2–3), erklärt sich daraus, dass er hier jeweils nur eine der Diagonalen in den vier Quadraten ins Auge fasst, darum die Formulierung im Singular, während an der früheren Stelle die gleiche Länge der beiden Diagonalen wichtig war.

vorzubereiten, liegt es auf der Hand, dass er von Anfang an weiß, wie die Lösung aussieht. Er könnte also nicht behaupten, dass auch er nicht wisse, auf welcher Linie sich das doppelte Quadrat errichten lasse, so wie er Menon gegenüber seine Unkenntnis einer Antwort auf die Frage nach der Definition der Tugend beteuert hatte (vgl. 80d1–3). Die Frage ist dann, ob Sokrates von dem bei ihm vorhandenen Wissen in einer Weise Gebrauch gemacht hat, die einem Lehren gleichkommt.

Diese Frage lässt sich wohl verneinen, jedenfalls dann, wenn unter einer Belehrung das direkte Aufzeigen der Lösung verstanden wird. In der Tat wird ja keine der gestellten Fragen von Sokrates selbst beantwortet. Er gibt, wenn man so will, dem Sklaven eine Hilfestellung durch das Ziehen der Diagonalen und er erleichtert ihm dadurch das Finden der Lösung. Aber es ist der Sklave, der jeweils aufgrund eigener Einsicht die Antworten gibt, die ihn schließlich die Diagonale des Ausgangsquadrates als die Grundlinie des doppelten erkennen lassen.

An den Antworten des Sklaven ist aber noch etwas anderes hervorhebenswert: An keiner Stelle auf dem Weg zur Lösung scheint er sich an etwas schon früher Gewusstes zu erinnern. Für Wiedererinnerung ist es ja charakteristisch, dass einem der erinnerte Wissensinhalt mit dem Wissen zu Bewusstsein kommt, dass man das schon vorher gewusst hat und dass man es nur bislang vergessen hatte. Würde Sokrates oder Menon den Sklaven fragen, ob er auch weiß oder zu wissen meint, dass ihm dieses Wissen über die Rolle der Diagonalen eines Quadrates bei dessen Verdoppelung schon früher zur Verfügung stand, so würde er diese Frage, wenn er sie überhaupt verstehen würde, wohl verneinen. Aber wird nicht die Befragung des Sklaven zum Thema Quadratverdoppelung zu dem Zweck durchgeführt, die in der Rede des Sokrates (81a5–e2), wie es scheint, aufgestellte Behauptung, alles Lernen sei Wiedererinnerung (81d4–5), an einem Beispiel zu belegen? Dass an Sokrates' Überzeugung von der Wahrheit dieser These Zweifel angebracht sind, hatten wir oben (S. 95) schon gesehen. In der Tat ist ja eine solche Behauptung höchst unplausibel, um nicht zu sagen, absurd. Und das war sie zu Zeiten Platons nicht weniger als heutzutage. Zu einem scheinbaren Beleg für diese Behauptung wird die Geometriestunde erst in der abschließenden Diskussion mit Menon und für Menon, eine Diskussion, in der Sokrates sich, wie noch zu sehen sein wird, die mangelnde argumentative Schulung Menons zunutze macht.

Sehen wir uns daher die Erwähnungen der Wiedererinnerung in den kommentierenden Bemerkungen zur Befragung des Sklaven im einzelnen an. Die erste Bezugnahme auf ein Wiedererinnern findet sich unmittelbar vor der ersten Frage, mit der die Befragung des Sklaven eröffnet wird, in einer Aufforderung an Menon:

> Dann gib jetzt gut acht, was er dir zu tun scheint: ob er sich erinnert oder etwas von mir lernt. (82b5–6)

Hier wird dem Erinnern das Lernen opponiert. Wenn der Sklave etwas von Sokrates lernt, dann hat Sokrates ihn etwas gelehrt. ‚Von jemandem etwas lernen' und ‚jemanden etwas lehren' sind konverse Relationen. Das ist deshalb wichtig, weil Sokrates im folgenden nur noch vom Begriff des Lehrens Gebrauch macht; wenn dann ausgeschlossen wird, dass Sokrates den Sklaven etwas lehrt, dann ist damit ebenso ausgeschlossen, dass dieser etwas von Sokrates lernt. Bemerkenswert ist daher, dass in den folgenden, an Menon gerichteten Bemerkungen des Sokrates dem Begriff des Lehrens, der den des Lernens ersetzt, nicht mehr der des (Wieder-)Erinnerns opponiert wird, sondern der des Fragens. So schon unmittelbar nach der ersten falschen Antwort des Sklaven, nach dem ersten Fragegang, betont Sokrates Menon gegenüber, dass er den Sklaven nichts lehrt, sondern ihn nur fragt (82e4–5).

Nachdem Sokrates den Zustand des Sklaven Menon gegenüber als einen Zustand vermeinlichen Wissens, eines nicht bewussten Nichtwissens, charakterisiert hat (82e5–11), wendet er sich mit einer abschließenden Bemerkung an Menon und macht dabei wieder vom Begriff des Wiedererinnerns Gebrauch:

> Sieh nun genau hin, wie er sich schrittweise wiedererinnern wird, so wie es beim Wiedererinnern sein muss. (82e12–13)

Hier wird der Rede vom Wiedererinnern der Gedanke hinzugefügt, dass das Wiedererinnern schrittweise, also offenbar in einer bestimmten Reihenfolge, vor sich gehen muss. Was das für eine Reihenfolge sein soll, wird hier nicht mitgeteilt. Aber diese Bemerkung bekommt einen verständlichen Sinn, wenn die dritte Textstelle in Betracht gezogen wird, an der vom Wiedererinnern bezüglich der Fortschritte des Sklaven die Rede ist. Im Gespräch mit dem Sklaven ist dieser gerade (84a1–2) zur Erkenntnis seines Nichtwissens gebracht worden: Er weiß einfach keine Antwort auf die Frage nach der Seite des verdoppelten Quadrates mehr. Sokrates kommentiert dieses Geständnis des Sklaven mit folgenden Worten:

> Menon, merkst du nun, an welcher Stelle im Prozess des Wiedererinnerns er jetzt steht?[58] Zu Anfang wusste er nicht, was die Seite des acht Fuß großen Flächenstücks ist, wie er es auch jetzt noch nicht weiß; aber vorher glaubte er es zu wissen, und gab ganz unbekümmert seine Antworten, als ob er es wüsste, und er hatte nicht das Gefühl, er wisse nicht weiter; jetzt hat er aber schon das Gefühl, nicht weiter zu wissen, das heißt, er weiß es nicht, glaubt es aber auch nicht mehr zu wissen. (84a3–b1)

---

[58] Vgl. dazu die Bemerkungen bei Bluck 1961, ad 84a3–4, der Stallbaum zustimmend zitiert: ‚auf welchem Punkte des Erinnerns er jetzt steht'. Eine Übersetzung wie „welche Fortschritte er schon im Erinnern macht" (M. Kranz), verfehlt den Sinn des Textes.

Diese kommentierende Bemerkung des Sokrates ist die Schlüsselstelle für das Verständnis der Rede von einer Wiedererinnerung des Sklaven, weil die Frage vom Begriff des (Wieder-)Erinnerns Gebrauch macht, die Antwort aber in Begriffen von Wissen und Nichtwissen gegeben wird. Wenn der Sklave im Prozess der Erkenntnisgewinnung den Punkt erreicht hat, an dem ihm sein Nichtwissen selber klar geworden ist, nachdem er vorher im vermeintlichen Wissen, im Irrtum, befangen war, und wenn das der Punkt sein soll, den er im Prozess der Wiedererinnerung erreicht, dann ist die Rede von einem Wiedererinnern jetzt als eine metaphorische Redeweise erkennbar, in der eine strukturelle Analogie zwischen dem Prozess der Erinnerung von etwas Vergessenem und dem Prozess der Erkenntnisgewinnung im Ausgang von einem Irrtum ausgenutzt wird. In beiden Prozessen ist die Erkenntnis, dass man etwas nicht weiß, im einen Fall, dass man etwas vergessen hat, im anderen Fall, dass man über einen Sachverhalt im Irrtum war, eine notwendige Voraussetzung für die Bereitschaft zur Suche. So wie mir erst zu Bewusstsein kommen muss, dass ich etwas, was ich einmal wusste, einen Namen, den Beweis eines mathematischen Satzes, vergessen habe, um mir dann über das Evozieren von Assoziationen etc. den vergessenen Wissensinhalt wieder in Erinnerung zu rufen, so muss auch ein Irrtum, ein vermeintliches Wissen, in dem ich befangen bin, erst als solcher von mir durchschaut worden sein, damit ich mich überhaupt veranlasst sehe, nach dem zutreffenden Sachverhalt, nach der Wahrheit zu suchen. Damit klärt sich auch der Sinn der Rede von einem schrittweisen Wiedererinnern: In einem ersten Schritt muss in beiden Prozessen die Erkenntnis eines Nichtwissens gewonnen werden. Erst dann ist der Schritt zum Wissen möglich.

Dass Menon den Hinweis, der ihm mit dieser Bemerkung des Sokrates für das Verständnis der Rede von einem Wiedererinnern gegeben worden ist, tatsächlich verstanden hat, kann wohl bezweifelt werden. Jedenfalls lässt er sich in einem abschließenden kommentierenden Gespräch über das Ergebnis der Geometriestunde dazu bringen, dem Sklaven ein Wissen vor seiner Geburt zuzuschreiben und ihn damit quasi auf eine Stufe mit Personen wie Empedokles oder Pythagoras zu stellen. Aber die erwähnte Bemerkung des Sokrates ist vielleicht auch weniger für Menon als für den Leser des Dialoges bestimmt.

(c) Sokrates im Gespräch mit Menon über die Geometriestunde (85b7–86d2)

Den Abschluss der Diskussion, die durch Menons eristischen Einwand gegen die Möglichkeit des Suchens ausgelöst worden ist, bildet eine Befragung Menons durch Sokrates, in der es um das geht, was die Geometriestunde für Menon gezeigt hat. Zu dem Gespräch mit dem Sklaven über die Quadratverdoppelung war es ja gekommen, weil Menon von Sokrates einen Nachweis dafür verlangt hatte, dass die in der Rede des Sokrates 81a5–e2 aufgestellte Behauptung vom Lernen als Wiedererinnern von Dingen, welche die Seele im Hades gesehen hatte, auch uneingeschränkt (ἁπλῶς 81e3), nämlich für alle Menschen, Geltung habe. Vor dem Hintergrund dieser Forderung Menons und damit seines Verständnisses der sokratischen Rede ist die folgende Befragung Menons zu sehen. Dabei ist aber darauf zu achten, wie die Fragen formuliert sind. Insbesondere sollten zustimmende Antworten Menons nicht ohne weiteres zu Meinungen des Fragers Sokrates oder des Autors Platon gemacht werden.

Die erste Frage gilt den Antworten des Sklaven ganz allgemein:

> Was scheint dir, Menon? Hat er hier irgendeine Meinung zur Antwort gegeben, die nicht seine eigene war? (85b7–8)

Menon verneint das. Wenn in der ersten Frage dieser Fragereihe von den Meinungen des Sklaven die Rede ist, dann sind alle Meinungen gemeint, die der Sklave in seinen Antworten geäußert hat, also auch die falschen. Mit der Formulierung „irgendeine Meinung" wird die Allgemeinheit zum Ausdruck gebracht. Und gerade an den falschen hat sich gezeigt, dass er, wie die folgende Frage hervorhebt, kein Wissen hatte. Aber klar dürfte auch sein, dass die falschen und die wahren Meinungen des Sklaven über die Quadratverdoppelung nicht gleichzeitig im Bewusstsein des Sklaven koexistierten.

Mit der zweiten Frage nimmt Sokrates Bezug auf etwas, das in den kommentierenden Unterbrechungen des Gesprächs mit dem Sklaven zwischen Menon und Sokrates gesagt worden ist:

> Aber er hatte doch kein Wissen, wie wir gerade eben gesagt haben? (85c2)

Gemeint sind die Bemerkungen an den Stellen 82e8–9 sowie 84a4–b1, an denen Sokrates das mangelnde Wissen des Sklaven über die Quadratverdoppelung hervorgehoben hatte. Da hier nur eine frühere Feststellung wiederholt wird, kann Menon problemlos zustimmen. Die anschließende Frage bzw. die Antwort darauf ist dagegen problematisch:

> Es waren aber diese Meinungen in ihm, oder nicht? (85c4)

Mit „diese Meinungen" sind hier die in den Antworten des Sklaven geäußerten Meinungen bezeichnet, von denen auch in der ersten Frage (85b7–8) die Rede war und die dort als die eigenen Meinungen des Sklaven charakterisiert wurden. Menon hat jetzt mit seiner bejahenden Antwort (85c5) die Behauptung übernommen, dass diese Meinungen im Sklaven vorhanden waren. Hatte Sokrates in seiner ersten Frage noch die Vergangenheitsform des Aoristes benutzt (ἀπεκρίνατο, 85b8) und damit „die Handlung schlechthin als geschehen und zum Abschluss gelangt" dargestellt, so verwendet er in den beiden folgenden Fragen Verbformen des Imperfekts (ᾔδει 85c2, eigentlich ein Plusquamperfekt zu dem als Präsens gebrauchten Perfekt οἶδα, ich weiß; ἐνῆσαν 85c4). Das griechische Imperfekt ist dadurch charakterisiert, dass es „die Handlung als eine noch nicht abgeschlossene in ihrem Verlaufe vor Augen führt."[59] Die Formulierung der Frage 85c4 lässt es also offen, für welchen Zeitraum diese Meinungen als vorhanden zu denken sind. Jedenfalls lässt die These, die Menon mit seiner bejahenden Antwort übernommen hat, es nun offen, ob diese Meinungen nicht auch gleichzeitig im Bewusstsein des Sklaven vorhanden waren.

Aber dass Platon hier ein „oder nicht?" anhängen lässt, deutet auf eine Alternative hin. Denn diese Meinungen waren jedenfalls vor den Fragen, durch die sie evoziert wurden, im Bewusstsein des Sklaven keineswegs vorhanden. Doch die zustimmende Antwort Menons schränkt das Vorhandensein dieser Meinungen im Bewusstsein des Sklaven nicht zeitlich ein, seine Antwort erlaubt es, dem Sklaven die fraglichen Meinungen zuzuschreiben auch bevor sie durch die Fragen und die Hinweise des Sokrates evoziert worden sind.

Das ist nun für die folgende vierte Frage wichtig:

> In demjenigen, der nicht weiß, sind also über all die Dinge, die er nicht weiß, wahre Meinungen hinsichtlich der Dinge, von denen er kein Wissen hat? (85c6–7)

Sokrates zieht mit dieser Frage aus dem bisher von Menon Zugestandenem eine verallgemeinernde Folgerung, daher das „also" (ἄρα 85c6), eine Folgerung, die sich Menon mit seiner wenn auch bedingten Zustimmung zu eigen macht. Wenn Menon mit einem „Es scheint so" reagiert, so lässt er erkennen, dass ihm hier eine Zustimmung abgenötigt worden ist. Ganz ähnlich hatte der Sklave 83e7 geantwortet, als ihm klar wurde, dass das Quadrat über der Linie von drei Fuß drei Mal drei Quadratfuß enthält, also neun und nicht die gesuchten acht.

Menons bedingte oder zögerliche Zustimmung ist nur zu berechtigt, denn er übernimmt hier eine offenbar absurde These. Um das zu sehen, genügt es, sich klar zu machen, wie das Verhältnis von der wahren Meinung über die Quadratverdopplung, zu welcher der Sklave geführt worden ist, zu dem vorhergehenden mangelnden Wissen über die Antwort auf dieses geometrische Problem denn zu verstehen ist. Mit der Erkenntnis, dass die Diagonale des Ausgangsquadrates die Grundseite des doppelt so großen ist, verschwindet doch das Nichtwissen über

---

[59] Beide Zitate aus Kühner/Gerth II/I 153.

dieses Problem. Die gewonnene Erkenntnis, die wahre Meinung über die Quadratverdoppelung kann jedenfalls nicht zusammen mit dem Nichtwissen über die Lösung dieser Frage im Bewusstsein des Sklaven existieren. Zwar war sowohl das Nichtwissen wie auch die Erkenntnis einmal in der Seele des Sklaven vorhanden, aber sie waren das nie zur selben Zeit, sie können nicht im Bewusstsein koexistieren.

Dass wir es hier mit einer absurden Folgerung zu tun haben, wird durch bestimmte Züge der Formulierung unterstrichen. Einmal dadurch, dass Sokrates jetzt ins Präsens wechselt, sowohl bei der Rede vom Vorhandensein der wahren Meinungen (vgl. ἔνεισιν 85c6) als auch bei der Rede vom Nichtwissen (μὴ εἰδῇ 85c6, οὐκ οἶδε 85c7), wo er vorher noch Vergangenheitsformen benutzt hatte. Damit ist die zeitliche Koexistenz von Nichtwissen und Wissen bzw. wahrer Meinung unübersehbar impliziert. Zum anderen wird die Absurdität dieser Folgerung durch die eigentlich überflüssige Wendung am Schluss der Frage betont: Der letzte Teil dieser Folgerung, die Worte „hinsichtlich der Dinge, von denen er kein Wissen hat" (περὶ τούτων ὧν οὐκ οἶδε 85c7), scheint redundant zu sein. Das ist schließlich schon mit den vorangegangenen Worten gesagt worden. Wie Bluck 1961, ad 85c6 mitteilt, haben Schleiermacher und andere Interpreten daher diese Worte wegen ihres redundanten Charakters tilgen wollen, Schanz die letzten drei. Aber diese Wiederholung von etwas, was anscheinend doch schon gesagt ist, hat eine klare Funktion: Sie unterstreicht die Absurdität der Folgerung, die Menon hier übernimmt. Ein dritter Punkt, der die Absurdität der von Menon übernommenen Behauptung ins Licht setzt, ist ihre Allgemeinheit. Es wird eine Feststellung getroffen über jeden, der nicht weiß, nicht mehr der befragte Sklave allein ist gemeint. Und es wird ganz unbeschränkt von allem, was nicht gewusst wird, behauptet, dass darüber wahre Meinungen in der betreffenden Person vorhanden sind. Es scheint außer Frage zu stehen, dass Platon auch die Leser oder Hörer des *Menon* auf die hier vorliegende Absurdität hinweisen will.

Menons Reaktion lässt zwar erkennen, dass ihm bei der Zumutung dieser Frage nicht wohl ist, aber er ist dialektisch zu wenig geschult, um sich gegen die Übernahme dieser These durch einen Hinweis auf den darin liegenden Fehler zur Wehr zu setzen. Es ist daher von Seiten des Sokrates argumentationspsychologisch ganz geschickt, mit der folgenden Bemerkung nicht nur wieder zum Gegenstand ihrer Unterredung, nämlich zum Sklaven, zurückzugehen, sondern seine Worte auch so zu wählen, dass sie seine eigene Position und Zustimmung zu dem Gesagten erkennen lassen: indem er Menon mit einem „so weißt du" (85c11) anspricht und damit signalisiert, dass er selber die Aussage für wahr hält, deren Inhalt er Menon mitteilt. Die Zustimmung zu einer Aussage ist ja dann leichter zu erreichen, wenn der Fragende erkennen lässt, dass auch er sie für wahr hält. Im Unterschied zu den vorhergehenden Fragen ist diese Frage, was ihren Inhalt angeht, (hypothetisch) auf die Zukunft, nicht mehr auf die Gegenwart oder die Vergangenheit bezogen:

> Gegenwärtig sind ihm diese Meinungen gerade nur wie im Traum angestoßen worden. Wenn ihn aber jemand häufig und auf vielerlei Weise über diese Dinge befragt, so weißt du, dass er schließlich nicht weniger genau als irgend jemand sonst ein Wissen über diese Dinge haben wird? (85c9–d1)

Es ist also nur eine Frage der oft wiederholten Diskussion von geometrischen Sachverhalten, die dazu berechtigen würde, von einem Wissen des Sklaven zu reden; es gibt in seinem Fall keinen prinzipiellen Unterschied zwischen wahrer Meinung und Wissen. Das berechtigt Sokrates, im folgenden auch einfach von einem Wissen des Sklaven zu reden, wie er es sofort bei seiner nächsten Frage an Menon tut.

> Wird er dann nicht, ohne dass jemand ihn etwas lehrt, sondern ihm nur Fragen stellt, zum Wissen kommen, indem er selbst aus sich selber das Wissen heraufholt? (85d3–4)

Sokrates gibt hier von dem zukünftigen Zu-Wissen-Kommen des Sklaven in Anlehnung an das vorher von ihm mit dem Sklaven geführte Gespräch eine Deutung, die zugleich rückblickend das beendete Gespräch mit dem Sklaven in bestimmter Weise interpretiert. Der Sklave habe nämlich selbst aus sich selber seine Kenntnis, sein Wissen heraufgeholt. Dass der Sklave die Antworten, die schließlich zur Erkenntnis der Quadratverdoppelung geführt haben, selber gegeben hat, wird man sicher zugestehen können. Aber die Rede von einem Aus-sich-selber-Heraufholen suggeriert ein Vorhandensein dieser Kenntnis im Sklaven, ganz unabhängig von dem Prozess der Befragung, in dem diese Kenntnis erst allmählich gewonnen wurde. Hier wird also wieder an die oben diskutierte paradoxe Vorstellung in der vierten Frage (85c6–7) angeknüpft. Und die folgende Frage verstärkt das noch, indem sie dieses Aus-sich-selber-Heraufholen als Wiedererinnern deutet:

> Das selbst aus sich selber ein Wissen heraufholen, ist das nicht Sich-Wiedererinnern? (85d6–7)

Menon stimmt dem uneingeschränkt zu und hat damit wiederum einen Fehler begangen. Denn nur die umgekehrte Behauptung ist richtig, dass nämlich jedes Wiedererinnern ein Aus-sich-selber-ein-Wissen-Heraufholen ist. Schließlich holt auch jemand, der bei einer Problemlösung zu einer Erkenntnis kommt, sei es bei der Lösung eines Kriminalfalles, sei es bei einer mathematischen Aufgabe, ein Wissen aus sich selber hervor. Daher ist nicht jedes Heraufholen eines Wissens aus sich selber ein Fall von Wiedererinnern.⁶⁰ Implizit hat Menon damit aber auch die Erkenntnisgewinnung des Sklaven als einen Vorgang des Wiedererinnerns bezeichnet und damit die gewonnene Erkenntnis als eine, die er schon vor der Geometriestunde besessen haben muss.

Mit der anschließenden Frage scheint Sokrates einen Argumentationsgang in der Form eines Dilemmas zu eröffnen, ‚P oder Q', ‚Wenn P, dann R', ‚Wenn Q, dann S'. Allerdings wird diese Folge, wie sich zeigen wird, nicht wirklich zu Ende geführt:

> Hat er nun nicht das Wissen, das er jetzt hat, entweder irgendwann erworben oder immer besessen? (85d9–10)

Da Sokrates sich mit der Bemerkung 85c9–d1 das Recht verschafft hat, von den Meinungen des Sklaven als Wissen zu reden, kann er auch den jetzt erreichten Kenntnisstand des Sklaven als Wissen bezeichnen. Wenn man das einmal konzediert, dann scheint die Frage selbst unproblematisch. Allerdings scheidet die vorangegangene Geometriestunde als Zeitpunkt des Erwerbs des fraglichen Wissens aus, denn mit der Zustimmung zu der Frage 85d6–7 hat Menon die Erkenntnisgewinnung des Sklaven als einen Vorgang des Wiedererinnerns bezeichnet und damit die gewonnene Erkenntnis als eine, die er schon vor der Geometriestunde besessen haben muss. Daher kann Sokrates jetzt aus den beiden Disjunkten seiner Frage jeweils eine Folgerung ziehen, wobei er die beiden disjunkten Fälle in umgekehrter Reihenfolge anführt:

> Wenn er es nun immer hatte, dann war er immer wissend. Wenn er es aber irgendwann erworben hat, dann doch wohl nicht in diesem Leben? (85d12–13)

Die anschließende Frage scheint den Zweck zu haben, die Folgerung aus dem ersten Disjunkt der Frage (85d9–10), den Fall „irgendwann erworben", zu stützen:

> Oder hat irgend jemand ihm hier Geometrie beigebracht? (85d13–e1)

Aber Sokrates hängt dieser Frage eine weitere Bemerkung an, die nun dafür sorgt, dass die folgenden Zugeständnisse Menons noch absurder werden:

---

60 Ein Fehler, der von manchen der modernen Interpreten ebenfalls gemacht wird, wenn sie die Frage des Sokrates 85d6–7 als Behauptung verstehen: so etwa Nehamas 1994, 238: „He (i.e. Socrates. – Th. E.) then goes on to say that it is just this recovery of knowledge which is still all in the future for the slave, that is recollection (85d6–7)." Ähnlich Vlastos 1994, 95: „‚To recover knowledge oneself [from] within oneself', says Socrates shortly after (85d6–7), ‚is recollection'."

> Denn er hier wird in jedem erdenklichen Gebiet der Geometrie dasselbe leisten, und in all den anderen Wissenschaften ebenso. (85e1-2)

Das ist eine Ausweitung dessen, was in der Bemerkung 85c9–d1, bereits gesagt worden war, denn während dort nur von den wahren Meinungen des Sklaven, die er gerade über den Fall der Quadratverdoppelung gewonnen hatte, festgestellt wird, dass diese noch nicht besonders gefestigten Ansichten sich durch wiederholtes Fragen zu einem genauen Wissen entwickeln werden, wird hier die gesamte Geometrie und alle anderen Wissenschaften ebenfalls zu einem Gebiet erklärt, auf dem der Sklave in Wissen überführbare wahre Meinungen hat. Darum wird nun auch die Wiederholung der Frage, ob der Sklave Geometrieunterricht genossen hat, erweitert um ein „all das" (πάντα), nämlich das gerade erwähnte Universum aller Wissenschaften:

> Gibt es nun jemanden, der ihm hier all das beigebracht hat? (85e2-3)

Menon, so Sokrates, müsse das schließlich doch wissen, da der Sklave doch in seinem Hause geboren und aufgewachsen sei (85e3–4). Menon versichert, er wisse, dass niemand ihm Geometrieunterricht erteilt hat. Die Vorstellung, dass ausgerechnet in Thessalien ein Sklave neuerdings in Geometrie und anderen Wissenschaften unterricht worden sein könnte und dass diese Möglichkeit ausdrücklich ausgeschlossen werden muss, dürfte für einen zeitgenössischen Leser nicht ohne Komik gewesen sein.

Dann kommt Sokrates zu seiner nächsten Frage:

> Aber er hat doch diese Meinungen, oder nicht? (85e6)

Auch hier deutet das angehängte „oder nicht?" darauf hin, dass diese Frage nicht leichthin bejahend beantwortet werden sollte. Und die Art, wie Platon hier Menon antworten lässt, ist ebenfalls aufschlussreich:

> Das scheint notwendig, Sokrates. (85e7)

Der Gebrauch der Wendung „das scheint notwendig" (φαίνεται) deutet an, dass ihm hier eine Antwort abgenötigt worden ist; und die Rede von einer Notwendigkeit lässt erkennen, dass er sich aufgrund von vorher gemachten Zugeständnissen zu dieser Antwort gedrängt sieht. Auf den ersten Blick könnte man die Frage des Sokrates für eine bloße Wiederholung der von Menon bereits ohne Umstände bejahten Frage 85c4 („Es waren aber diese Meinungen in ihm, oder nicht?") halten. Aber die Meinungen, von denen in der jetzigen Frage des Sokrates die Rede ist, umfassen sehr viel mehr als die in der früheren Frage angesprochenen:

Es sind nämlich jetzt auch die Meinungen eingeschlossen, die dem Sklaven mit der Bemerkung 85e1–2 als Kenner der Geometrie und aller anderen Wissenschaften zugesprochen worden sind. Menons Vorsicht bei seiner bejahenden Reaktion 85e7 hat also einen guten Grund. Denn er hat jetzt der These zugestimmt, dass wahre Meinungen über alle Wissenschaften in der Seele des Sklaven vorhanden sind. Da Menon und Sokrates sich darin einig waren, dass die in der Geometriestunde „wie im Traum" angestoßenen wahren Meinungen durch „häufig und auf vielerlei Weise" wiederholtes Fragen zu einem Wissen werden können (vgl. 85c9–d1), kann Menon der Ausweitung dieser Behauptung auf das Gebiet der Geometrie und aller anderen Wissenschaften (85e1–2) kaum widersprechen. Da er 85c8 überdies der These zugestimmt hat, dass die wahren Meinungen über die Quadratverdoppelung zugleich mit dem Nichtwissen im Sklaven vorhanden sind, ist er jetzt genötigt, die sehr erweiterten Meinungen über alle Wissenschaften ebenfalls als bereits im Sklaven vorhanden anzusehen.

Mit den jetzt erreichten Zugeständnissen seines Gesprächspartners kann Sokrates wieder zu der Alternative, die er in 85d12–13 aufgemacht hatte, zurückkehren. Seine nächste Frage schließt nämlich wieder an das Succedens der zweiten Konditionalaussage an („Wenn er es aber irgendwann erworben hat, dann doch wohl nicht in diesem Leben?") (85d12–13):

> Wenn er sie nicht aufgrund eines Erwerbs in diesem Leben hat, ist dann nicht soviel klar, dass er sie zu einer anderen Zeit erhielt und sich aneignete? (86a1–2)

Auch hier zeigt Menons Antwort „Es scheint so" (86a3), dass ihm bei dieser Folgerung nicht ganz geheuer ist. Da er aber das Antecedens dieser Konditionalaussage durch die Auskunft über den nicht stattgehabten Geometrieunterricht bereits bejaht hat (vgl. 85e5), muss er nun, wie es scheint, die Behauptung des Succedens übernehmen. Aber eine logische Notwendigkeit zwischen Antecedens und Succedens besteht gleichwohl nicht, denn diese Konditionalaussage ist noch aus einem anderen Grunde problematisch: Da hier nur die Konsequenz einer der beiden Seiten einer Disjunktion untersucht wird, gehört das Antecedens der zweiten in 85d12–13 angeführten Konditionalaussage in das Antecedens dieser Aussage hinein, so dass die Frage also vollständig lauten müsste:

> Wenn er sie irgendwann erworben hat und nicht in diesem Leben, ist dann nicht soviel klar, dass usw.

Aus dem Umstand, dass er diese Meinungen hat, dass jedenfalls die Meinungen über die Quadratverdoppelung in ihm sind (vgl. 85c4–5), ergibt sich ja noch nicht, dass der Sklave sie irgendwann erworben hat. Sie könnten ja auch, ohne erworben worden zu sein, immer in ihm vorhanden gewesen sein. Erst wenn der Nachweis geführt worden wäre, dass er die wahren Meinungen irgendwann erworben hat, etwa durch Widerlegung der anderen Alternative, dass er diese Meinungen immer besessen hat, lässt sich nach dem *modus ponens* auf das Succedens schließen, erst dann wäre tatsächlich „klar, dass er sie zu einer anderen Zeit erhielt und sich aneignete". Menon bemerkt aber den Fehler nicht und hat mit seiner Antwort das Succedens der von Sokrates 86a1–2 formulierten Konditionalaussage als wahr behauptet.

Sokrates kann daher fortfahren mit einer Frage zu der erwähnten anderen Zeit, in welcher der Sklave seine Meinungen erworben hat:

> Ist das dann nicht die Zeit, in der er kein Mensch war? (86a4)

Menon stimmt dem ohne weitere Umstände zu (86a5). Aber auch diese Folgerung ist nicht berechtigt. Richtig wäre nur die Rede davon, dass es die Zeit war, in der er nicht *dieser* Mensch war. Es ist ja nicht ausgeschlossen, dass der Sklave auch in einer früheren Existenz schon in menschlicher Gestalt existiert hat.

Die nun folgende Frage und die mit ihr vorgenommene Folgerung setzen nun den Absurditäten dieses elenktischen Ganges in gewissem Sinne die Krone auf:

> Wenn es daher in der Zeit, in der er Mensch war, und in der, in der er es nicht war, in ihm wahre Meinungen geben soll, die durch Fragen aufgeweckt zu Kenntnissen werden, dann muss seine Seele doch alle Zeit dieses Wissen besessen haben? Denn es ist klar, dass er in der ganzen Zeit entweder Mensch ist oder nicht. (86a6–9)

Selbst wenn der Sklave zu der Zeit, in der er kein Mensch war, wahre Meinungen über die Gegenstände aller Wissenschaften besessen hat, und wenn er wiederum zu Zeiten, in denen er Mensch war, diese wahren Meinungen besessen hat, so folgt daraus nicht, dass er zu allen Zeiten seines Mensch- und seines Nicht-Mensch-Seins über diese Meinungen verfügt hat. Er könnte sie ja in irgendeiner dieser Existenzen irgendwann erworben und daher vorher nicht besessen haben. Was aber diese Folgerung insbesondere absurd macht, ist der Umstand, dass im Ausgang von der einen Seite einer Disjunktion – denn wir befinden uns ja immer noch in Abhängigkeit von der Annahme „Wenn er es (sein Wissen) irgendwann erworben hat" (85d12–13) – nun auf die andere Seite der Disjunktion gefolgert wird, auf den immerwährenden Besitz dieses Wissens.

Menon lässt durch seine Antwort „Es scheint so" (86a10) wiederum erkennen, dass ihm die Zustimmung zu dieser Position nicht ganz leicht fällt, aber auch hier hindert ihn seine mangelnde dialektische Schulung, den Fehler in der Argumentation zu erkennen.

Sokrates kommt dann zu einer letzten, verallgemeinernden Folgerung und auch sie enthält einen eklatanten Fehler:

> Wenn also stets des Seienden Wahrheit uns in der Seele wohnt, dann ist doch die Seele unsterblich, so dass du mit Zuversicht unternehmen musst, das, was du jetzt nicht weißt das aber heißt, dessen du dich jetzt nicht erinnerst – zu suchen und in die Erinnerung zurückzurufen? (86b1–4)

Die Rede ist nun nicht mehr von der Seele des Sklaven, wie in der vorhergehenden Frage, sondern von der menschlichen Seele allgemein, darum das „uns" (ἡμῖν 86b1). Und Sokrates lenkt mit dieser abschließenden Frage auch wieder auf denjenigen zurück, dessen eristischer Einwand den Anlass zu diesem Ausflug in eine religiöse Mythologie gegeben hatte, auf Menon.

Der Fehler in dieser Frage ist die Folgerung im ersten Teil: Dass die Wahrheit des Seienden immer in der Seele wohnt, impliziert nicht, dass die Seele unsterblich ist, nämlich immer existiert. Das ‚immer'(‚stets') im Antecedens dieser Behauptung heißt soviel wie ‚für die gesamte Dauer ihrer Existenz', das ‚immer', das in der Rede von der Unsterblichkeit im Succedens impliziert ist, spricht dagegen von einer zeitlich unbegrenzten Dauer. So wenig wie der Umstand, dass der Mensch seinen Kopf immer auf seinem Rumpf sitzen hat, so lange er nämlich lebt, dem Menschen eine unbegrenzte körperliche Dauer garantiert, so wenig kann auch die immerwährende Anwesenheit der Wahrheit des Seienden in der menschlichen Seele dieser eine immerwährende Existenz garantieren.

Sokrates hat diese Bemerkung wieder in einem feierlichen Stil gegeben, die Hyperbata, die Trennung grammatisch zusammengehöriger Satzteile, erinnert wieder an Gorgias, und es ist kein Wunder, dass Menon in seiner Antwort nicht auf den Inhalt des Gesagten oder gar auf die indirekte Aufforderung zur Suche an ihn eingeht, sondern dass er sich mit einem Kompliment über die Formulierung aus der Affäre zieht:

> Das kommt mir, ich weiß nicht wie, schön gesagt vor, Sokrates. (86b5)

Er hat hier wieder eine theatralische Antwort erhalten und ist durch die Ausdrucksweise mehr beeindruckt als durch das, was Sokrates ihm hier zu verstehen gibt. Sokrates schließt sich dem Kompliment Menons an:

> Das kommt nämlich auch mir selbst so vor, Menon. (86b6)

Aber die Ironie ist dabei nicht zu überhören: Ihm ist es hier gelungen, seinen Gesprächspartner in einem elenktischen Argumentationsgang aufs Kreuz zu legen. Menon muss sich damit abfinden, dass er nicht nur die Seele seines Sklaven, was ihre Jenseitserfahrungen betrifft, als auf einer Höhe mit großen Gestalten wie Empedokles ansehen muss, sondern dass ihm an dessen Seele etwas für die eigene Seele demonstriert worden ist, und das alles vor seiner großen Entourage.

Mit dem zweiten Teil seiner Bemerkung macht Sokrates seinem Gesprächspartner klar, worauf es ihm bei der ganzen Diskussion tatsächlich ankommt:

> Was ich sonst für mein Argument vorgebracht habe, das würde ich nicht wirklich durchfechten wollen. Dass aber die Überzeugung, man müsse suchen, was man nicht weiß, uns besser macht und mannhafter und weniger träge als der Glaube, was wir nicht wissen, das sei weder möglich zu finden noch nötig zu suchen, dafür würde ich wirklich streiten, wie ich nur kann, in Wort und Tat. (86b6–c2)

In der Tat hat die Geometriestunde ja gezeigt, dass jemand, der in einer bestimmten Frage kein Wissen hat, wie der Sklave in der Frage der Quadratverdoppelung, durch Suchen zur Lösung der Frage und damit zu einer wahren Meinung, vielleicht auch zu einem Wissen, jedenfalls aber zur Überwindung seines Nichtwissens kommen kann. Sie hat damit klar gemacht, dass Menons eristischer Einwand gegen die Möglichkeit des Suchens, dass „der Glaube, was wir nicht wissen, das sei weder möglich zu finden noch nötig zu suchen", unberechtigt ist. Sie hat aber auch deutlich gemacht, dass ein vermeintliches Wissen, ein nicht durchschauter Irrtum, bei der Suche nach der Lösung eines Problems ein entscheidendes Hindernis ist. Menon hatte unmittelbar vor seinem eristischen Einwand sein Nichtwissen, seine Aporie eingestanden und damit den Irrtum seines vermeintlichen Wissens erkannt. Eine wichtige Funktion der Geometriestunde war es aber, ihm die produktive Rolle der Erkenntnis des eigenen Nichtwissens vor Augen zu stellen. Mit seinen Kommentaren über den Nutzen, den das Erstarren in der Aporie dem Sklaven gebracht hat (vgl. 84b5–c8), hatte Sokrates Menon einen Spiegel vorgehalten.

Als Menon nun auch auf diese letzte Bemerkung des Sokrates mit einem Kompliment reagiert (vgl. 86c3), sagt Sokrates dieses Mal dazu nichts, sondern drängt darauf, die gemeinsame Suche, die er Menon schon 80d3–4 vorgeschlagen hatte, nun endlich aufzunehmen:

> Da wir nun darin einig sind, dass man suchen muß, was man nicht weiß, willst du dann also, dass wir gemeinsam die Suche danach in Angriff nehmen, was denn die Tugend ist? (86c4–5)

Das „gemeinsam Suchen" (κοινῇ ζητεῖν 86c5) entspricht fast wörtlich dem „gemeinsamen Suchen" (συζητῆσαι 80d4) an der früheren Stelle. Aber Menon ist auch dieses Mal dazu nicht bereit. Er möchte lieber zu seiner ganz zu Anfang gestellten Frage zurückkehren:

> Ja schon. Allerdings, Sokrates, würde ich für meine Person aber am liebsten das, wonach ich zu Anfang gefragt habe, untersuchen und hören, ob man die Sache so in Angriff nehmen muss, dass die Tugend sich bei den Menschen durch Belehrung oder von Natur aus oder auf sonst eine Art einstellt. (86c6–d2)

Die Suche von einer Voraussetzung aus (86d6–89e4)

Menons mangelnde Bereitschaft, die Frage nach dem Was der Tugend gemeinsam zu untersuchen, löst bei Sokrates zunächst einen Kommentar über Menons eigensinniges Verhalten aus:

> Menon, wenn ich nicht nur über mich, sondern auch über dich Herr wäre, dann würden wir nicht eher untersuchen, ob die Tugend gelehrt werden kann oder nicht, bevor wir uns nicht als erstes auf die Suche danach gemacht hätten, was die Tugend ist. Da du nun aber, um dir deine Freiheit zu erhalten, gar nicht versuchst, über dich Herr zu sein, wohl aber über mich und das auch schaffst, so werde ich dir nachgeben; was soll ich auch sonst machen? Wie es scheint, müssen wir dann also untersuchen, welche Eigenschaft etwas hat, von dem wir noch nicht wissen, was es ist. (86d3–e2)

Dass Sokrates mit diesem Kommentar auch über seine eigene Rolle Menon gegenüber kokettiert, er, der ja „bei den Schönen schwach" (76c1) wird, fügt wieder eine komödienhafte Note in die Szene ein. Aber dann macht Sokrates gewissermaßen eine Art Kompromissvorschlag:

> Wenn es schon anders nicht geht, dann lass aber wenigstens die Zügel deiner Herrschaft ein klein wenig locker und gib mir insoweit nach, dass wir von einer Voraussetzung aus untersuchen, ob sie lehrbar ist oder was sonst immer. Das ‚von einer Voraussetzung aus' meine ich so, wie die Geometer häufig ihre Untersuchungen anstellen. Wenn sie jemand etwa bei einem Flächenstück fragt, ob es möglich ist, in einen gegebenen Kreis ein gegebenes Flächenstück als Dreieck einzubeschreiben, so würde einer folgendes erwidern: „Ich weiß zwar noch nicht, ob dieses Flächenstück die Bedingung dafür erfüllt, aber ich glaube, als eine für die Lösung dienliche Voraussetzung folgendes angeben zu können: Wenn dieses Flächenstück die Eigenschaft hat, dass es, an die mit ihm gegebene Strecke angelegt, ein ebensolches Flächenstück frei lässt wie das angelegte Flächenstück selbst, dann scheint mir eines die Folge zu sein, wenn das aber unmöglich ist, dann etwas anderes. Von dieser Voraussetzung aus will ich dir also darlegen, was sich für das Einbeschreiben dieses Flächenstücks in den Kreis ergibt, ob es unmöglich ist oder nicht." (86e2–87b2)

Sokrates schlägt also vor, die Frage, auf deren Klärung Menon besteht, von einer Voraussetzung aus (ἐξ ὑποθέσεως 86e3) zu untersuchen, und er erläutert den vorgeschlagenen Untersuchungsweg durch das Verfahren der Geometer, die bei ihren Untersuchungen häufig ähnlich vorgehen. Dafür gibt er auch ein Beispiel, nämlich die Frage, ob ein gegebenes Flächenstück als Dreieck in einen gegebenen Kreis einbeschrieben werden kann. Anders gesagt, ob sich der Flächeninhalt einer gegebenen geradlinig begrenzten Figur, denn das ist der Sinn von χωρίον, in ein Dreieck transformiert einem gegebenen Kreis einzeichnen lässt. Da von den möglichen Formen der Dreiecke das gleichseitige Dreieck den größten Flächeninhalt in einen Kreis einbringen kann, lässt sich die Frage also auf die Frage der

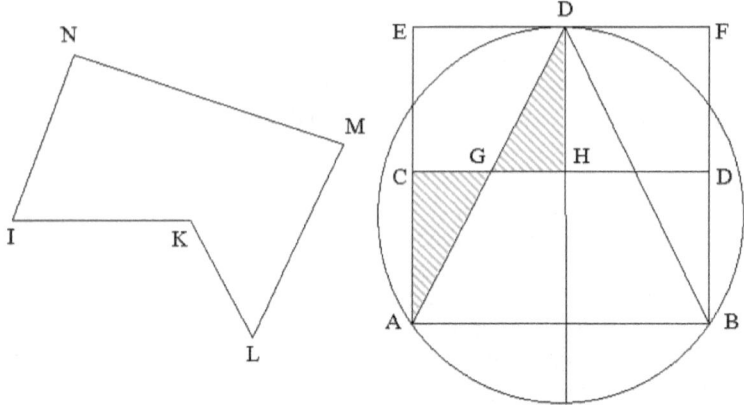

Einbeschreibung eines gleichseitigen Dreiecks reduzieren. Wenn das gegebene Flächenstück als gleichseitiges Dreieck in den Kreis einzupassen ist, dann würde jedes Flächenstück von geringerem Flächeninhalt auf jeden Fall auch als Dreieck anderer Form in den Kreis einzuzeichnen sein, nämlich so, dass alle seine Eckpunkte auf dem Kreisbogen liegen.

Die vorgegebene Linie ist dann die Grundlinie des in diesen Kreis einbeschreibbaren gleichseitigen Dreiecks. Sie lässt sich finden, indem man vom Kreismittelpunkt aus zwei Radien im Abstand von 120 Grad zum Kreisbogen hin zieht, ist also durch die Form des Kreises vorgegeben. Wenn das gegebene Flächenstück sich, nach entsprechenden Umformungen, zunächst durch Zerlegung in Dreiecke, dann durch deren Umformung in Rechtecke mit der Länge der Strecke AB und deren Aufeinanderlegung zu dem Rechteck ABDC so an diese Grundlinie anlegen lässt, dass man es einmal nach oben klappen kann, wenn es also „ein ebensolches Flächenstück frei lässt wie das angelegte Flächenstück selbst", ohne dass man dabei über den Kreisbogen hinauskommt, dann lässt sich das gegebene Flächenstück als Dreieck in den Kreis einbeschreiben, sonst aber nicht. In der gezeichneten Figur wäre das möglich.[61] Die beiden Dreiecke GHD und AGC sind deckungsgleich, und für die entsprechenden Dreiecke auf der rechten Seite gilt das ebenso. Damit enthält das gleichseitige Dreieck ABD dieselbe Fläche wie das Rechteck ABDC und damit wie die Figur IKLMN.

---

[61] S. dazu Sternfeld/Zyskind 1977, die m. E. hier die einfachste und überzeugendste Lösung gefunden haben. Eine ausführliche Darstellung der bis dahin geführten Diskussion zu diesem Problem bietet Bluck in einem Appendix zu seinem Kommentar 441–461.

(a) Tugend als Wissen (87b2–c10)

Dann legt Sokrates das Verfahren der Suche von einer Voraussetzung aus auf die Frage nach der Lehrbarkeit der Tugend um:

> So sollten auch wir für den Fall der Tugend, da wir nun einmal nicht wissen, was sie ist und welche Eigenschaften sie hat, von so einer Voraussetzung aus untersuchen, ob sie lehrbar ist oder nicht, dass wir sagen: Was müsste die Tugend unter den zur Seele gehörenden Dingen sein, um lehrbar oder nicht lehrbar zu sein? Zunächst: Wenn sie nicht von der Art eines Wissens ist oder doch, ist sie dann lehrbar oder nicht, [bzw. wie wir gerade gesagt haben, wiedererinnerbar – es soll für uns keinen Unterschied machen, welchen Ausdruck wir gebrauchen] – ist sie dann also lehrbar? Oder ist das wohl jedem klar, dass ein Mensch nie etwas anderes beigebracht bekommt als Wissen? (87b2–c3)

Menon stimmt der letzten, rhetorischen Frage in 87c1–3 ohne Einschränkung zu:

> Mir jedenfalls scheint das so zu sein. (87c4)

Die Voraussetzung, von der in 87b7–c1 die Rede ist, ist also: Tugend ist Wissen. Für die Frage der Lehrbarkeit in 87c1–3, zu der Menon seine Zustimmung gegeben hat, dagegen ergibt sich:

> (1) Es ist jedem klar, dass ein Mensch nie etwas anderes beigebracht bekommt als Wissen.

Oder beschränkt auf den Inhalt des Dass-Satzes:

> (2) Ein Mensch bekommt nie etwas anderes beigebracht als Wissen.

Oder:

> (3) Nur Wissen ist das, was einem Menschen beigebracht wird.

Äquivalent:

> (4) Alles was einem Menschen beigebracht wird/lehrbar ist, ist Wissen.

Oder:

> (5) Alles Lehrbare ist Wissen. (Wenn etwas lehrbar ist, dann ist es Wissen)

Dann gilt natürlich auch:

> (6) Wenn Tugend lehrbar ist, dann ist Tugend Wissen.

Aber die folgende Frage und Menons Zustimmung dazu, sind von dieser Aussage logisch unabhängig:

> Wenn die Tugend aber eine Art Wissen ist, liegt es dann auf der Hand, dass sie lehrbar sein dürfte? (87c5–6)

Für die Aussage, die Menon mit seiner Zustimmung 87c4 übernimmt, nämlich

> (7) Wenn die Tugend ein Wissen ist, dann ist sie lehrbar.

ist kein Argument angeführt worden. Und (6) ist für die Stützung von (7) ungeeignet. Aber es scheint, dass Menon fälschlich annimmt, (6) sei dafür geeignet. Er scheint nicht bemerkt zu haben, dass zwischen den beiden Aussagen (6) und (7) kein logischer Zusammenhang besteht, obwohl der Gebrauch des „offenbar" (δῆλον) in beiden Fragen (87c2 und c5) einen solchen Zusammenhang zu suggerieren scheint. In der Tat kann Sokrates nun aber aus (6) und (7) folgern:

> Damit sind wir also schnell zu Rande gekommen, dass sie im einen Fall lehrbar ist, im anderen dagegen nicht. (87c8–9)

Mit dem ‚einen Fall' ist natürlich (7) gemeint. Da aber aus (6) nach der Kontrapositionsregel auch folgt

> (8) Wenn Tugend nicht Wissen ist, dann ist Tugend nicht lehrbar.

ist auch die zweite Folgerung aus dem von Menon Zugestandenem berechtigt. Aber die Bemerkung des Sokrates, dass sie hier schnell zu Rande gekommen sind, sollte für den Leser eine Warnung sein. Tatsächlich wird sich ja im weiteren Verlauf des Dialoges erweisen, dass sich neben dem Wissen noch die wahre Meinung als handlungsleitend zeigen wird (97b–c). Tugend könnte sich also auch als ein Fall von wahrer Meinung erweisen. Und das Fehlen von Lehrern der Tugend wird schließlich zu der Ansicht führen, dass Tugend nicht lehrbar ist.

(b) Tugend als gut (87c11–89e4)

Nachdem der erste Teil der gerade angestellten Überlegung zu dem Ergebnis geführt hat, dass die Tugend lehrbar ist, wenn sie Wissen ist, soll nun als nächstes die Frage geklärt werden, ob sie Wissen ist oder etwas von Wissen Unterschiedenes:

> Als nächstes müssen wir dann, wie es scheint, untersuchen, ob die Tugend Wissen ist oder etwas anderes als Wissen. (87c11–12)

Menon stimmt diesem Verfahrensvorschlag zu (87d1). Lässt sich das Antecedens der Konditionalaussage (7) als wahr erweisen, dann kann nach dem *modus ponens* sofort auf die Wahrheit des Succedens, auf die Lehrbarkeit der Tugend geschlossen werden.

Um zu dem Nachweis zu kommen, dass die Tugend Wissen ist, wählt Sokrates nun einen Umweg über weitere Voraussetzungen, die nämlich, dass Tugend gut ist, sowie die, dass unter den Begriff des Wissens alles fällt, was gut ist:

> Behaupten wir etwas anderes als dass sie gut ist, die Tugend, und bleibt es für uns bei dieser Voraussetzung, dass sie gut ist? (87d2–3)

Dass die Tugend etwas Gutes (oder auch: ein Gut) ist, dürfte trivial sein, auch wenn der Sinn, in dem hier von ‚gut' gesprochen wird, vielleicht klärungsbedürftig ist. Menon kann diese Frage daher auch ohne Umstände bejahen (87d3–4). Die nächste Frage des Sokrates betrifft das Verhältnis von ‚gut' zum Begriff des Wissens, und hier drückt Sokrates sich etwas vorsichtiger aus:

> Wenn auch noch etwas anderes gut ist, etwas, das mit Wissen nichts zu tun hat, dann wäre die Tugend vielleicht keine Art des Wissens. Wenn es aber nichts Gutes gibt, das nicht unter das Wissen fällt, dann würden wir mit unserer Vermutung wohl richtig liegen, dass sie eine Art Wissen ist? (87d4–7)

Während er vorher den Begriff der Voraussetzung (ὑπόθεσις 87d3), sowie die Partizipialform ‚voraussetzend' (ὑποθέμενοι 87b3) verwendet hatte, nutzt er nun das schwächere ‚vermuten' (ὑποπτεύειν). In der Tat wird Sokrates im weiteren Verlauf des Gespräches geltend machen, dass auch die richtige Meinung nicht weniger nützlich ist als Wissen (97c4). Also gibt es etwas Gutes, das nicht unter den Begriff des Wissens fällt. Es dürfte kaum zweifelhaft sein, dass dieser Umstand Sokrates auch schon an dieser Stelle vor Augen gestanden hat. Vor allem aber folgt aus dem Umstand, dass es etwas Gutes gibt, „das mit Wissen nichts zu tun hat", keineswegs, dass die Tugend keine Art des Wissens sein kann. Denn der Begriff des Guten könnte ja weit genug sein, um sowohl das Wissen als auch ein anderes Gut zu umfassen. Sokrates wählt darum wohl mit Absicht eine sehr vorsichtige Formulierung.

Der folgende Satz erweitert aber nun die logischen Verhältnisse zwischen den bisher behandelten Begriffen. Während es bis jetzt nur um das Verhältnis von Tugend und Gut bzw. um das Verhältnis von Wissen und Lehrbarkeit ging, wird nun ein Verhältnis zwischen Wissen und Gut (oder ‚gut') postuliert, und zwar nicht in der Weise, dass Wissen unter den Begriff des Guten fällt, sondern vielmehr so, dass alles, was gut oder ein Gut ist, unter den Begriff des Wissens fallen soll. Damit wäre in der Tat der Schluss auf das Antecedens von (7) gegeben:

Von Tugend ist ein Gut/ist gut und jedes Gut ist ein Wissen, lässt sich folgern auf: Tugend ist ein Wissen.

Menon stimmt der Frage 87d5–7 zu, und Sokrates lenkt nun die Argumentation so, dass Menon schließlich sagen muss, die Tugend sei nützlich. Dass wir durch die Tugend gut sind (87d8), scheint problemlos und Menons „ja" (87d8) berechtigt. Der folgende, in Frageform vorgenommene Schluss ist dagegen keineswegs unproblematisch:

> Wenn aber gut, dann auch nützlich. Denn alles Gute ist nützlich, nicht wahr? (87e1)

Die Prämisse, dass alles Gute nützlich ist, ist falsch. Nur die Umkehrung dieser Aussage, dass alles Nützliche gut ist, ist richtig. Dass alles Gute nützlich ist, kann schon deshalb nicht zutreffen, weil jenes Gut, um dessentwillen letztlich das Nützliche gewollt wird, das Glück oder auch nur einfach ein bestimmtes Vergnügen, selbst nicht wiederum nützlich ist.

Aber Menon bejaht diese Frage, obwohl das „nicht wahr?" (οὐχί;) hier einen Hinweis auf die Möglichkeit einer abweichenden Antwort geben könnte. Die nächste folgernde Frage

> Auch die Tugend ist dann offenbar nützlich? (87e2)

wird von Menon mit einem Hinweis darauf beantwortet, dass diese Folgerung sich aus dem Zugestandenen ergibt:

> Das folgt notwendigerweise aus dem, was zugestanden wurde. (87e3)

In der Tat, wenn die Tugend ein Gut/gut ist (87d3–4) und wenn alles Gute nützlich ist, was gerade zugestanden wurde (87e1–2), dann folgt die Konklusion mit Notwendigkeit. Aber sie hängt an der problematischen These, dass alles Gute nützlich ist.

Die Argumentation wird nun zunächst mit der Feststellung fortgeführt, dass von bestimmten Dingen, die nützlich heißen, wie Gesundheit, Kraft, gutes Aussehen und Reichtum (87e4–5), ebenfalls gesagt werden kann, dass sie gelegentlich auch schaden (88a1–2). Für die erste Möglichkeit, so schlägt Sokrates vor, ist das Vorhandensein des richtigen Gebrauchs (ὀρθὴ χρῆσις), für die zweite dessen Fehlen verantwortlich (88a2–5). Als nächstes sollen die seelischen Eigenschaften (τὰ κατὰ τὴν ψυχὴν 88a6) untersucht werden, und Sokrates fragt Menon:

> Du nennst doch etwas Besonnenheit, Gerechtigkeit, Tapferkeit, gute Auffassungsgabe, Gedächtnis, Großzügigkeit und dergleichen mehr? (88a6–8)

Nach dieser Aufzählung wird nun die eigentliche Sachfrage gestellt:

> Untersuche doch, ob diejenigen von diesen Dingen, die dir nicht Wissen zu sein scheinen, sondern etwas anderes als Wissen, nicht manchmal schaden, manchmal aber auch nützen.
> (88b1–3)

Und Sokrates exemplifiziert das auch sofort an einer der aufgezählten seelischen Eigenschaften:

> Zum Beispiel die Tapferkeit, wenn die Tapferkeit nicht Einsicht ist, sondern eine Art Verwegenheit. Schadet sie nicht, wenn ein Mensch verwegen ist ohne Verstand, und ist sie nicht von Nutzen, wenn er es mit Verstand ist? (88b3–5)

Auf Menons bejahende Antwort liefert Sokrates eine Fortsetzung seiner Beispiele:

> Ist dasselbe nun nicht bei der Besonnenheit und der guten Auffassungsgabe der Fall? Mit Verstand gelernt und trainiert sind sie nützlich, ohne Verstand dagegen schädlich? (88b5–7)

Das wird von Menon nachdrücklich bejaht. Aber sind diese Zugeständnisse berechtigt?

Es scheint doch schon zweifelhaft, ob die bloße Verwegenheit tatsächlich als Tapferkeit gelten kann. Und auch bei den letzten beiden Beispielen scheint die Vorstellung eines Trainierens der Besonnenheit ebenso wenig passend wie die des Erlernens der guten Auffassungsgabe. Die gute Auffassungsgabe erleichtert das Lernen, aber es scheint nicht, dass sie selber Gegenstand eines Lernprozesses sein kann.

Sokrates kommt dann zu einer Verallgemeinerung:

> Führt nicht überhaupt alles, was die Seele unternimmt und was sie aushält, wenn Einsicht sie leitet, zum Glück, wenn aber Unverstand, zum Gegenteil? (88c1–3)

Menons Bejahung fällt dieses Mal etwas vorsichtiger aus. („Es sieht ganz so aus." 88c3) Das erscheint verständlich, denn die Verallgemeinerung, die Sokrates hier vornimmt, geht über das hinaus, was die angeführten Beispiele garantieren: Sie zeigen, dass die Anwesenheit von Einsicht (φρόνησις) für die Nützlichkeit der jeweiligen Fähigkeiten sorgt, nicht schon, dass sie zum Glück, zur εὐδαιμονία, führt. Dafür wäre noch die zusätzliche Prämisse erforderlich, dass alles, was nützlich ist, zum Glück führt. Allerdings wird im Fortgang des Argumentes von dieser weitergehenden These kein Gebrauch gemacht. Es bleibt bei den Begriffen nützlich/schädlich. Aber die Erwähnung des Glücks als Handlungsziel hat wohl noch eine andere Funktion: Hier wird mit einem Mal explizit etwas in die Diskussion eingebracht, was zweifellos ein Gut ist, von dem aber nicht gesagt werden kann, dass es nützlich ist. Obwohl Sokrates das nicht ausdrücklich sagt – und in seiner Rolle als Fragender ist ihm das auch gar nicht möglich –, wird hier gegen die oben von Menon angenommene These, dass alles Gute nützlich ist eingebracht, implizit ein Einwand vorgebracht.

Aber diese Verallgemeinerung, mit der ein Induktionsargument abgeschlossen wird, ist nur eine Prämisse für einen weitergehenden Schluss darauf, dass die Tugend Einsicht sein muss:

> Wenn die Tugend also eine seelische Eigenschaft ist und wenn sie notwendigerweise nützlich ist, dann muss sie Einsicht sein, da doch alle seelischen Eigenschaften an und für sich weder nützlich noch schädlich sind und erst, wenn Einsicht oder Unverstand dazukommen, schädlich oder nützlich werden. Nach diesem Argument muss die Tugend, da sie doch nützlich ist, eine Art Einsicht sein? (88c3–d3)

Menon stimmt dem zu. Sokrates legt das Argument für die Rolle der Einsicht nun auf die vorher diskutierten äußeren Güter um:

> So auch mit den anderen Dingen, Reichtum und dergleichen, von denen wir eben gesagt haben, dass sie manchmal gut, manchmal aber auch schädlich sind: So wie die Einsicht, wenn sie die übrige Seele leitete, die seelischen Eigenschaften nützlich machte, während der Unverstand sie schädlich machte, wird nicht so wiederum die Seele diese Dinge, wenn sie von ihnen richtig Gebrauch macht und sie richtig leitet, nützlich machen, wenn aber nicht richtig, dann schädlich? (88d4–e2)

Während an der früheren Stelle nur vom richtigen Gebrauch und dessen Fehlen (vgl. 87e4–88a5) die Rede war, so wird hier nun dem richtigen Gebrauch der äußeren Güter als handelndes Subjekt die Seele vorangestellt, von der vorher noch nicht gesprochen wurde. Das richtige und das fehlerhafte Leiten wird dann auf zwei Eigenschaften der Seele zurückgeführt:

> Richtig wird aber die einsichtige leiten, fehlerhaft dagegen die unverständige? (88e3–4)

Die griechischen Worte ἔμφρων (einsichtig) und ἄφρων (unverständig) sind auch etymologisch mit dem Wort φρόνησις (Einsicht) verwandt. Damit ist der Weg frei für die allgemeine Rolle der Einsicht:

> Kann man nun nicht ganz allgemein sagen, dass für den Menschen alles übrige, soll es gut sein, von der Seele abhängt, die seelischen Eigenschaften aber von der Einsicht? Und nach diesem Argument wäre das Nützliche Einsicht? Wir behaupten aber, die Tugend sei nützlich? (88e4–89a3)

Dann muss nur noch die Konklusion aus den beiden Prämissen „Die Tugend ist nützlich" und „Das Nützliche ist Einsicht" gezogen werden:

> Also behaupten wir, die Tugend sei Einsicht, entweder die Einsicht insgesamt oder ein Teil von ihr? (89a4)

Dass es Menon ist, der diese Argumentation als „treffend gesagt" (89a5) lobt, sollte unsere Skepsis wecken. Auffallend ist in jedem Fall, dass die Frage, ob die Tugend nützlich ist, mehrmals gestellt wird. Zunächst wird 87e2 diese These als Konklusion aus den beiden Prämissen „die Tugend ist gut" und „alles Gute ist nützlich" gefolgert. Dann tritt sie wiederum innerhalb der Folgerung 88c3–d3 an zwei Stellen auf: 88c4 und 88d2. Schließlich wird 89a3 die Frage, ob die Tugend nützlich ist, noch einmal wiederholt und ihre Bejahung von Menon wiederum übernommen. Warum diese Wiederholungen, da doch schon mit der Zugabe 87e2 die Frage endgültig geklärt zu sein scheint?

Dass diese These auf einer Ableitung beruht, die eine falsche Prämisse enthält, die Prämisse, dass alles Gute nützlich ist, und dass die Erwähnung des Glücks, der Eudaimonia, als Handlungsziel sogar ein Hinweis auf die Falschheit dieser Prämisse sein kann, muss noch nicht heißen, dass diese These selber falsch ist und/oder dass sie von Sokrates für falsch gehalten wird. Dass sie auf einer falschen Prämisse beruht, zeigt nur, dass sie unbewiesen und unbegründet ist, nicht aber, dass sie falsch ist.

Aber mit den Zugeständnissen, die Menon im Verlauf der Argumentation macht, ergibt sich für ihn, ohne dass er es bemerkt, eine höchst unangenehme Konsequenz, er könnte nämlich von Sokrates dahin gebracht werden, Widersprüchliches zu behaupten: Mit der These, dass die Tugend nützlich ist, steht nämlich etwas im Widerspruch, dass sich aus dem von Menon Zugestandenen gewinnen lässt. So wird von allen seelischen Eigenschaften (πάντα τὰ κατὰ τὴν ψυχήν) gesagt, sie seien an und für sich weder nützlich noch schädlich (88c5–6), zugleich sollen aber zu diesen seelischen Eigenschaften (τὰ κατὰ τὴν ψυχὴν 88a6) Besonnenheit, Gerechtigkeit und Tapferkeit (88a6–7) gehören, also seelische Eigenschaften, die klarerweise Tugenden sind und im Verlauf des Dialoges auch allesamt von Menon als solche bezeichnet worden sind (vgl. 73d9–74a4). Auch die Tugend selbst wird zu den Dingen in der Seele gezählt (τῶν ἐν τῇ ψυχῇ 88c4), und im selben Satz heißt es von allen seelischen Eigenschaften (πάντα τὰ κατὰ τὴν ψυχὴν 88c5), dass sie an und für sich weder nützlich noch schädlich sind. Es ist schwer zu sehen, wie etwas in der Seele nicht zugleich eine seelische Eigenschaft soll sein können. Und dass eine Tugend wie Besonnenheit oder Gerechtigkeit an und für sich nicht nützlich sein soll, widerspricht der These, dass Tugend und damit jede Tugend nützlich sein soll. Menon hat Dinge zugestanden, die ihn in einen Widerspruch nötigen, auch wenn Sokrates diese Konsequenzen nicht zieht. Es scheint, dass Sokrates seinen Gesprächspartner Menon hier mit Absicht in eine Reihe argumentativer Fallen laufen lässt.

Sokrates äußert sich nicht zu Menons Kompliment 89a5, sondern kommt zu einer weiteren Folgerung:

> Wenn das so ist, dann gäbe es die guten Menschen keineswegs von Natur aus? (89a6)

Menon erklärt, dass das seine Meinung ist (89a7). Dabei sind die guten Menschen diejenigen, die über Tugend verfügen. Anders gesagt, aus den Ergebnissen der bisherigen Diskussion soll sich ergeben, dass die Tugend nicht von Natur aus den Menschen zukommt, dass also eine der zu Anfang von Menon angeführten Alternativen (vgl. 70a3) ausgeschlossen werden kann. Aber warum soll sich das aus den bisherigen Darlegungen ergeben? Offenbar ist dabei unausgesprochen vorausgesetzt, dass Einsicht nichts ist, was einem Menschen als natürliches Talent zukommen könnte. Einsicht ist dann notwendigerweise eine erworbene Eigenschaft.

Sokrates verstärkt den Gedanken, dass gute Menschen nicht von Natur aus entstehen, noch durch ein Gedankenexperiment, das allerdings wegen seiner Absurdität wiederum gewisse komische Konnotationen hat:

> Wenn die guten Menschen von Natur aus so wären, dann gäbe es bei uns wohl Leute, die unter den Jugendlichen die ihrer Natur nach guten erkennen würden, welche wir dann nach diesem Nachweis von ihnen übernehmen würden, um sie auf der Akropolis unter Bewachung zu stellen; wir würden sie weit sorgfältiger unter Siegel setzen als unser Gold, damit niemand sie verderben könnte, sondern damit sie als Erwachsene den Städten von Nutzen sein möchten. (89b1–6)

Da es aber auf der Akropolis kein Internat für tugendhafte junge Bürger gibt, so soll der Leser ergänzen, gibt es eben keine Tugend von Natur aus. Menon findet das plausibel. Nachdem Sokrates also eine der Alternativen in Menons Anfangsfrage ausgeschieden hat, kommt er zu einer weiteren:

> Da die guten Menschen nicht von Natur aus gut werden, werden sie es dann durch Lernen? (89c1–2)

Menon sieht sich schon am Ziel ihrer Überlegungen:

> Das scheint mir schon notwendig zu sein. Und nach unserer Voraussetzung, Sokrates, liegt es auf der Hand, dass die Tugend, wenn sie denn Wissen ist, lehrbar ist. (89c3–5)

Aber notwendig wäre diese Folgerung nur, wenn die Alternativen in Menons Ausgangsfrage auf die beiden Fälle von Natur aus oder durch Lehre/Lernen beschränkt gewesen wären. Tatsächlich hatte Menon dort aber nicht nur zwei

Alternativen genannt, sondern neben der Lehrbarkeit der Tugend und ihrem Zukommen von Natur aus auch noch die Möglichkeit des Einübens und schließlich noch die unbestimmte Möglichkeit eines Zukommens „auf sonst irgendeine Art und Weise" (ἄλλῳ τινὶ τρόπῳ 70a3). Erst wenn sich diese weiteren Möglichkeiten ebenfalls ausschließen ließen, wäre Menons Behauptung einer notwendigen Folgerung berechtigt.

Da Menon diese anderen Alternativen offenbar aus dem Blick verloren hat und da er, wie sein kommentierendes Kompliment 89a5 zeigt, den Gedanken, dass die Tugend Einsicht und damit Wissen ist, für ausreichend bewiesen hält, liegt es für ihn nahe, aus dem Konditional, wenn Tugend Wissen ist, dann ist sie lehrbar, also aus (7), auf die Wahrheit des Succedens, also die Lehrbarkeit der Tugend zu schließen. Gegen die dabei vorausgesetzte Überzeugung Menons, dass die Tugend Wissen ist, bringt Sokrates nun einen ersten Zweifel vor:

> Vielleicht, beim Zeus. Aber dass wir dieses Zugeständnis nur nicht zu Unrecht gemacht haben. (89c6)

Darauf zitiert Menon sein Kompliment von 89a5, wenn er einwendet

> Vorhin schien uns das freilich noch ganz treffend gesagt. (89c7)

Sokrates, der sich an der Stelle 89a5 einer Bemerkung zu Menons Bewertung der Argumentation enthalten hatte, gibt nun zu erkennen, dass er die Einschätzung Menons eben nicht teilt (89c8–10), und auf Menons Bitte um Erklärung der Gründe für seinen Zweifel setzt Sokrates ihm folgendes auseinander:

> Dass die Tugend lehrbar ist, wenn sie Wissen ist, das nehme ich nicht zurück, als wäre es keine zutreffende Behauptung. Untersuche aber, ob ich deiner Meinung nach zu Recht bezweifle, dass die Tugend Wissen ist. Sage mir nämlich folgendes: Wenn irgendein beliebiger Gegenstand gelehrt werden kann, nicht nur die Tugend, ist es dann nicht notwendig, dass es dafür Lehrer und Schüler gibt? (89d3–7)

Sokrates verweist also auf eine ganz allgemeine Konsequenz, die sich aus der Annahme der Lehrbarkeit irgendeines Gegenstandes, also auch Lehrbarkeit der Tugend, zu ergeben scheint, nämlich die Existenz von Lehrern und Schülern, und macht nun in einem Umkehrschluss folgendes geltend:

> Hätten wir nicht auch umgekehrt mit der Vermutung ganz recht, dass das, wofür es weder Lehrer noch Schüler gibt, nicht lehrbar sei? (89e1–2)

Auch bei dieser Frage des Sokrates fällt auf, dass er sich einer Begrifflichkeit bedient, welche die Rede von einem Wissen vermeidet und statt dessen, wie schon ähnlich 87d7, von einem bloßen ‚vermuten' (hier: εἰκάζειν) redet, wobei er an dieser Stelle wie schon 87d7 das Verb in einer Partizipialform mit der Form des Optativs verbindet. Mit dem Gebrauch des Optativs wird die Distanz zu einer Behauptung, die auch in dem verwendeten Verb selber liegt, noch weiter verstärkt. Sokrates legt also offensichtlich Wert darauf, an einer entscheidenden Stelle der Argumentation keine behauptende Festlegung zu treffen.

Wenn die Tugend aber nicht lehrbar sein sollte, dann folgt natürlich ebenso, dass sie kein Wissen sein kann. Denn ganz analog ließe sich ein Umkehrschluss auf die Aussage (7) anwenden:

> Wenn die Tugend aber eine Art Wissen ist, liegt es auf der Hand, dass sie lehrbar sein dürfte.
> (vgl. 87c5–6).

Nämlich:

> Wenn die Tugend nicht lehrbar ist, dann ist sie kein Wissen.

Und Menon hat mit dem Zugeständnis zu der Frage des Sokrates 89e1–2 eingeräumt, dass das Fehlen von Lehrern und Schülern der Tugend zur Folge hat, dass die Tugend kein Wissen sei. Menon konzediert zwar die gerade von Sokrates 89e1–2 formulierte Konditionalaussage, will aber sogleich von Sokrates auch wissen, ob er denn nicht meine, dass es Lehrer der Tugend gebe:

> Das stimmt. Aber bist du denn nicht der Meinung, dass es Lehrer der Tugend gibt? (89e3–4)

Diese Frage führt dann zu einem ausführlichen Gespräch über die Möglichkeit der Existenz von Lehrern der Tugend, in das nun Anytos einbezogen wird.

Insgesamt macht der Abschnitt des Dialoges 86d6–89c6 den Eindruck, dass Menon, der sich einer Untersuchung der Frage nach der Definition der Tugend verweigert und wiederum seine Ausgangsfrage nach der Lehrbarkeit der Tugend zum Gegenstand des Gesprächs machen möchte, hier als jemand vorgeführt werden soll, der nicht in der Lage ist, den dialektischen Zügen des Sokrates etwas entgegenzusetzen. Die Diskussion beginnt mit klaren argumentativen Fehlern auf Seiten Menons. Und die Annahme, dass „es nichts Gutes gibt, das nicht unter das Wissen fällt" (87d5–6), wird im weiteren Verlauf des Gesprächs durch den Hinweis auf die Nützlichkeit der vom Wissen unterschiedenen wahren Meinung außer Kraft gesetzt. Da aber dieser Hinweis von Sokrates gegeben wird (vgl. 97a6–c3) und Sokrates das, was er dort sagt, wohl auch schon vorher gewusst hat, scheint das ein deutliches Indiz dafür, dass er Menon hier mit Absicht an der Nase herumgeführt hat. Es ist, wenn man so will, die Rache des Dialektikers an dem Eigensinn seines Gesprächspartners. Moralisch scheint Sokrates zu einem solchen Umgang mit Menon dadurch gerechtfertigt, dass dieser sich auch nach dem Exkurs der Geometriestunde, die ihm gerade den Nutzen der Erkenntnis eines Nichtwissens vor

Augen geführt hatte, immer noch weigert, die gemeinsame Untersuchung nach der Definition der Tugend in Angriff zu nehmen. Dass dieser Umgang mit Menon wiederum zum komödienhaften Charakter des Dialoges beiträgt, versteht sich am Rande.

Gibt es Lehrer der Tugend? Das Gespräch mit Anytos (89e5–95a7)

Auf die Rückfrage Menons stellt Sokrates fest, dass seine Suche nach solchen Lehrern bislang erfolglos war, obwohl er sich dabei der Hilfe derer versichert habe, „die meiner Meinung nach in dieser Sache zu den Kundigsten zählen" (89e7–8). Daraufhin wird nun Anytos, dessen Gastfreundschaft Menon genießt, von Sokrates angesprochen und nimmt eine Zeit lang die Rolle des Gesprächspartners ein.

Die Frage, was Platon bewogen hat, Anytos hier zu einem Gesprächspartner des Sokrates zu machen, wird sich nach der Untersuchung des mit ihm geführten Gespräches eher beantworten lassen. Da Anytos der Hauptankläger des Sokrates in dessen Prozess war und da dieser Umstand den Lesern des *Menon*, auch etwa solchen in der Magna Graecia, bekannt gewesen sein dürfte, ließ sich jedenfalls diese Person hier außerhalb der streitgeprägten Situation einer Gerichtsverhandlung präsentieren, wie sie in der *Apologie* vorherrscht. Auffallend ist, dass Sokrates seinen späteren Ankläger hier mit ausgesuchter Courtoisie vorstellt, sein Vater Anthemion wird als erfolgreicher Geschäftsmann dargestellt, der seinen Reichtum „durch eigene Geschäftstüchtigkeit und eigene Mühe erworben hat und der darüber hinaus auch im Rufe steht, kein arroganter, eingebildeter oder unangenehmer Bürger zu sein, sondern als loyaler und bescheidener Mann gilt" (90a4–b1), im Unterschied zu anderen Personen wie dem Thebaner Ismenias, welcher durch eine Schenkung des Polykrates reich geworden ist. Schließlich habe Anthemion seinen Sohn Anytos „gut erzogen und ausgebildet", jedenfalls nach der Meinung der großen Masse der Athener, die „ihn doch in die höchsten Ämter wählen" (90b2).

Natürlich dient diese Vorstellung des Anthemion, des Vaters des Anytos, auch dazu, das Bild eines Mannes zu zeichnen, von dem sich der Sohn in dem anschließenden Gespräch sehr unvorteilhaft abheben wird. Das spätere Verhalten des Anytos zeigt ihn gerade als arrogant, eingebildet und unangenehm.

Die ersten Fragen, die Sokrates an Anytos richtet, betreffen als Lehrer die Ärzte und die Schuster: zu ihnen würden wir, so Sokrates, Menon schicken, wenn wir ihn zu einem guten Arzt oder zu einem guten Schuster würden ausbilden lassen wollen (vgl. 90b6–c6). Die folgenden beiden Fragen wiederholen diese Fragen, wobei der Schuster nun durch den Flötenspieler[62] ersetzt wird, aber sie fügen in beiden Fällen zwei Aspekte hinzu, die bei den ersten Fragen noch nicht thematisch waren. Es gehe darum, den potentiellen Schüler zu Leuten zu schicken, „welche die betreffende Kenntnis für sich beanspruchen" und „die eine Entlohnung dafür verlangen" (90d2–3), so bei den Ärzten als Lehrern, und von den Flötenspielern heißt es analog, dass sie „diese Kenntnis zu lehren versprechen und dafür eine Entlohnung verlangen" (90e1–2). Sokrates lässt sich von Anytos ausdrücklich bestätigen, dass sie mit Blick darauf das Richtige tun würden. Abschließend fragt Sokrates seinen Gesprächspartner, ob es nicht höchst unvernünftig wäre, ihn zu Leuten zu schicken,

> die weder von sich behaupten, Lehrer zu sein, noch einen einzigen Schüler in dem Fach vorweisen können, das er nach unserer Auffassung bei denjenigen, zu denen wir ihn hinschicken, lernen sollte? (90e4–6)

Anytos bestätigt das nachdrücklich. Sokrates stellt nun Menon als jemanden vor, der nicht einfach nur eine von ihm aufgeworfene Frage geklärt haben möchte, sondern der für sich selber

> hinter jener Kenntnis und Tugend her ist, aufgrund deren die Menschen Hauswesen und Staaten richtig verwalten, aufgrund deren sie ihre eigenen Eltern achten und aufgrund deren sie wissen, wie man Mitbürger und Fremde so aufnimmt und ziehen lässt, wie es einem rechtschaffenen Mann ansteht. (91a3–6)

Für die eigentliche Frage kann er dann unter wörtlicher Anknüpfung an das, was er vorher mit dem Beifall des Anytos zu den Beispielen von Arzt, Schuster und Flötenspieler gesagt hat, nun auf den Fall der Lehrer der Tugend umlegen:

> Oder liegt es nach dem gerade diskutierten Argument nicht auf der Hand, dass wir ihn zu den Personen schicken sollten, die von sich erklären, Lehrer der Tugend zu sein, und die

---

[62] Die Vorstellung, dass Menon, der ja aus der aristokratischen Oberschicht Thessaliens stammt, zum Schuster oder zum Flötenspieler ausgebildet werden könnte, trägt wiederum zum komischen Charakter des Dialoges bei. Flötenspieler standen in der gesellschaftlichen Hierarchie nicht sehr hoch, schließlich war dieses Instrument, der aulos, der eher unserer Klarinette ähnelt, vor allem auch im Gefolge des Dionysos zu finden. Aristoteles etwa ist der Meinung, dass die Flöte wegen ihres aufreizenden Charakters aus der Erziehung herausgehalten werden sollte (*Pol.* VIII 6, 1341a18–22). Und in der *Politeia* will Sokrates die Fötenmacher und Flötenspieler aus seinem Staat verbannen (*Pol.* III, 399d). Dass ein Schuster kaum ein passendes Berufsziel für einen jungen Aristokraten darstellt, liegt auf der Hand. Dabei hätte es ja an ‚besseren' Beispielen nicht gefehlt: Ausbildung zum Rhetor oder zum Strategen etwa.

sich öffentlich jedem lernwilligen Griechen anbieten und dafür eine Entlohnung festsetzen
und verlangen? (91b1-5)

Damit hat Sokrates die Sophisten als Lehrer beschrieben, und als Anytos zurückfragt, wen er denn da meine, kann Sokrates ihm entgegenhalten

> Aber auch du weißt doch ganz gut, dass es die sind, die bei den Leuten Sophisten heißen. (91b7-8)

Auch Anytos wird das wissen und seine vorgeschützte Unwissenheit wird von Sokrates nicht ernst genommen.

Das Stichwort „Sophisten" löst nun bei Anytos eine Tirade gegen die Sophisten aus, die aber durch keinerlei Argumente gestützt wird. Seine Hauptthese besagt, dass die Sophisten die Leute, die zu ihnen als Schüler kommen, nur verderben. Schließlich, so Anytos, sei es „doch klar, dass diese Personen allen, die mit ihnen Umgang haben, Schande und Verderben bringen." (91c4). Sokrates legt in seiner Erwiderung Wert auf die Ungereimtheit dieser Position: Wieso sollen Personen, die das, was man ihnen zur Besserung übergeben hat, nämlich ihre Schüler, schlechter gemacht haben, ohne dass das bemerkt worden wäre? Er verweist auf das Beispiel des Protagoras, der mit diesem Anspruch und mit seiner Tätigkeit, die er über vierzig Jahre ausgeübt hat, zu enormem Reichtum gekommen ist (91d3-e7). Auch sei Protagoras nicht der einzige auf diesem Gebiet. Und er fragt abschließend Anytos zu den Sophisten:

> Was sollen wir denn dann deinem Argument nach behaupten? Dass sie die jungen Leute wissentlich täuschen und schlimm schädigen? Oder dass auch ihnen selbst das entgangen ist? Und müssen wir diese Leute, die doch laut einigen zu den kenntnisreichsten Menschen zählen, für so verrückt halten? (92a2-5)

Anytos erwidert, ohne auf die Frage des Sokrates und die damit aufgedeckte Ungereimtheit seiner Ablehnung der Sophisten einzugehen:

> Sokrates, diese Personen sind ganz und gar nicht verrückt, sondern das sind viel eher die jungen Leute, die sie bezahlen, und mehr noch ihre Angehörigen, die ihnen das erlauben, am allermeisten aber die Städte, die sie einreisen lassen und nicht jeden ausweisen, der sich mit einer derartigen Beschäftigung abgibt, sei es ein Fremder oder ein Bürger. (92a6-b3)

Sokrates sieht in dieser Äußerung seines Gesprächspartners nichts, worauf eine inhaltliche Erwiderung notwendig wäre, sondern ein Symptom einer tiefsitzenden Abneigung gegen die Sophisten. Er sucht daher nur nach dem Motiv für diese Einstellung und erkundigt sich:

> Anytos, hat dir irgendein Sophist etwas angetan, oder warum bist du so böse auf sie?
> (92b4–5)

In seiner Antwort stellt Anytos klar, dass er nie mit einem Sophisten etwas zu tun hatte und dass er das auch nie einem der Seinen gestatten würde. Das impliziert als Antwort auf die Frage des Sokrates, dass ihm jedenfalls von den Sophisten nie jemand geschadet hat. In dem anschließenden Wortwechsel stellt sich Anytos als jemand dar, der die Sophisten gar nicht persönlich kennt, aber trotzdem weiß, wer sie sind.

Soviel verbohrte Voreingenommenheit löst bei Sokrates nur die ironische Bemerkung aus:

> Anytos, dann bist du vielleicht ein Hellseher. Denn nach dem was du sagst, wundere ich mich schon, wie du sonst etwas über diese Leute wissen willst. (92c6–7)

Aber dann lenkt Sokrates das Gespräch wieder zurück zu der Frage, wer denn als Lehrer der Tugend für Menon in Frage kommt.

> Aber wir wollten schließlich nicht herausbekommen, wer die Leute sind, bei denen Menon, wenn er hinginge, charakterlos werden würde – denn das sollen, wenn du willst, die Sophisten sein. Nenne uns dann aber diejenigen, und mache dich um ihn hier, der schon von deinem Vater her euer Gastfreund ist, dadurch verdient, dass du ihm sagst, zu welchen Leuten er in einer so großen Stadt hingehen soll, um in der Tugend, über die ich eben diskutiert habe, etwas zu leisten, was der Rede wert ist. (92c7–d4)

Für die Fragestellung des Dialoges insgesamt ist immerhin festzuhalten, dass die Sophisten als Lehrer der Tugend hier nur um des Argumentes willen ausgeschieden werden. Sachlich ist die Frage ihrer Kompetenz als Lehrer nicht abschließend geklärt.

Die Reaktion des Anytos auf diese Aufforderung des Sokrates zeigt ihn als einen ausgesprochen arroganten und unangenehmen Menschen, ganz das Gegenteil des Bildes, das Sokrates von seinem Vater Anthemion 90a gezeichnet hatte. Er fragt Sokrates:

> Warum hast du es ihm nicht gesagt? (92d5)

Die Erwiderung des Sokrates auf diese einigermaßen unhöfliche Reaktion des Anytos ist nun durchaus aufschlussreich:

> Aber wen ich für Lehrer auf diesem Gebiet halte, habe ich gesagt, doch war das Unsinn, wie du behauptest, und da hast du vielleicht recht. Jetzt bist du aber an der Reihe; sage ihm, zu wem er in Athen gehen soll. Nenne ihm einen Namen nach deinem Belieben. (92d6–e3)

Klarerweise gibt Sokrates hier zu verstehen, dass er vorher für die Sophisten als Lehrer plädieren wollte. Seine Verteidigung des Protagoras ist also auch ein Plädoyer für diesen Sophisten als Lehrer der Tugend.

Auf die Behauptung des Anytos, dass doch jeder der rechtschaffenen Athener Menon besser machen würde als die Sophisten (92e4–6), lenkt Sokrates das Gespräch zurück zu der Frage, welche Rolle die Lehre dabei spielen kann, rechtschaffene Athener zu solchen zu machen:

> Sind denn diese rechtschaffenen Männer von selbst so geworden, und sind sie, ohne es von jemandem gelernt zu haben, trotzdem in der Lage, anderen das beizubringen, was sie selbst nicht gelernt haben? (92e7–93a1)

Darauf Anytos:

> Ich jedenfalls bin der Ansicht, dass auch sie es von ihren Vorfahren gelernt haben, da diese ebenfalls rechtschaffen waren. Oder glaubst du nicht, dass es in dieser Stadt zahlreiche gute Männer gegeben hat? (93a2–4)

Er antwortet also auf die Frage des Sokrates in der Weise, dass er die Annahme in der Frage des Sokrates bestreitet, diese Männer seien ohne Lehrer rechtschaffen geworden. Und er stellt zugleich eine provokative Gegenfrage, nämlich die, ob Sokrates die Existenz guter Männer in Athen bestreitet. Darauf stellt Sokrates klar, dass die Gegenfrage des Anytos nur von ihrer eigentlichen Untersuchung wegführt:

> Anytos, ich meinesteils glaube sowohl, dass es hier gute Staatsmänner gibt, als auch, dass es sie bereits früher nicht weniger gegeben hat als heute. Aber waren diese Männer auch gute Lehrer in ihrer Tugend? Denn darum dreht sich unser Argument; nicht, ob es hier gute Männer gibt oder nicht, noch, ob es sie früher gegeben hat, sondern ob die Tugend lehrbar ist, das ist die ganze Zeit schon der Gegenstand unserer Untersuchung. Und bei dieser Untersuchung untersuchen wir jetzt, ob die guten Männer, seien es die der Gegenwart oder die der Vergangenheit, es auch verstanden haben, diese Tugend, in der sie selbst sich auszeichneten, auch anderen weiterzugeben; oder ob sie weder einem Menschen weitergegeben werden noch von einem anderen übernommen werden kann. (93a5–b5)

Sokrates konfrontiert dann im folgenden seinen Gesprächspartner Anytos mit Beispielen von angesehenen Athenern, die ihre Söhne zwar auf sportlichem Gebiet, im Reiten oder im Ringkampf haben exzellent ausbilden lassen, die aber offenbar nicht in der Lage waren, ihnen jene intellektuellen und charakterlichen Qualitäten zu vermitteln, durch die sie selbst sich ausgezeichnet haben. Er beginnt mit Athenern der jüngeren Vergangenheit, zunächst mit Themistokles (c. 524–459), der in den Perserkriegen des fünften Jahrhunderts eine führende Rolle gespielt hat. Die Frage des Sokrates

> Würdest du nicht behaupten, dass Themistokles ein guter Mann gewesen ist? (93c1)

wird von Anytos emphatisch bejaht. Aber als Sokrates fortfährt

> Dass er also auch, wenn denn überhaupt einer in seiner eigenen Tugend ein Lehrer wäre, ein guter Lehrer gewesen wäre? (93c3–4)

möchte Anytos eine Einschränkung machen:

> Das glaube ich in der Tat, wenn er denn gewollt hätte. (93c5)

Gegen diese Einschränkung, das „wenn er denn gewollt hätte", richtet sich aber sofort der Widerspruch des Sokrates:

> Aber glaubst du denn, er würde dann nicht gewollt haben, dass auch andere gut und rechtschaffen werden, und ganz besonders sein eigener Sohn? Oder glaubst du, er habe ihm die Tugend, in der er selber sich doch auszeichnete, missgönnt und mit voller Absicht nicht weitergegeben? (93c6–d2)

Nun hat, wie auch Anytos gehört hat, Themistokles seinen Sohn Kleophantos zu einem perfekten Reiter ausbilden lassen (vgl. 93d2–7). Aber auf die Frage

> Wie nun! Hast du jemals von einem jüngeren oder älteren gehört, dass Kleophantos, der Sohn des Themistokles, auf den Gebieten tüchtig und beschlagen war, auf denen es sein Vater war? (93e3–5)

muss Anytos einräumen, dass er derartiges nicht gehört hat (93e6).

Das nächste Beispiel ist Aristides (ca. 530–468), ein Zeitgenosse und zeitweise ein politischer Gegenspieler des Themistokles. Aristides hat sich ebenfalls in den Perserkriegen als militärischer Führer ausgezeichnet und sich den Beinamen ‚der Gerechte' erworben. Auch seine moralische und intellektuelle Qualität steht für Anytos außer Zweifel (vgl. 94a1–4).

> Ließ nun nicht auch er seinen Sohn Lysimachos in allem, wofür es Lehrer gab, von allen Athenern am besten ausbilden? Aber meinst du, dass er ihn damit zu einem besseren Mann gemacht hat als sonst wen? Schließlich bist du ja mit Lysimachos bekannt und weißt aus eigener Anschauung, was für einer er ist. (94a5–8)

Hier wartet Sokrates die Antwort des Anytos gar nicht ab. Offenbar war Lysimachos ein stadtbekannt missratener Sohn, und es genügt, Anytos an seine persönliche Bekanntschaft mit diesem Mann zu erinnern.

Nach diesen beiden Beispielen aus der Zeit der Perserkriege erwähnt Sokrates zwei bedeutende Athener, die er und Anytos noch selbst gekannt haben dürften, zunächst Perikles (c. 495–429):

> Oder nimm Perikles, diesen auf so souveräne Art verständigen Mann, du weißt doch, dass er zwei Söhne großgezogen hat, Paralos und Xanthippos? (94a9–b2)

Auch diese wurden zu Reitern ausgebildet, so dass sie es mit jedem Athener aufnehmen konnten, und außerdem in der Musik und im Sport (vgl. 94b4–6). Und dann greift Sokrates wieder die Bemerkung seines Gesprächspartner aus 93c5 auf, mit der Anytos das Lehren der Tugend von einem Wollen hatte abhängig machen wollen:

> Und er soll sie nicht zu tugendhaften Männern haben machen wollen? Ich denke, er wollte schon, aber das ist vielleicht nichts, was sich unterrichten lässt. (94b6–8)

Hier wird offensichtlich unterstellt, dass die beiden Söhne des Perikles an die charakterlichen und intellektuellen Qualitäten ihres Vaters keineswegs heranreichten. Und Sokrates zieht aus diesem Fall nun eine vorsichtige Konsequenz, die nämlich, dass sich die Tugend vielleicht nicht unterrichten lässt.

Als letztes Beispiel führt Sokrates dann Thukydides, den Sohn des Melesias an.[63] Auch er, so ist zu verstehen, hat seinen Söhnen Melesias und Stephanos nicht die Tugend vermitteln können, über die er selbst verfügte.[64]

> Damit du aber nicht meinst, nur wenige und ganz unbedeutende Athener seien dazu nicht in der Lage gewesen, denke doch daran, dass auch Thukydides zwei Söhne großgezogen hat, Melesias und Stephanos, und sie in jeder Hinsicht gut ausbilden ließ, sie waren die besten Ringkämpfer in Athen, er hatte den einen nämlich zu Xanthias, den anderen zu Eudoros geschickt, die damals als die besten Ringkämpfer galten. Oder erinnerst du dich nicht mehr daran? (94b8–c5)

Anytos bestätigt, dass er davon gehört hat. Sokrates kann dann weiterfragen:

> Ist es denn nicht klar, dass er seine eigenen Kinder wohl kaum zwar darin hätte ausbilden lassen, wofür ein erheblicher Aufwand erforderlich ist, dass er sie aber zu guten Männern,

---

63 Thukydides, ein Zeitgenosse des Perikles, war ein Gegner von dessen Baupolitik.
64 Lysimachos, der Sohn des Aristides, und Melesias, der Sohn des Thukydides, treten auch im platonischen *Laches* auf und klagen dort ihre Väter an, dass diese sich zu wenig um ihre Erziehung gekümmert hätten (*Lach.* 179c), ein Urteil, das dann von Laches ausdrücklich bestätigt wird (vgl. *Lach.* 180b).

wofür nichts aufzuwenden ist, nicht hätte ausbilden lassen, wenn sich das denn unterrichten ließe? (94c7–d3)

Sokrates kann dann folgern und nimmt dabei auch noch zu dem Argument eines Zeitmangels aufgrund der politischen Tätigkeit Stellung:

> Also würde er wohl, wenn die Tugend sich unterrichten ließe, jemanden unter den Einheimischen oder unter den Fremden gefunden haben, um seine Söhne zu guten Männern zu machen, falls er selbst wegen seiner politischen Amtsgeschäfte dafür keine Zeit gehabt hätte. Aber, Anytos mein Freund, die Tugend dürfte doch wohl nichts sein, was sich unterrichten lässt. (94d6–e2)

Auch hier also will Sokrates auf die Konsequenz hinaus, dass die Tugend nicht zu den Dingen gehört, die sich unterrichten lassen. Damit ist die von Anytos 92e4–6 eingenommene Position, dass jeder rechtschaffene Athener Menon besser machen würde als die Sophisten, *prima facie* widerlegt. Gerade Athener, die nach dem Urteil des Anytos selbst über Tugend verfügen, sind offenbar nicht in der Lage gewesen, sie den Personen zu vermitteln, denen die Tugend zu vermitteln sie allen Grund gehabt hätten, nämlich ihrem eigenen Nachwuchs.

Natürlich hätte Anytos sich in der Weise aus der Affäre ziehen können, dass er nicht die Söhne dieser bedeutenden Athener ins Auge gefasst hätte, sondern deren Väter, von denen sich vermutlich einige doch als tugendhaft erwiesen haben. Es hätte dann nahegelegen, ihren Vätern das Verdienst einer Vermittlung der Tugend an ihre Söhne zuzuschreiben. Aber diesen Ausweg hat ihm der Autor Platon nicht erlaubt. Doch dessen ungeachtet bleibt der Nachweis, dass bedeutende gute Männer, Personen, die über Tugend verfügten, nicht in der Lage waren, diese Eigenschaft ihren Kindern zu vermitteln, ein starkes Argument gegen die Lehrbarkeit der Tugend.

Anytos geht aber auf die letzte Bemerkung des Sokrates inhaltlich gar nicht ein:

> Sokrates, ich denke, du redest recht leichtfertig schlecht über andere Menschen. Ich für meine Person würde dir raten, wenn du denn auf mich hören willst, sehr auf der Hut zu sein. Es ist vielleicht auch in einer anderen Stadt leichter, Menschen zu schädigen als ihnen Gutes zu tun, aber hier bei uns ist es ganz sicher so. Ich glaube, dass du das auch selber weißt. (94e3–95a1)

Er hat aus den Worten des Sokrates nur herausgehört, dass dieser bei den von ihm erwähnten athenischen Staatsmännern einen mangelnden Erfolg in der Erziehung ihrer Söhne, soweit es um die Vermittlung der Tugend ging, festgestellt und sie damit in seinen Augen negativ bewertet hat. Anytos kommentiert lediglich die Bemerkungen des Sokrates, ohne auf sie zu antworten. Er warnt Sokrates vor den Folgen seines Verhaltens, gerade in Athen. Für den zeitgenössischen Leser des *Menon* muss diese Warnung aus dem Munde des späteren Sokrates-Anklägers Anytos eher wie eine Drohung klingen.

Sokrates' Erwiderung auf diese Bemerkung des Anytos ist ebenfalls ein Kommentar zu den letzten Worten seines bisherigen Gesprächspartners, ein Kommentar, den er an Menon richtet:

> Menon, ich habe den Eindruck, Anytos ist böse auf mich, und ich wundere mich nicht einmal darüber. Er glaubt nämlich einerseits, dass ich die erwähnten Männer schmähe, andererseits ist er der Ansicht, dass er selbst einer von ihnen ist. Aber wenn er erst einmal weiß, was ‚schlecht reden' ist, wird er schon aufhören, auf mich böse zu sein; jetzt aber weiß er es nicht. Sag du mir aber jetzt, gibt es nicht bei euch rechtschaffene Männer? (95a2-7)

Sokrates vermutet also ganz zurecht, dass Anytos die Kritik an den vier Staatsmännern Athens auch auf sich selbst bezieht und dass das wohl der Grund seiner Verärgerung ist. Etwas merkwürdig ist die Bemerkung, dass Anytos nicht wisse, was ‚schlecht reden' ist, und dass er, wenn er es wisse, nicht länger böse auf Sokrates sein werde. Tatsächlich hat Sokrates sich darauf beschränkt, allgemein bekannte Tatsachen über die erwähnten Staatsmänner und ihre Söhne mitzuteilen. Da er aus der Tatsache, dass ihre Söhne jedenfalls nicht über die Tugenden ihrer Väter verfügen, nur die Folgerung ziehen wollte, dass die Tugend nicht zu den Dingen gehört, die durch Belehrung vermittelt werden können, war damit nicht einmal ein Vorwurf an die Adresse der vier Staatsmänner verbunden. Insoweit läuft also der Vorwurf des Anytos, Sokrates rede schlecht über andere Menschen, in der Tat ins Leere.

Das Gespräch mit Anytos ist damit zu Ende. Warum hat Platon ihn hier in der Rolle des Gesprächspartners in den Dialog einbezogen? Ein Grund dürfte wohl mit dem Thema zu tun haben, das hier mit Anytos erörtert wird, der Frage, ob Väter ihren Kindern die Tugend, über die sie selber verfügen, auch weitergeben können. Da Eltern die natürlichen Lehrer ihrer Kinder gerade auf dem Gebiet charakterlicher Vorzüge zu sein scheinen, ist das bei einer Diskussion über die Lehrbarkeit der Tugend in jedem Fall eine naheliegende Frage. Um sie aber an konkreten Beispielen aus der jüngeren Geschichte Athens durchzudeklinieren, an Beispielen, die auch den Lesern des *Menon* vor Augen stehen konnten, war Menon selber nicht der geeignete Gesprächspartner, schon weil es nicht plausibel wäre, bei ihm die Kenntnis athenischer Verhältnisse vorauszusetzen. Dafür war schon ein Athener notwendig. Und hier bot sich mit Anytos nicht nur jemand an, der selber ein wichtiger und über die Grenzen Athens hinaus bekannter athenischer Politiker war – seine Rolle bei der Wiederherstellung der Demokratie in Athen sicherte ihm Bekanntheit auch außerhalb seiner Heimatstadt –, sondern auch jemand, der als Ankläger im Prozess des Sokrates in besonderer Beziehung zu Sokrates steht. Schließlich kommt er in Platons *Apologie des Sokrates* zwar vor, aber bleibt dort im Unterschied zu Meletos, den Sokrates in ein Gespräch verwickelt (*Apol.* 24c–27e), eher farblos. Sein Auftritt im *Menon* bot für Platon die Gelegenheit, diesen Ankläger des Sokrates auch in seiner überheblichen und arroganten Art vor Augen zu stellen.

Sokrates und Menon über die Lehrbarkeit der Tugend (95a6–96d3)

Mit der an Menon gerichteten Erkundigung

> Sag du mir aber jetzt, gibt es nicht auch bei euch rechtschaffene Männer? (95a6–7)

lenkt Sokrates das Gespräch wieder zum Thema der Lehrbarkeit der Tugend zurück. Nachdem vorher einzelne Fälle aus Athen beispielhaft behandelt worden sind, wird nun auf Thessalien, die Heimat Menons, abgestellt. Allerdings werden dann keine mit den berühmten Athenern vergleichbaren Thessalier genannt. Es genügt, dass Menon mit seiner zustimmenden Antwort auf diese Frage die Existenz rechtschaffener Thessalier behauptet hat.

Sokrates kann daher weiterfragen:

> Haben diese die Absicht, sich den jungen Leuten als Lehrer anzubieten? Stimmen sie auch in der Meinung überein, dass sie Lehrer sind oder dass die Tugend lehrbar ist? (95b1–2)

Die zweite dieser beiden Fragen expliziert etwas, das in der ersten vorausgesetzt ist. Diese rechtschaffenen Männer in Thessalien können sich ja nur dann als Lehrer (der Tugend) anbieten, wenn sie der Überzeugung sind, dass sie selber Lehrer sind und dass die Tugend lehrbar ist. Menon gibt zur Antwort, dass diese Personen das einmal bejahen, ein anderes Mal nicht (95b3–4). Er ist, wie der nächste Wortwechsel zeigt, dann auch der Meinung, dass Personen, die sich über die Lehrbarkeit ihres Gebietes uneinig sind, kaum als Lehrer taugen (95b5–7). Die Frage, ob er denn die Sophisten, die sich ja schließlich selber als Lehrer der Tugend verstehen, für solche Lehrer hält (95b8–c1), wird von ihm dahingehend beantwortet, dass auch er zu diesem Punkt keine entschiedene Meinung hat. Ihm geht es wie den meisten, einmal ja, ein anderes Mal nein (95c7–8). Mit der folgenden Bemerkung des Sokrates wird die Unentschiedenheit über die Lehrbarkeit der Tugend auch für einen Dichter, nämlich Theognis[65], in Anspruch genommen:

---

65 Theognis aus Megara, lebte im sechsten Jahrhundert vor Chr. Platon hält ihn, so in den

> Weißt du denn, dass nicht nur dir und den Politikern überhaupt dieser Gegenstand einmal lehrbar vorkommt, ein anderes Mal nicht, sondern dass auch der Dichter Theognis, wie du weißt, dasselbe sagt? (95d1–3)

Mit dieser Frage knüpft Sokrates allerdings nicht an die vorangehend eingestandene Unentschiedenheit Menons zum Status der Sophisten als Lehrer an, sondern eher an die Bemerkung Menons über die rechtschaffenen Männer in Thessalien 95b3–4, die sich über die Lehrbarkeit der Tugend nicht einig sind.

Die Zitate aus Theognis sollen belegen, dass dieser Dichter sich in der Frage der Lehrbarkeit der Tugend widerspricht. In der Tat sind in beiden Zitaten Wortformen von ‚lehren' (διδάσκειν) gebraucht, im ersten Zitat wird gesagt, dass „von Edlen Edles zu lernen" (95d8) ist, und im zweiten, dass „durch Belehrung" der schlechte Mann „niemals zum guten" (96a1–2) umgeschaffen werden kann. Das sollte, wenn man die Dichterworte nicht auf die Goldwaage legen will, als Nachweis eines Widerspruchs ausreichen, auch wenn die Behauptung im zweiten Zitat auch anders gelesen werden kann, nämlich dahingehend, dass ein charakterlich bereits verdorbener Mensch nicht durch Belehrung gebessert werden kann. Wenn der Ratschlag im ersten Zitat an einen noch unverdorbenen Jungen gerichtet ist, muss das nicht im Widerspruch zu dem in zweiten Text Gesagten stehen. Menons Zustimmung ist in beiden Fällen auch eher vorsichtig. So scheint es (φαίνεται), sagt er beide Male.

Auf diesen Nachweis eines Widerspruchs bei dem Dichter Theognis wird in der Folge nirgends Bezug genommen. Die anschließende Frage des Sokrates nimmt die Diskussion über die Lehrbarkeit der Tugend wieder auf, bezieht sich aber dabei nur auf die vor der Einführung des Theognis erwähnten Personen:

> Kannst du mir irgendeine andere Sache angeben, bei der diejenigen, die sich dafür als Lehrer ausgeben, nicht nur nicht als Lehrer anderer anerkannt werden, sondern bei der es auch verneint wird, dass sie selber etwas davon verstehen, vielmehr behauptet wird, dass sie untauglich sind in eben der Sache selbst, für die sie sich als Lehrer ausgeben? Und bei der wiederum diejenigen, die selbst als rechtschaffen anerkannt werden, manchmal die Tugend für lehrbar erklären, dann aber auch wieder nicht – möchtest du denn behaupten, dass Leute, die über irgendetwas dermaßen konfus sind, darin die eigentlichen Lehrer sind? (96a5–b5)

Nomoi I, 630a4, für einen Bürger der Stadt Megara Hyblaia in Sizilien, nicht wie die moderne Forschung für einen Bürger der Stadt Megara in Griechenland. Die Stadt Megara Hyblaia liegt etwa 20 km nördlich von Syrakus.

Hier ist nur von den Sophisten und von den rechtschaffenen Bürgern, den καλοὶ κἀγαθοί, die Rede. Für Theognis scheint hier kein Platz zu sein. Es würde daher auch gar nicht auffallen, wenn der Text 95d1–96a4, mit den Zitaten aus Theognis, im Dialog fehlen würde. Was war dann aber das Motiv Platons dafür, Theognis an dieser Stelle in den Dialog einzuführen? Da Platon Theognis für einen Bürger des sizilischen Megara Hyblaia hält (vgl. *Nomoi* I, 630a4), wird mit der Erwähnung dieses Dichters daher wiederum ein Bezug zur Magna Graecia hergestellt und Sokrates als jemand präsentiert, der neben Empedokles, einem Philosophen, und dem Rhetor Gorgias eine weitere Figur, dieses Mal einen Dichter, des griechischen Westens kennt. Und wer aus einem Dichter mit einem umfangreichen Werk zwei Stellen anführen kann, die einander widersprechen, muss ihn jedenfalls recht gut kennen. Wenn es in Platons Absicht lag, mit seinem Dialog *Menon* den Athener Sokrates einer sizilischen Leserschaft näher zu bringen, dann war ein Sokrates, der das Werk des Theognis gut kennt, dazu ein ganz geeignetes Mittel.

Menon verneint die Frage, die ihm Sokrates gestellt hat, mit allem Nachdruck (96b6). Daher kann Sokrates nun folgern, dass, wenn weder die Sophisten noch die rechtschaffenen Bürger Lehrer in dieser Sache sind, es dann offenbar keine anderen gibt (96b7–8). Daraus folgert Sokrates:

> Wenn aber keine Lehrer, dann auch keine Schüler? (96c1)

Menon stimmt in beiden Fällen zu. Dann verweist Sokrates auf die 89e1–2 getroffene Übereinkunft:

> Wir waren aber darüber einig, dass eine Sache, für die es weder Lehrer noch Schüler gibt, auch nicht lehrbar ist? (96c3–4)

Menon bestätigt das (96c5). Und Sokrates kann diese allgemeine Feststellung nun auf den Fall der Tugend umlegen:

> Nun zeigen sich aber doch nirgends Lehrer der Tugend? (96c6)

Menon stimmt dem zu. Sokrates fragt weiter:

> Wenn aber keine Lehrer, dann auch keine Schüler? (96c8)

Das ist eine wortwörtliche Wiederholung der Frage 96c1. Während die frühere Frage aber insoweit einen anderen Sinn hat, als sie sich auf eine allgemeiner formulierte vorhergehende Frage bezog, in der nur unbestimmt von einer Sache die Rede war, für die weder die Sophisten noch die rechtschaffenen Bürger als Lehrer in Frage kommen, ist an dieser Stelle vorher (96c6) explizit von der Tugend die

Rede gewesen. Aber auch die Antwort Menons ist in beiden Fällen eine andere. Während er zuvor nur gesagt hatte:

> Ich denke, es ist so, wie du sagst. (96c2)

und während er auf die Frage 96c6, bei der es um das Fehlen von Lehrern der Tugend ging, geantwortet hatte

> So ist es. (96c7),

lässt Platon ihn hier mit einem doch eher vorsichtigen

> So scheint es (96c9)

antworten. Will Platon ihn damit in der Weise charakterisieren, dass er die sich abzeichnende und für ihn unangenehme Konsequenz voraussieht? Tatsächlich zieht Sokrates mit der nächsten folgernden Frage eben diese Konsequenz:

> Also wäre die Tugend nicht lehrbar? (96c10)

Aber hier stimmt Menon nicht einfach zu, sondern meldet einen Zweifel an der bisherigen Argumentation an:

> Es sieht nicht so aus, immer vorausgesetzt, dass wir richtig untersucht haben. Daher wundere ich mich, Sokrates, ob es überhaupt keine guten Männer gibt, oder wie es dazu kommt, dass Männer zu guten Männern werden. (96d1–3)

Die richtige Meinung als handlungsleitend (96d4–99b8)

Menons Verwunderung ist nur zu berechtigt, schließlich waren ja im Gespräch mit Anytos mehrere Athener als Vertreter der Tugend vorgestellt worden. Wenn die Tugend aber nicht lehrbar sein soll, wie soll man sich dann erklären, dass es überhaupt zur Existenz tugendhafter Personen gekommen ist? Sokrates' Reaktion auf diesen Einwand Menons ist überraschend. Er gibt nämlich ohne Umstände einen Fehler in der bisher durchgeführten Argumentation zu, auch wenn er das hinter der Selbstkritik verbirgt, dass er von seinem Lehrer Prodikos (von Keos) unzureichend unterrichtet worden sei, so wie Menon von seinem Lehrer Gorgias. Prodikos war bereits vorher an der Stelle 75e2 als jemand erwähnt worden, der auf die genaue Unterscheidung von Worten mit ähnlicher Bedeutung großen Wert legt. Dieses Abschieben eines Fehlers auf eine Unterrichtung durch ihre jeweiligen Lehrer Gorgias und Prodikos trägt wieder zum komödienhaften Charakter des Dialoges bei. Was haben Sokrates und Menon aber falsch gemacht?

Wieso sollen sie beide untaugliche Männer sein? Auch das wird zunächst nur in negativer Hinsicht angegeben:

> Ich sage das mit Blick auf unsere gerade vorgenommene Untersuchung und meine, dass wir uns lächerlich gemacht haben, weil uns entgangen ist, dass die Menschen nicht nur unter der Leitung des Wissens ihre Angelegenheiten richtig und gut erledigen; dadurch entgeht uns vielleicht auch die Erkenntnis, wie es dazu kommt, dass Männer zu guten Männern werden. (96e1–5)

Sokrates behauptet also zwei Dinge. Zum einen, so sagt er, haben sie beide nicht beachtet, dass Menschen nicht ausschließlich unter der Leitung des Wissens ihre Angelegenheiten gut erledigen. Zweitens aber sei diese mangelnde Beachtung ein möglicher Grund dafür, dass sie nicht erkannt haben, wieso es dazu kommt, dass es Menschen gibt, die über Tugend verfügen. Anders gesagt: Wenn man sich klar macht, dass es nicht ausschließlich von einem Wissen abhängt, ob man die eigenen Angelegenheiten richtig leitet, dann kann man auch verstehen, auf welchem Weg es zu tugendhaften Menschen gekommen ist. Das wiederum setzt dann aber voraus, dass man klärt, was denn außerhalb des Wissens zu der Leistung einer richtigen Leitung in Stand setzt. Die weitere Frage ist dann, wie sich dadurch der Erwerb der Tugend erklären lässt.

Menon reagiert auf dieses Eingeständnis seines Gesprächspartners mit einer Bitte um Erklärung:

> Wie meinst du das, Sokrates? (96e6)

Sokrates rekapituliert daraufhin einzelne Schritte der bisherigen Untersuchung. Er lässt sich von Menon die Korrektheit der Übereinkunft bestätigen, dass die guten (d. i. tugendhaften) Männer nützlich sein müssen (96e7–97a2). Das war 87d–e zugestanden worden, hing dort aber auch von der zweifelhaften Prämisse ab, dass alles Gute auch nützlich ist. Als zweiten Punkt lässt er sich von Menon bestätigen, dass die guten Männer dann nützlich sind, wenn sie uns in unseren Angelegenheiten richtig leiten. Auch darin sind Menon und Sokrates sich einig (97a3–5). Dieser Schritt war im Vorhergehenden nicht explizit gemacht worden, scheint sich aber aus dem Verständnis von Nützlichkeit zu ergeben.

Den in seinen Augen fehlerhaften Schritt benennt Sokrates dann folgendermaßen:

> Dass aber eine richtige Leitung nicht möglich ist, wenn man nicht über Einsicht verfügt, darin gleichen wir Personen, die sich zu Unrecht geeinigt haben. (97a6–7)

Das ist eigentlich nur eine Wiederholung dessen, was Sokrates bereits 96e1–5 gesagt hat. Die jetzt kritisierte Übereinkunft hatte also die Einsicht zu einer notwendigen Bedingung der Tugend und damit der Fähigkeit zu rechter Leitung gemacht. Da die Tugend 89a4 unter den Begriff der Einsicht (φρόνησις) gebracht wurde, ist damit die Einsicht zu einer notwendigen Bedingung für das Vorliegen von Tugend gemacht worden. Anders als in 87d4–8 als Voraussetzung angenommen, muss es also etwas Gutes geben, das nicht unter den Begriff des Wissens fällt.

Menon verlangt auch hier wieder eine Erklärung. Und Sokrates gibt sie, indem er die gerade benutzte Redeweise vom ‚Leiten' oder ‚Führen' (ἡγεῖσθαι 96e3, 97a3, a6) nicht mehr in einem übertragenen Sinn verwendet, sondern sie in einem wörtlichen Verständnis auf eine Person anwendet, die jemanden richtig zu einem Ziel zu leiten imstande ist, die etwa den Weg nach Larisa kennt (97a9–11). Sokrates setzt hinzu, dass auch jemand, der den Weg nicht kennt und ihn nicht gegangen ist, sondern der nur eine richtige Meinung darüber hat, welches dieser Weg ist, ebenfalls richtig führen würde (97b1–2). Menon stimmt in beiden Fällen nachdrücklich zu (97a12, b3). Sokrates vergleicht dann die beiden Fälle direkt miteinander:

> Und solange er nur eine wahre Meinung über das hat, worüber der andere ein Wissen besitzt, wird er keineswegs ein schlechterer Führer sein, er, der Wahres meint, ohne davon ein Wissen zu haben, als der Wissende? (97b4–6)

Als Führer auf dem Weg zu einem Ziel sind die beiden Personen also gleichwertig. Auch dem stimmt Menon zu. Sokrates zieht daraus nun eine allgemeine Folgerung, bei der die Rede vom ‚Leiten' nun wieder in einem übertragenen Sinn gebraucht wird:

> Also ist wahre Meinung für die Richtigkeit des Handelns kein schlechterer Führer als Wissen. Und eben das haben wir bei der Untersuchung, welche Eigenschaft die Tugend hat, nicht berücksichtigt, als wir sagten, dass ausschließlich Wissen das richtige Handeln leitet. Dafür reicht also auch die wahre Meinung. (97b8–c2)

Damit ist die Frage nach jenem Guten, das nicht unter den Begriff des Wissens fällt, beantwortet. Es ist die wahre Meinung. Als Sokrates nun aber die weitere Folgerung zieht:

> Richtige Meinung ist also keineswegs weniger nützlich als Wissen. (97c4)

will Menon dem nicht zustimmen, sondern wendet ein:

> Aber doch mit dem Unterschied, Sokrates, dass derjenige, der über Wissen verfügt, immer das Richtige trifft, während derjenige, der eine richtige Meinung hat, es manchmal trifft, manchmal aber auch nicht. (97c5–7)

Sokrates kann diesen Einwand schnell abwehren:

> Wie meinst du das? Wer an einer richtigen Meinung immer festhält, dürfte der nicht immer das Richtige treffen, jedenfalls solange er das Richtige meint? (97c8-9)

Das muss Menon zugeben, aber er stellt dann sofort die Frage,

> warum das Wissen denn doch weit höher geschätzt wird als die richtige Meinung, und in welcher Hinsicht die beiden sich unterscheiden. (97d1-2)

Eine zweifellos berechtigte Frage, die nun Platon wieder zum Anlass für eine komödienhafte Szene nimmt. Menons Verwunderung ist, wie Sokrates seinem Gesprächspartner erklärt, darauf zurückzuführen, dass er auf die Kunstwerke des Dädalus[66] nicht achtgegeben hat. Und er fügt dem an:

> Aber vielleicht gibt es die bei euch auch nicht. (97d6)

Auch das veranlasst Menon zur Frage nach einer Erklärung:

> Was meinst du denn damit nun wieder? (97d7)

Aber Sokrates bleibt weiter bei seiner absichtlich rätselhaften Redeweise:

> Weil auch diese, wenn man sie nicht anbindet, weglaufen und Reißaus nehmen; wenn man sie aber anbindet, dann bleiben sie da. (97d8-9)

Nachdem Menon nun abermals mit einem Einwurf

> Was soll das nun? (97e1)

darum bittet, dass Sokrates doch endlich Klartext redet, löst dieser tatsächlich das Rätsel seiner Rede auf:

> Es lohnt nicht, eines seiner Werke, das losgebunden ist, zu kaufen, so wenig wie einen Ausreißer, denn es bleibt ja nicht da; angebunden aber ist es viel wert. Schließlich sind diese Kunstwerke sehr schön. Wozu sage ich das? Mit Blick auf die wahren Meinungen. Denn auch die wahren Meinungen sind eine schöne Sache und bewirken lauter Gutes, solange sie dableiben. Für lange Zeit aber wollen sie nicht dableiben, sondern nehmen aus der Seele

---

66 Mit den Kunstwerken des Dädalus sind offenbar plastische Figuren gemeint, deren Gliedmaßen durch bestimmte Vorkehrungen in Bewegung gesetzt werden konnten. Vgl. dazu die ausführliche Erörterung bei Bluck 1961, ad 87d5.

des Menschen Reißaus, so dass sie nicht viel wert sind, bis jemand sie durch Berechnung[67] eines Grundes anbindet. (97e2–98a3)[68]

Offenbar soll das scherzhafte Versteckspiel, das sich Sokrates hier seinem Gesprächspartner gegenüber erlaubt, dazu dienen, gerade durch das lange Hinauszögern der Lösung die Vorstellung, dass (wahre) Meinungen durch die Angabe eines Grundes stabilisiert werden können, für Menon besonders einprägsam zu machen. Denn, wie Sokrates im folgenden ausführt, hat die Anbindung durch einen Grund eine wichtige Folge:

> Nachdem sie angebunden sind, werden die wahren Meinungen erstens Erkenntnisse, zweitens dauerhaft. Und deswegen wird Wissen höher geschätzt als richtige Meinung, und Wissen unterscheidet sich von der richtigen Meinung durch die Anbindung. (98a5–7)

Sachlich steht dahinter der Gedanke, dass etwas dann gewusst wird, wenn es nicht nur als wahr bewusst ist, sondern wenn zugleich gewusst wird, warum es so ist, wie es ist. Das lässt sich zwar an dem Beispiel des Weges nach Larisa schlecht ausbuchstabieren. Aber wenn man das Beispiel des jungen Sklaven nimmt, der nun weiß, dass sich auf der Diagonale eines Quadrates das doppelt so große Quadrat errichten lässt, so liegt es auf der Hand, dass er die Frage, warum dieses neue Quadrat doppelt so groß ist wie das ursprüngliche, beantworten kann: Er kann entweder das Verfahren wählen, dass Sokrates benutzt hat, oder einfach zeigen, dass das über der Diagonale des ursprünglichen Quadrates errichtete Quadrat genau vier gleiche Dreiecke enthält, von denen zwei die Fläche des ursprünglichen Quadrates ausmachen. Er verfügt über eine Begründung für die These, dass sich auf der Diagonale eines Quadrates das doppelt so große Quadrat errichten lässt. Das kann jeder nachvollziehen, der erkennen kann, dass die Dreiecke, die

---

67 Das griechische Wort λογισμός soll hier offenbar einen geistigen Prozess bezeichnen, an dessen Ende das Finden eines Grundes steht: wer etwas weiß, im Unterschied zu dem, der nur eine richtige Meinung hat, weiß auch, *warum* das so ist. Das Wort ‚Berechnung' bringt das insoweit zum Ausdruck als es eine success word ist. Es bezeichnet einen erfolgreich zum Abschluss gekommenen Prozess. Dagegen sind Übersetzungen, wie sie von den Lexika daneben angeboten werden, wie ‚Überlegung', ‚Plan', ‚Gedanke', an dieser Stelle irreführend, weil sie einen unabgeschlossenen Prozess bezeichnen. Gemeint ist also etwas wie eine Schlussfolgerung auf einen Grund. Aber das griechische Wort hat nun einmal die mathematische Konnotation des Rechnens und der Berechnung, auch wenn es in der Zusammensetzung συλλογισμός in der Logik, außerhalb der Mathematik, noch Karriere machen wird.

68 Ich halte den hier anschließenden Satz: „Das aber ist, Menon, mein Freund, die Wiedererinnerung, wie wir uns vorhin geeinigt hatten" für einen nicht von Platon stammenden Einschub. Ausführlich dazu Appendix V.

durch die Halbierung von Quadraten entstehen, einander gleich sind, und der zu elementaren arithmetischen Operationen in der Lage ist. Was der Sklave weiß, ist nun durch die ihm zur Verfügung stehende Begründung gebunden, es kann ihm nicht mehr durch eine Einrede genommen werden.

Menons zustimmende Antwort drückt zugleich seine Überraschung aus: „Beim Zeus, Sokrates, so etwa scheint es zu sein." (98a8) Die von Sokrates lange hinausgezögerte Auflösung seiner rätselhaften Redeweise hat ihren Zweck bei Menon offenbar erreicht.

Aber Sokrates relativiert seine Erklärung sofort wieder:

> Obwohl ich das keineswegs sage, als ob ich es wüsste, sondern als ob ich es vermute. Dass aber richtige Meinung und Wissen unterschiedlich sind, das glaube ich keineswegs nur zu vermuten, sondern wenn ich von irgendetwas behaupten würde, dass ich es weiß – und nur von wenigem würde ich das behaupten – so würde ich dieses für eines der Dinge halten, von denen ich ein Wissen habe (98b1–4)

Dass Wissen und richtige Meinung unterschiedlich sind, das ist eines der wenigen Dinge, von denen Sokrates sich ein Wissen zuspricht. Ob aber der Unterschied zwischen ihnen durch das gleichnishafte Bild von einer Anbindung durch Angabe eines Grundes wirklich ausreichend erklärt ist, das will er nur vermuten. Dabei drückt das griechische Wort, das Sokrates hier verwendet und das durch ‚vermuten' wiedergegeben wurde, εἰκάζειν, in seiner etymologischen Verwandtschaft mit dem Wort εἰκών, ‚Bild' auch die Vorstellung einer bildhaften Rede, eines bloßen Vergleichs aus. In diesem Sinn wurde es von Sokrates in seiner Kritik an Menons Vergleich mit dem Zitterrochen benutzt (80c1, c3–5).

Für den weiteren Gang der Unterredung ist aber nur der Unterschied selbst von Wissen und wahrer Meinung entscheidend, nicht die genaue Erklärung, worin dieser Unterschied besteht. Denn es geht um die Leistung der wahren Meinung in der Leitung menschlichen Handelns:

> Ist nicht das zu Recht behauptet, dass unter der Leitung einer wahren Meinung das Ergebnis eines jeden Handelns nicht schlechter zustande kommt als unter der Leitung von Wissen?
> (98b6–7)

Mit dieser Frage nimmt Sokrates die Diskussion wieder auf, die durch Menons Einwand 97c5 ff. unterbrochen worden war. Diese Frage und die beiden folgenden (98c1–3, c5–6), denen Menon jeweils zustimmt, rekapitulieren das, was bereits im Anschluss an das Beispiel des Weges nach Larisa 97b4–c4 gesagt worden war, mit Ausnahme der damals getroffenen Feststellung, dass sie einen Fehler begangen haben, weil sie die Rolle der richtigen Leitung ausschließlich der Einsicht zuweisen wollten (97b9–c2). Erst mit den anschließenden Fragen wird ein neuer

Gedanke in die Untersuchung aufgenommen, aber die hier vorgenommenen Folgerungen sind nicht unproblematisch:

> Da nun die Männer wohl nicht nur aufgrund von Wissen gut und für ihre Staaten nützlich sind, wenn sie es denn sind, sondern auch aufgrund von richtiger Meinung, keines dieser beiden, weder Wissen noch richtige Meinung, den Menschen aber von Natur aus zukommt, da sie beide erworben sind – oder glaubst du, dass eines dieser beiden ihnen von Natur aus zukommt? (98c7–d2)

Platon hat diese Frage des Sokrates so inszeniert, dass dieser die mit dem Da-Satz in Aussicht gestellte Folgerung nicht formuliert, sondern den Satz abbricht und statt dessen Menon mit der Frage konfrontiert, ob eines dieser beiden, nämlich Wissen und richtige Meinung, den Menschen vor Natur aus zukommt. Menon verneint das. Die Konsequenz, auf die Sokrates hinaus will, wird dann mit der nächsten Frage gezogen:

> Da also nicht von Natur aus, sind wohl auch die guten Menschen nicht von Natur aus gut? (98d4)

Der Vordersatz ist hier wie folgt ergänzt zu denken: ‚Da also Wissen und richtige Meinung den Menschen nicht von Natur aus zukommen'. Aber gerade diese verkürzende Formulierung des Vordersatzes zusammen mit der abgebrochenen Konstruktion der vorhergehenden Frage ist geeignet, Menon (und den Leser) darüber hinwegzutäuschen, dass hier eine logisch dubiose Folgerung gezogen wird. Denn aus dem Umstand, dass weder Wissen noch richtige Meinung von Natur aus vorliegen, lässt sich keineswegs folgern, dass Menschen nicht von Natur aus gut, sprich: tugendhaft, sein können. Es ist doch denkbar, dass es Personen gibt, bei denen ein Tugend-Gen vorliegt oder ein glücklicher Zufall und die daher von Natur aus und ohne dass es dazu einer Belehrung oder der Annahme einer richtigen Meinung bedurft hätte, über die Tugend verfügen. Nur wenig später wird ja von Sokrates die Existenz eines tugendhaften Menschen in Erwägung gezogen, der dem Teiresias unter den Schatten der Unterwelt vergleichbar auch anderen Personen die Tugend vermitteln könnte (vgl. 100a3–7). Die Folgerung, die Sokrates mit seiner Frage 98d4 seinem Gesprächspartner vorlegt, setzt, wenn sie denn korrekt sein soll, die Annahme einer weiteren Prämisse voraus, der Annahme nämlich, dass die Tugend nur entweder auf Wissen oder auf richtiger Meinung beruht. Für die These, dass die Tugend nur entweder auf Wissen oder auf richtiger Meinung beruht, ist aber jedenfalls nirgends argumentiert worden. Und sie dürfte aus dem angegebenen Grund auch falsch sein. Menon stimmt der in dieser Frage enthaltenen Folgerung aber ohne Umstände zu (98d5).

Auch die anschließende Frage oder Feststellung

> Da nicht von Natur aus, haben wir anschließend geprüft, ob sie lehrbar ist. (98d6–7)

ist, so wie sie formuliert ist, ebenfalls auffällig. Bei dem Nachsatz ist nämlich als Subjekt der Rede von ‚lehrbar' offenbar ‚die Tugend' zu verstehen, (dem ‚sie' in der Übersetzung entspricht kein Wort im Griechischen) und damit wird dieses Subjekt auch im Vordersatz verlangt. Zu verstehen ist also: „Da <die Tugend> nicht von Natur aus <vorliegt>, etc." Da die beiden elliptischen Vordersätze in den Aussagen 98d4 und d6–7 weitgehend gleichlautend formuliert sind, ist also das im Vordersatz der Frage 98d4 zu ergänzende ‚Wissen und richtige Meinung' im Vordersatz von 98d6–7 unter der Hand durch ‚die Tugend' ersetzt worden.

Wenn Sokrates sagt, da – zu ergänzen: die Tugend – nicht von Natur aus vorliegt, haben wir anschließend geprüft, ob sie lehrbar ist, so bezieht er sich offenbar auf die Stelle 89a6 zurück, an der aus dem Umstand, dass die Tugend als Einsicht charakterisiert wurde, die Folgerung gezogen wird, dass sie nicht von Natur aus vorliegen kann. Allerdings ist die mit der Feststellung 98d6–7 behauptete anschließende Prüfung der Lehrbarkeit im Text von 89b-c vergleichsweise knapp. Denn nachdem Menon sich dort schon am Ziel und die Lehrbarkeit der Tugend bewiesen sah (vgl. 89c3–5), rückt Sokrates mit dem Bedenken heraus, dass es dann dafür auch Lehrer und Schüler geben müsse, ein Nachweis, der in der folgenden Diskussion nicht geliefert werden kann.

Mit den anschließenden beiden Fragen

> Schien uns die Tugend nicht für den Fall, dass sie Einsicht wäre, lehrbar zu sein? (98d9)

und

> Und für den Fall, dass sie lehrbar wäre, Einsicht? (98d11),

die Menon beide bejaht, wird eine Feststellung über die Ansicht der beiden Gesprächspartner getroffen. Ihnen erschien eine Äquivalenz zwischen der Lehrbarkeit der Tugend und ihrem Charakter als Einsicht vorzuliegen. Diese Äquivalenz ließe sich wie folgt formulieren:

> Wenn und nur wenn die Tugend Einsicht ist, ist sie lehrbar.

Diese Äquivalenz bzw. ihre beiden Bestandteile sind allerdings schon eine Weile vorher, nämlich 87c behauptet worden, wobei statt von Einsicht von Wissen geredet wurde.

> SOK. Oder ist das wohl jedem klar, dass ein Mensch nie etwas anderes beigebracht bekommt als Wissen?

MEN. Mir jedenfalls scheint das so zu sein. (87c1–4)

D. h. Alles was jemandem beigebracht wird, ist Wissen. Oder: Wenn etwas lehrbar ist, dann ist es Wissen. Daher auch: Wenn die Tugend lehrbar ist, ist sie Wissen. Oder: Nur wenn die Tugend Wissen ist, ist sie lehrbar.

> SOK. Wenn die Tugend aber eine Art Wissen ist, liegt es auf der Hand, dass sie lehrbar sein dürfte.
> MEN. Wie könnte es anders sein.
> SOK. Damit sind wir also schnell zu Rande gekommen, dass sie im einen Fall lehrbar ist, im anderen dagegen nicht.
> MEN. Ganz recht. (87c5–10)

D. h. Alles Wissen ist lehrbar. Wenn die Tugend Wissen ist, dann ist sie lehrbar. Damit ist auch der zweite Teil der Äquivalenz gesichert.

Die an 98d11 anschließende Frage, die immer noch, wie der Gebrauch des Infinitivs mit ἄν zeigt, von dem „erschien" (ἔδοξεν) in 98d9 abhängig ist, thematisiert nun die Existenz von Lehrern für einen Lehrgegenstand als Voraussetzung von dessen Lehrbarkeit:

> Und wenn es Lehrer gäbe, müßte sie lehrbar sein, wenn es aber keine gäbe, nicht lehrbar? (98e1–2)

Dieser Auffassung war vorher an zwei Stellen von Menon zugestimmt worden, nämlich 89e1–2 und 96c3–5. Daraufhin wird daran erinnert, dass die Wahrheit des Antecedens der zweiten dieser beiden Konditionalaussagen ebenfalls schon Gegenstand einer Übereinstimmung war:

> Wir waren aber übereingekommen, dass es für sie keine Lehrer gibt? (98e4)

Das war nämlich das Ergebnis der langen Diskussion, unter anderem mit Anytos, ob es Lehrer der Tugend gebe. Formuliert wurde es 96c6:

> Nun zeigen sich aber doch nirgends Lehrer der Tugend? (96c6)

Mit der anschließenden Frage wird auf eine Konklusion Bezug genommen, daher das „also", mit der aus bislang zugestandenen Prämissen gefolgert wurde:

> Wir waren übereingekommen, dass sie also[69] weder lehrbar noch Einsicht ist? (98e6–7)

---

[69] Daher habe ich das „also" in den Dass-Satz gezogen und nicht in den Hauptsatz gestellt. Denn an der Textstelle, auf die hier Bezug genommen wird, wird die These von der mangelnden

In der Tat war diese Konklusion, was die mangelnde Lehrbarkeit der Tugend angeht, vorher formuliert worden:

> Also wäre die Tugend nicht lehrbar? (96c10)

Allerdings ist eine Aussage des Inhalts, dass die Tugend nicht Einsicht ist, vorher nicht formuliert worden. Aber der Schluss auf diese Aussage ergibt sich unmittelbar aus der bereits zugestandenen Äquivalenz von Einsicht und Lehrbarkeit als Eigenschaften der Tugend (87c1–10) bzw. der darin behaupteten Aussage, dass wenn die Tugend Einsicht ist, sie lehrbar sein muss, einerseits und der These, dass die Tugend nicht lehrbar ist, andererseits.

Mit den nächsten Fragen wechselt Sokrates von den bisher benutzten Vergangenheitsformen (vgl. 98d6, d9, e4, e6) wieder ins Präsens. Der Sinn dieses Tempuswechsels liegt darin, nun auch bisher noch nicht zugestandene Thesen in die allgemeine Übereinstimmung aufzunehmen. Zwar liegt der als erstes erwähnten Homologie, nämlich der von Menon sofort bejahten Frage

> Nun sind wir aber doch darin einig, dass sie gut ist? (98e9)

eine zuvor erzielte Einigung zugrunde: 87d2–4 war von Menon zugestanden worden, dass die Tugend gut ist. Das gilt jedoch für die beiden folgenden Fragen, die beide ebenfalls von dem Hauptsatz der Frage 98e9 abhängig sind, nicht mehr. Aber der Umstand, dass mit der Frage 98e9 auf eine tatsächlich bereits erfolgte Einigung zurückgegriffen werden kann, mag dann auch die Zustimmung zu den beiden folgenden Fragen zumindest psychologisch erleichtern:

> Und dass das, was richtig leitet, nützlich und gut ist? (98e11)

Eine explizite Formulierung des Inhaltes, dass das, was richtig leitet, nützlich und gut ist, hat es im vorhergehenden Gespräch nicht gegeben. Bluck verweist einigermaßen global auf 88b–e, aber dort wird nur von der Einsicht gesagt, dass ihre Leitung „die seelischen Eigenschaften nützlich machte" (88d5–6), und etwas später wird die Tugend unter den Begriff der Einsicht gestellt (89a4–5). Aber der Begriff des richtig Leitens selber wird dort nicht als etwas, das selber gut und nützlich ist, dargestellt. Nach Menons Zustimmung zu dieser Frage konfrontiert

---

Lehrbarkeit der Tugend als eine Folgerung dargestellt. Dort wie hier steht ein ἄρα („also"), nämlich 96c10 und 98e6. Der griechische Text 98e6–7 lässt beide Deutungen zu: ὡμολογήκαμεν ἄρα μήτε (...) εἶναι.

Sokrates ihn mit der nächsten, ebenfalls abhängig vom Satz „Nun sind wir doch darin einig, dass (…)" (98e9)

> Und dass es nur diese beiden Dinge sind, die richtig leiten: wahre Meinung und Wissen; wenn er diese besitzt, leitet ein Mensch richtig. (99a1–2)

Dafür kann Sokrates sich auf die Folgerung berufen, die aus dem Beispiel des Weges nach Larisa gezogen wurde, auch wenn hier ebenfalls keine präzise Übereinstimmung mit dem Wortlaut an unserer Stelle vorliegt:

> Also ist wahre Meinung für die Richtigkeit des Handelns kein schlechterer Führer als Einsicht. (97b8–9)

Das besagt ja jedenfalls, dass Einsicht wie wahre Meinung das Handeln richtig leiten können. Nachdem Sokrates das, was durch glücklichen Zufall zustande gekommen ist, vom Anspruch auf richtige Leitung eines Handelns ausgenommen hat, fasst er seine These noch einmal auf eine Weise zusammen, die nun wieder auf die richtig leitende Person abstellt. Denn um diese, um die Staatsmänner, wird es im Rest des Gespräches gehen:

> Denn was durch Zufall richtig zustande kommt, kommt nicht durch menschliche Leitung zustande. In den Dingen aber, in denen ein Mensch zu einem richtigen Ziel leitet, sind es diese beiden, wahre Meinung und Wissen. (99a2–5)

Menon stimmt dem zu. Die folgende Frage

> Dann kann nun die Tugend, da sie nicht gelehrt werden kann, auch nicht durch Wissen zustande kommen? (99a7–8)

ist eine Folgerung, die sich zwingend aus bisher gemachten Annahmen ergibt. Wenn nämlich aus Wissen Lehrbarkeit folgt (so 87c5–6, 89d3–4), dann ergibt sich aus mangelnder Lehrbarkeit der Tugend (so 96c10) nach dem *modus tollens*, dass sie nicht Wissen sein kann. Menon muss das einräumen („Es scheint nicht so." 99a9).

Mit der anschließenden Frage wird eine explizite Konklusion gezogen und nun auf das politische Handeln, die πολιτικὴ πρᾶξις, hingelenkt:

> Also: von zwei Dingen, die gut und nützlich sind, ist eines ausgeschieden, und damit hätte im politischen Handeln nicht Wissen die Leitung? (99b1–2)

Auch hier stimmt Menon zu. Unterstellt ist bei dieser Frage des Sokrates, dass im politischen Handeln jedenfalls in bestimmten Fällen Tugend eine Leitungsfunktion hat, was ja in der Diskussion über die athenischen Staatsmänner vorausgesetzt wurde. Sokrates zieht eine weitere Konklusion und kommt damit auf die in der Diskussion zwischen Sokrates und Anytos wegen ihrer Tugend erwähnten Staatsmänner zurück:

> Also haben Männer wie Themistokles und die, welche Anytos hier gerade erwähnt hat, ihre Städte nicht durch überlegenes Wissen oder deshalb, weil sie wissend gewesen wären, geleitet. Deswegen waren sie auch nicht in der Lage, andere zu solcherart Personen zu bilden, wie sie selbst waren, da sie ihren Status nicht aufgrund von Wissen hatten. (99b4–7)

Menons Antwort

> Es scheint so zu sein, wie du sagst, Sokrates. (99b8)

klingt nicht sehr überzeugt, aber die von Sokrates geführte Argumentation lässt ihm keine Wahl.

Aber wir sollten auch beachten, dass in den drei zuletzt angeführten Fragen ein Wechsel in der Frageintention vorgenommen worden ist. In der Frage 99a7–8 wurde auf das Zustandekommen der Tugend abgestellt. Die beiden folgenden Fragen gelten der Feststellung, dass im politischen Handeln allgemein (99b1–2) und im Handeln der erwähnten athenischen Staatsmänner im besonderen (99b4–7) ein Wissen keine Rolle spielt. Damit wird aber von der ersten der drei aufgeworfenen Fragen, an deren Beantwortung Menon doch vor allem gelegen war, abgelenkt, von der Frage, wie es zum Erwerb der Tugend kommen kann (99a7–8).

Was der Abschnitt 98b6 bis 99b8 in der Tat vor Augen führt, ist die überlegene dialektische Geschultheit des Sokrates. Er ist in der Lage, aus lange vorher gemachten Zugeständnissen jetzt die Konklusionen zu ziehen, ohne dass Menon ihm irgendeinen Widerstand entgegenzusetzen hat. Auch das mag vor einer Zuhörerschaft auf Sizilien ein eindrucksvolles Plädoyer für das intellektuelle Format des athenischen Sokrates gewesen sein.

Tugend durch göttliche Schickung? (99b9–100c2)

Die Schlusspartie des Dialoges wendet sich nun der Frage zu, wie denn schließlich jene Personen, bei denen die Tugend vorliegt, in den Besitz dieser Eigenschaft gekommen sind, also der Frage, die durch die in 99a7–8 enthaltene Aussage nahe gelegt wird. Es wird, so scheint es, mit Blick auf die Staatsmänner versucht, ihr für ihre Staatswesen nützliches Handeln, das nun nicht auf Wissen beruhen kann, als auf der Einwirkung von göttlichen Kräften beruhend darzustellen. Auf die erwähnte Frage erhalten wir, wie es scheint, in den letzten Seiten des Dialoges eine Auskunft, bei der die Staatsmänner Athens auf eine Stufe mit „Orakelsängern und Wahrsagern" (99c2–3) gestellt und wie diese „göttlich" genannt werden (99c6–7, d1–2), nicht zuletzt von Frauen und von Spartanern (99d7–9). Das dürfte kaum als eine ernstzunehmende These gemeint sein. Die Bemerkung Menons, dass Anytos diese Aussagen dem Gesprächspartner Sokrates vielleicht übel nimmt, zeigt jedenfalls, dass Menon die Ironie in den Worten des Sokrates nicht entgangen ist. Athens Staatsmänner in einer Reihe mit Orakelsängern, Wahrsagern und Dichtern, das gehört wieder zu den komödienhaften Zügen des *Menon*.

Das berechtigt wohl zu der Frage, welche Antwort Platon tatsächlich auf das Problem des Tugenderwerbs hat nahelegen wollen. Mir scheint, dass die Antwort auf die Frage, wie es denn, jedenfalls bisher, zum Vorliegen der Tugend gekommen ist, für Platon und wohl auch für seine Zeitgenossen und die Leser des *Menon* die gewesen sein dürfte: durch eine, von Lob und Tadel unterstützte, Einübung.[70] Es ist jene Alternative, die zwar in der Eingangsfrage Menons erwähnt, aber im Verlauf des Gesprächs aus den Augen verloren wurde: die Tugend ist „nicht lehrbar, kann aber eingeübt werden" (70a1–2).[71] Diese Antwort wird auch durch die Bemerkung des Sokrates 96e nahegelegt, dass ihnen, Menon und Sokrates,

> entgangen ist, dass die Menschen nicht nur unter der Leitung des Wissens ihre Angelegenheiten richtig und gut erledigen; dadurch entgeht uns vielleicht auch die Erkenntnis, wie es dazu kommt, dass Männer zu guten Männern werden. (96e2–5)

Sokrates deutet mit diesem „dadurch" an, dass die Erkenntnis der Rolle richtiger Meinung für das menschliche Handeln auch erklären kann, wie es dazu kommt, dass Menschen in den Besitz der Tugend kommen. Eine solche Erklärung muss ja berücksichtigen, dass Meinungen, auch richtige Meinungen, im Unterschied zum begründungsgestützten Wissen eben wieder verloren gehen können: sie sind nicht davor geschützt, durch falsche Einflüsse irrtümlich verworfen und für falsch gehalten zu werden. Gegen einen solchen Verlust richtiger Meinung dürfte eine durch Lob und Tadel unterstützte Einübung des guten Handelns ein relativ

---

70 So a. etwa Wians 2012

71 Erler 1987, 79 versichert, im *Menon* zeige sich, „daß die zu Beginn gestellte Alternative, Tüchtigkeit (ἀρετή) sei zu üben oder zu lernen oder von Natur aus zu erlangen (70 A), falsch gestellt ist. Die drei Komponenten gehören zusammen (...)". Wieso sich das im *Menon* zeigen soll, wird nicht erklärt. Und wenn das Zusammengehören heißen soll, dass alle drei Alternativen zugleich wahr sein können, so scheint doch die Alternative ‚von Natur aus' jedenfalls die Notwendigkeit des Erlernens überflüssig zu machen.

wirksames Gegenmittel darstellen. Der Mangel einer dauerhaften Stabilität, die der richtigen Meinung im Unterschied zum Wissen abgeht, kann in gewissem Maß durch die von Lob und Tadel unterstützte Einübung moralisch richtigen Handelns kompensiert werden.

Wenn das Platons Meinung gewesen ist, dann hat er sie zwar nicht ausdrücklich formuliert, aber er hat den Lesern des *Menon* doch ausreichend Hinweise gegeben, aus denen sich die erwähnte Konklusion ziehen lässt. Das dürfte eine plausible Vermutung sein. Tatsächlich hat Platon den Schluss seines Dialoges aber anders gestaltet.

An die zustimmende Äußerung Menons 99b8 schließt Sokrates eine Frage an, die er zugleich mit einer Begründung für die darin enthaltene Annahme versieht:

> Wenn also nicht aufgrund von Wissen, so bleibt nur noch übrig: aufgrund von guter Meinung, durch deren Gebrauch die Staatsmänner die Städte voranbringen, ohne sich dabei, was die Einsicht angeht, von den Orakelsängern und Wahrsagern zu unterscheiden?[72] Denn auch diese sagen in ihrer Begeisterung ja häufig Wahres, ein Wissen von dem, was sie sagen, besitzen sie aber nicht. (99b9–c4)

Die Folgerung im Nachsatz der Konditionalaussage ist nicht unproblematisch. Von „guter Meinung" (εὐδοξία) war bisher im Dialog nirgends die Rede. Erwarten würde man eher ‚wahre Meinung', ein Begriff der ja vorher schon als Gegensatz zu ‚Wissen' gebraucht wurde. Das griechische Wort εὐδοξία kommt bei Platon nur noch an wenigen Stellen vor[73] und zwar in der Bedeutung von ‚Ruhm', ‚Reputation', ‚Ansehen'. Es wäre dann zu verstehen, dass die Staatsmänner aufgrund der guten Meinung, die andere Personen über sie haben, ihre Gemeinwesen voranbringen. Apelt hat daher vermutet, dass εὐδοξία eine fehlerhafte Schreibung für εὐστοχία, Treffsicherheit[74], ist. Dagegen spricht allerdings nicht nur der eindeutige Befund der Handschriften, sondern auch der Umstand, dass das Wort εὐστοχία bei Platon sonst nicht belegt ist.[75] Der Dativ, den das deutsche ‚aufgrund

---

72 Bluck setzt das Fragezeichen hinter γίγνεται, weil bei οὐκοῦν speziell bei Platon immer eine Färbung als Frage anzunehmen ist (so Denniston 433). Aber es scheint vorzuziehen, das Fragezeichen hinter den anschließenden Relativsatz zu setzen.
73 Im *Menexenos* 238d2, 247b7, in der *Politeia* VIII 555a3, IX 589c2 sowie in den *Nomoi* V, 731b1, 733a1, 734d7, XII 950c4.
74 Vgl. Apelt 1972, 111.
75 Canto-Sperber, die das Wort mit „bonne opinion" wiedergibt, vermutet hier ein Wortspiel: „un jeu de mots sur le sens de « bonne réputation » qu'a *eudoxía*, puisque leur « bonne réputation » était, pour Périclès et Thémistocle, au même titre que leur « bonne opinion », un moyen de gouverner" (314). Scott und Hallich äußern sich zur Bedeutung des griechischen Wortes nicht.

von' hier abbildet, ist im übrigen eine Zutat der meisten modernen Herausgeber, die hier Schleiermacher folgen. Die Handschriften haben übereinstimmend nur den Nominativ, ein den Dativ anzeigendes Jota subscriptum fehlt dort.

Die Staatsmänner werden hier zunächst nur in negativer Hinsicht mit den Orakelsängern und Wahrsagern verglichen. Wie diesen mangelt es ihnen an Wissen, was die Begründung, in der nur von den Orakelsängern und Wahrsagern die Rede ist (99c3-4), noch einmal klarstellt. Menons Antwort

> So könnte es wohl sein. (99c5)

scheint sich nur auf die in der Begründung erwähnten Orakelsänger und Wahrsager zu beziehen. Auch die nächste Frage des Sokrates scheint sich nur auf diese Personen zu beziehen und zunächst nur für sie den Titel ‚göttlich' in Anspruch zu nehmen:

> Menon, ist es nun nicht recht, diese Männer göttlich zu nennen, die in ihrem Handeln und Reden in wichtigen Dingen oftmals Erfolg haben, ohne dabei doch über Einsicht zu verfügen? (99c6-8)

Erst die folgende längere Frage des Sokrates bezieht nun ausdrücklich auch die Staatsmänner mit ein:

> Zu Recht würden wir die gerade erwähnten Orakelsänger und Wahrsager göttlich nennen, und auch alle Dichter. Und von den Staatsmännern würden wir nicht weniger als von diesen behaupten, dass sie göttlich sind und in Begeisterung, inspiriert und besessen von der Gottheit, wenn sie mit ihren Reden viele Dinge von Bedeutung glücklich ausrichten, ohne ein Wissen von dem zu haben, was sie sagen? (99c10-d5)

Beiden Fragen stimmt Menon ohne Einschränkung zu (99c9, d6). Sokrates, der bisher nur gesagt hat, dass sie beide, Sokrates und Menon, die Bezeichnung ‚göttlich' für die erwähnten Personen einschließlich der Staatsmänner verwenden würden, weitet nun aber den Kreis derjenigen, die dieses Wort für lobenswerte Männer verwenden, auf Frauen und Spartaner aus:

> Auch die Frauen, Menon, nennen ja die guten Männer göttlich. Ebenso sagen die Spartaner, wenn sie jemanden als einen guten Mann preisen wollen: „Ein göttlicher Mann ist er." (99d7-9)

Ob sie beide, Sokrates und Menon, in einer Reihe mit Frauen und mit den als eher bildungsfern geltenden Spartanern eine besonders gute Figur machen, scheint doch eher zweifelhaft. Schließlich klingt Menons Antwort weniger überzeugt als in den beiden vorhergehenden Fällen. Und die Bemerkung, die er mit Blick auf

Anytos anhängt, zeigt wohl, dass er den ironischen Sinn des Wortes, mit dem Sokrates hier die großen Männer Athens charakterisiert, begriffen hat:

> Sie scheinen damit recht zu haben, Sokrates. Obwohl Anytos hier dir deine Worte vielleicht übel nimmt. (99e1–2)

Sokrates' Erwiderung fällt dieses Mal etwas umfangreicher aus:

> Das ist mir jedenfalls egal. Mit ihm, Menon, werden wir noch ein anderes Mal diskutieren. Wenn wir aber jetzt in unserer ganzen Argumentation richtig untersucht und argumentiert haben, dann würde sich die Tugend weder von Natur noch durch Belehrung, sondern durch göttliche Schickung und ohne Einsicht bei denen einstellen, bei denen sie sich eben einstellt, es sei denn, es gäbe unter den Staatsmännern einen so bedeutenden, dass er auch einen anderen zum Staatsmann heranbilden könnte. Wenn es ihn aber gäbe, dann könnte man fast von ihm sagen, er habe unter den Lebenden eine Stellung wie sie nach Homer Teiresias unter den Verstorbenen hat, wenn es von ihm heißt: „Unter den Hadesbewohnern ist nur er bei Verstand, die anderen fliegen vorbei wie Schatten." So jemand wäre auch hier bei uns mit Blick auf die Tugend doch dasselbe wie ein reales Ding im Vergleich zu Schattenbildern. (99e3–100a7)

Seine erste Bemerkung gilt der von Menon vermuteten Misshelligkeit des Anytos. Mit ihm soll bei anderer Gelegenheit diskutiert werden. Der Rest dieser Bemerkung ist einmal eine Feststellung des Ergebnisses ihrer gemeinsamen Untersuchung, vor allem aber eine Einschränkung des wenig befriedigenden Ergebnisses. Denn durch göttliche Schickung müsste die Tugend sich dann nicht einstellen, wenn es unter den Staatsmännern einen so bedeutenden gäbe, dass er auch einen anderen zum Staatsmann heranbilden könnte. Und dieser Mann wird dann mit dem Teiresias in der *Odyssee* (*Od.* X, 494f.) verglichen.

Wen kann Platon hier im Auge haben? Wir sollten beachten, dass es von diesem Mann nicht heißt, dass er über Wissen und nicht lediglich über Meinung verfügt. Dabei wäre das doch angesichts der vorausgegangenen Diskussion zu erwarten gewesen. Er wird vielmehr dadurch charakterisiert, dass er in der Lage ist, einen anderen zum Staatsmann heranzubilden. Mehrere Kommentatoren haben hier eine Anspielung auf Sokrates gesehen.[76] Aber Sokrates gehört doch wohl nicht zu den wirklichen Staatsmännern, auch wenn er im *Gorgias* (521d6–8) polemisch einmal als Vertreter der wahren Staatskunst dargestellt wird.[77] Und jemanden, der von ihm zum Staatsmann herangebildet wurde, ist wohl auch

---

[76] So Szlezák 1985, 189; Merkelbach 1988, 134; Long/Sedley 2010, xxii; Hallich 2013, 187.
[77] Der Text im *Gorgias* lautet: „Ich glaube, dass ich, mit einigen wenigen anderen Athenern, damit ich nicht sage, ganz allein, mich der wahren Staatskunst befleißige und die Staatssachen

nicht leicht zu finden. Wenn die Annahme, dass dieser Dialog aus Anlass der ersten sizilischen Reise Platons verfasst wurde und auch in Syrakus zum Vortrag kam, eine gewisse Plausibilität hat, dann ist es eher naheliegend, hier eine in ein Kompliment gekleidete Hoffnung zu sehen, die sich auf Dionysios I. und Dion bezieht. Zweifellos war Dion, der in engen familiären Beziehungen zu Dionysios stand – er war der Schwager und wird auch im Jahre 375 der Schwiegersohn des Dionysios sein –, ein zur Zeit der ersten sizilischen Reise von Dionysios geförderter aufgehender Star der sizilischen Politik. Man darf in das Verhältnis der beiden Politiker zur Zeit der ersten Reise Platons nach Syrakus nicht schon die Zerwürfnisse hineinlesen, die das Verhältnis dieser beiden Männer in späteren Jahren belastet haben mögen. Nein, von Dionysios ließ sich ohne Übertreibung sagen, dass er Dion zum Staatsmann heranzubilden in der Lage war. So wurden die Verdienste Dions etwa in der Auseinandersetzung und den Verhandlungen mit Karthago auch seinem Förderer Dionysios zugerechnet. Und am Ende des Dialoges ließ sich dieses Herrscherlob passend unterbringen.

Menons Lob, seine letzte Äußerung in diesem Dialog, ist überschwänglich:

> Sehr treffend, Sokrates, nach meinem Eindruck, was du sagst. (100b1)

Sokrates wiederholt in seiner anschließenden Schlussbemerkung das wenig befriedigende Ergebnis der gemeinsamen Untersuchung: die Tugend stellt sich aufgrund einer göttlichen Schickung ein (100b2–3). Aber auch hier folgt eine Einschränkung:

> Zuverlässig werden wir darüber aber erst dann etwas wissen, wenn wir vor der Untersuchung, auf welche Art und Weise Tugend sich bei den Menschen einstellt, uns zuerst an die Untersuchung der Frage machen, was Tugend an und für sich ist. (100b3–6)

Damit ist der Dialog wieder bei der Frage angelangt, die Sokrates bereits zu Beginn der Unterredung als vordringlich zu klärende behandelt hatte. Auch wenn keine befriedigende Definition der Tugend gefunden wurde, so hat, wenn nicht Menon, so doch der Leser, einiges über die Anforderungen gelernt, denen eine Definition genügen muss. Ihm ist die Fehlerhaftigkeit bestimmter populärer Vorstellungen über das, was Tugend ist, klar gemacht worden. Er hat aus der Geometriestunde etwas über die wichtige Rolle eines bewussten Nichtwissens mitnehmen können. Er hat in der zweiten Hälfte des Dialoges etwas über die Kunst

---

heutzutage ganz allein betreibe." Das ist nicht einfach eine Darstellung des Sokrates als Politiker, sondern eher eine Distanzierung von den gewöhnlichen Politikern.

des dialektischen Argumentierens von einer Voraussetzung aus gelernt. Und das sizilische Auditorium, das den Dialog vielleicht als erstes zu hören bekommen hat, ist mit einem Sokrates bekannt gemacht worden, der auch in der intellektuellen Welt der Magna Graecia zu Hause ist.

Sokrates schließt mit einer Aufforderung an Menon:

> Versuche du von den Dingen, von denen du überzeugt bist, auch deinen Gastfreund Anytos zu überzeugen, damit er etwas umgänglicher wird. Wenn du ihn überzeugen solltest, wirst du obendrein den Athenern einen Nutzen bringen. (100b7–c2)

Das ist für ein damaliges wie für ein modernes Publikum unschwer als Hinweis des Autors Platon auf den Prozess des Sokrates zu erkennen, in dem Anytos die Rolle eines der Ankläger übernehmen wird. Der Nutzen, den ein umgänglicher Anytos den Athenern hätte bringen können, hätte wohl darin bestanden, ihn von seiner Anklage gegen Sokrates abzuhalten.

Schlussbemerkung

In der Literatur zum *Menon* ist häufig die Frage erörtert worden, was eigentlich das Thema dieses Dialoges sei. Ob es eher um eine inhaltliche Frage geht, wie die der Definition der Tugend, oder eher um eine Diskussion methodischer Fragen, wie die der Hypothesis-Methode. In der vorstehenden Kommentierung habe ich zu zeigen versucht, dass sich der *Menon* am besten als Versuch des Autors Platon verstehen lässt, den Athener Sokrates einem sizilischen Publikum nahezubringen. Dies vor allem dadurch, dass Sokrates als jemand dargestellt wird, der sich in der intellektuellen Kultur Siziliens im vierten Jahrhundert auskennt: seine Kenntnis der Lehren des Empedokles, der Redekunst des Gorgias, den er mühelos imitieren kann, aber auch seine Kenntnis der Gedichte des Theognis von Megara müssen ihn sicherlich einer sizilischen Zuhörerschaft geistesverwandt erscheinen lassen. Auch seine Kenntnis der geometrischen Umformung geradlinig begrenzter Figuren in ein Rechteck (vgl. 86e2–87b2) dürfte in einer Umgebung, in der es an Ingenieuren und Architekten nicht mangelte, positiv zu Buche geschlagen haben. Wenn die Bemerkung am Ende des Dialoges über den bedeutenden Staatsmann, der „auch einen anderen zum Staatsmann heranbilden könnte", auf Dionysios I. und auf Dion zielt, wie ich oben vermutet habe, dann wäre das ein weiteres und starkes Argument dafür, dass dieser Dialog aus Anlass der ersten sizilischen Reise Platons entstanden ist. Mit Absicht hat Platon seiner Figur Sokrates, von der Anytos-Episode abgesehen, nicht einen Gesprächspartner aus Athen an die Seite gestellt, sondern eine Figur wie Menon, die über ihre Bekanntschaft mit Gorgias die Beziehung zu Gorgias und Empedokles herstellen kann. Dagegen bleiben Bezüge zum Athen der Zeit des Sokrates selbst relativ schwach. Das gilt nicht nur für das fehlende Lokalkolorit, für die unbestimmte Szenerie, in der das Gespräch stattfindet, sondern auch für jene Athener, die erwähnt werden: Es sind aus der Geschichte Athens bekannte Personen, die aber alle dadurch negativ charakterisiert sind, dass sie ihre Tugend nicht an ihre Söhne weitergeben konnten. Und mit Anytos wird ein Vertreter der politischen Führungsschicht Athens vorgestellt, der sich durch eine bemerkenswerte Arroganz und Borniertheit auszeichnet. Als Werbung für seine Heimatstadt Athen hat Platon diesen Dialog wohl kaum ansehen können.

Aber dieser sizilisch eingefärbte Sokrates ist für Platon in Wahrheit ein Vehikel für jenen Sokrates, der ein Meister der dialektischen Diskussion ist, der mit allen Wassern der Argumentationstechnik gewaschen ist, der die Freunde Platons in Syrakus mit jener Tradition des griechischen Ostens bekannt machen kann, für die Namen wie Protagoras oder Prodikos stehen, auch wenn die Namen dieser Sophisten im Dialog selbst keineswegs prominent sind. Dieser Sokrates wird als ein Virtuose der elenktischen Widerlegung dargestellt. Geht es dabei auf den ersten Seiten des Gesprächs mit Menon noch um relativ kurze und übersichtliche Widerlegungen der Definitionsvorschläge Menons, so zeigt sich die überlegene Fähigkeit des Sokrates in der Handhabung seiner logischen Mittel eindrucksvoll in jenen langen argumentativen Exerzitien, mit denen Menons letzter Definitionsversuch (77b2–79e5) zurückgewiesen wird, und erst recht in der sich über mehrere Seiten erstreckende und über eine längere Digression hinweg geführten Widerlegung, bei der sich Sokrates abschließend der Methode des hypothetischen Argumentierens bedient, um die Vorstellung, Tugend als Wissen sei lehrbar, zu widerlegen (86d6–99b8). Dass Sokrates dabei am Ende mit der Einsicht herausrückt, dass die richtige Meinung und nicht nur das Wissen handlungsleitend sein kann, zeigt auch, dass er Menon hier mit Absicht auf eine falsche Fährte gelockt hat, denn das dürfte etwas sein, was ihm von Beginn an klar gewesen ist. Das moralische Recht, seinen Gesprächspartner in dieser Weise zu behandeln, kann Sokrates für sich in Anspruch nehmen, weil Menon sich den Regeln einer geordneten Argumentation, wie er im Dialog mehrfach hat erkennen lassen, ganz offensichtlich nicht unterwerfen will.

Es spricht für das schriftstellerische Genie Platons, dass er das, was er den sizilischen Lesern/Zuhörern seines Dialoges über die Grundsätze und Regeln einer dialektischen Diskussion hat mitteilen wollen, nicht in Form einer direkten oder indirekten Belehrung vermittelt hat, sondern dass er das in eine literarische Form eingebettet hat, die sich ganz bewusst der Mittel einer Komödie bedient. Zwar ist der *Menon* nicht der einzige Dialog, in dem Platon sich komödienhafter Mittel bedient – der *Phaidros* zeigt zumindest in seinem ersten Teil ebenfalls Platons Sinn für komische Effekte – aber der *Menon* scheint doch der erste Dialog zu sein, in dem sein Autor sich als ein Meister der komischen Darstellung sowohl von Situationen wie von Personen präsentiert.

Appendix I

Zu 70a1–3

Dominic Scott hat in seinem Kommentar dafür plädiert, hier den Text der Handschrift F zu lesen, der die Worte ἀλλ' ἀσκητόν; ἢ οὔτε ἀσκητόν auslässt, der Menon also fragen lässt:

> Sokrates, kannst du mir sagen, ob die Tugend lehrbar ist? Oder ist sie weder lehrbar noch kann sie gelehrt werden, sondern stellt sich bei den Menschen von Natur aus ein oder auf sonst irgendeine Art und Weise?

Für diesen Text von F spricht, so Scott, der Umstand, dass die Alternative „durch Übung erworben" im folgenden nirgends behandelt wird. Auch werde sie von Menon selbst bei der Wiederholung seiner Frage 88c–d nicht erwähnt (Scott 2006, 18). Außerdem würde Sokrates eine der Alternativen zur Lehrbarkeit der Tugend 89b explizit widerlegen, nämlich das Zukommen von Natur aus, die Übung hingegen bleibe auch hier unerwähnt (Scott ebda.). Diesen Stellen lässt sich noch die abschließende Feststellung des Sokrates 99e hinzufügen, dass sich „die Tugend weder von Natur noch durch Belehrung, sondern durch göttliche Schickung" bei den Menschen einstellt. Auch hier ist von der Übung keine Rede.

Gegen diese Argumente Scotts scheinen mir nun zwei Umstände zu sprechen. Zum einen lautet der griechische Text von F nach der ersten Frage Menons nun: ἢ οὐ διδακτὸν οὔτε μαθητόν, ἀλλὰ φύσει κτλ. Hier würde man an Stelle des οὐ doch ebenfalls ein οὔτε erwarten. Zum zweiten wirkt die negierende Aneinanderreihung von lehrbar und lernbar (weder lehrbar noch lernbar) in F eher redundant, denn was lehrbar ist, ist doch offenbar auch lernbar. Wir hätten es jedenfalls nicht mit einer Alternative zu tun, wie im Fall von lehrbar/von Natur aus. Das macht sich aber in dem Text der hauptsächlichen Handschriften nicht störend bemerkbar, denn hier kann das μαθητόν geradezu als Synonym von διδακτὸν verstanden werden, weil beide Ausdrücke jeweils dem ἀσκητόν opponiert werden und ihnen als dritte Möglichkeit schließlich das ‚von Natur aus' gegenüber gestellt wird. Der Text von BTW liest sich in jedem Fall glatter als der von F. Zwar ist das Fehlen der Alternative ‚durch Übung zu erwerben' an den späteren Stellen, wo man sie erwarten könnte, sicher ein Argument für die Lesart von F. Aber schon an der ersten Stelle, an der Menons Frage wieder aufgenommen wird, nämlich bei dem von Sokrates imaginierten Athener 71a3–6 wird außer ‚lehrbar' nur unbestimmt ‚auf andere Art' erwähnt. Auch ‚von Natur aus' ist hier nicht genannt.

Im übrigen lässt sich der Ausfall des in F nicht vorhandenen Textstückes durch die Übereinstimmung der letzten drei Buchstaben des vorhergehenden Textes διδακτὸν und der letzten drei Buchstaben des ausgefallenen Textes ἀσκητόν erklären. Der Schreiber ließ sich durch die Buchstabenkombination -τόν dazu verleiten, das ausgefallene Textstück schon für kopiert zu halten.

Daher habe ich in meiner Übersetzung an der von den meisten Herausgebern favorisierten Lesart festgehalten.

Appendix II

Zu 76a5–7: Dominic Scott zu σχῆμα als Oberfläche (surface)

Dominic Scott will das Wort σχῆμα in Sokrates' zweiter Definition dieses Ausdrucks (76a5–7) als ‚Oberfläche', engl. surface verstehen (Scott 2006, 39–45). Der Grund für diesen Versuch hat damit zu tun, dass Scott die von Sokrates an der Stelle 76a7 gegebene Definition als Grenze eines Körpers (στερεοῦ πέρας) für eine gültige und von Sokrates ernst gemeinte Definition hält. Dass einer der drei Begriffe, die sich Sokrates von Menon als bekannt hatte zugeben lassen, nämlich das Wort ‚eben' (ἐπίπεδον), in dieser neuen Definition gar nicht benutzt worden ist, ist ihm keine Erwähnung wert. Auf die Frage, warum Sokrates dieses Wort unmittelbar vorher (76a1) als für die Definition erforderlich angegeben hat, geht Scott nicht ein. Versteht man die von Sokrates 76a5–7 angeführte Erklärung als Definition, dann muss natürlich nicht nur jedes σχῆμα als Grenze eines Körpers aufgefasst werden, sondern auch jede Grenze eines Körpers als σχῆμα, und das macht dann auch etwa die Kugeloberfläche zu einem σχῆμα.

Angesichts der zahlreichen Bedeutungen von σχῆμα – das Wort kann die äußere Gestalt von Menschen und Tieren und ihren Gliedmaßen bezeichnen (Aristoteles, *De Part. An.* I, 640b30–641a27), aber auch eine Tanzfigur (Platon, *Nomoi* II, 655a5, 7) oder eine Staatsform wie die Monarchie (Aristoteles, *NE* VIII 12, 1160b24f.) – ist zunächst die Beobachtung wichtig, dass es an der fraglichen Stelle des *Menon* um den Sinn dieses Ausdrucks in der Geometrie geht. Unmittelbar bevor Sokrates nämlich seine Erklärung gibt, beendet er seine Aufzählung von Begriffen, die als Teile des Definiens eine Rolle spielen, mit der Erwähnung der Begriffe ‚eben' und ‚Körper' und fügt dem hinzu „wie diese Ausdrücke beispielsweise in der Geometrie gebraucht werden" (οἷον ταῦτα τὰ ἐν ταῖς γεωμετρίαις 76a2). Wenn die Ausdrücke im Definiens der Geometrie angehören, so sollte das auch für das Definiendum σχῆμα gelten.

Nun wird das Wort in der Geometrie sowohl für zweidimensionale wie für räumliche Gebilde benutzt. So bezeichnet Aristoteles etwa den Kreis als die erste unter den ebenen Figuren (*De Caelo* II 4, 286b17f.), die Kugel dagegen als die erste unter den dreidimensionalen (*ibid.* 286b32f.). Auch bei Platon wird das griechische Wort für zweidimensionale geometrische Figuren gebraucht. So wird etwa *Tim.* 50b2 ein Dreieck als Figur bezeichnet, und im *Theaitetos* ist von einem Viereck bzw. einem gleichseitigen Viereck als Figur die Rede (147e6). Das entspricht auch dem Gebrauch bei Euklid. So wird σχῆμα in den Definitionen des ersten Buches der *Elemente* zunächst definiert als das, was von „einer oder mehreren Grenzen umfasst wird" (*El.* I 14), um dann in den Definitionen des ersten Buches von planen Figuren wie Kreis, Halbkreis, Dreieck und unterschiedlichen Arten von Vielecken benutzt zu werden. Ein entsprechender Gebrauch wird dann bei Euklid in den Definitionen des vierten und sechsten Buchs gemacht. Dagegen scheint der Ausdruck σχῆμα bei Euklid nicht auf Körper angewandt zu werden.

Wenn Parmenides in dem gleichnamigen Dialog die Figuren einteilt in solche, die gerade (εὐθύς) oder rund (στρογγύλος) oder eine Mischung aus beidem sind (*Parm.* 145b3–5), dann hat er offenbar zweidimensionale Figuren vor Augen, aber keine Körper. Unter der Mischung von gerade und rund dürften jene Figuren zu verstehen sein, die sowohl von geraden als auch von gebogenen Linien begrenzt werden, wie etwa der Halbkreis. Dass der Gebrauch des Wortes σχῆμα im Kontext der Geometrie sich zur Zeit Platons so gut wie ausschließlich auf zweidimensionale Figuren bezieht, wird auch durch den Umstand gestützt, dass die Stereometrie, wie von Sokrates in der *Politeia* (VII, 528b) beklagt, als mathematische Disziplin noch gar nicht entwickelt war. Diese Beobachtungen sprechen dafür, dass das Wort σχῆμα auch im *Menon* in dem Sinn gebraucht wird, den es ebenfalls etwa bei Euklid hat.

Die Stellen aus Platon, die Dominic Scott anführt, um für σχῆμα den Sinn von ‚surface', Oberfläche nachzuweisen, scheinen dagegen nicht geeignet, die behauptete Bedeutung zu belegen. Die erste Textstelle stammt aus dem *Kratylos*. Sokrates fragt dort an einer Stelle seinen Gesprächspartner Kratylos, ob etwas noch ein Bild des Kratylos sei, wenn es ein von einem der Götter hergestelltes Duplikat des Kratylos ist:

> Wären dies wohl noch so zwei verschiedene Dinge wie Kratylos und des Kratylos Bild, wenn einer von den Göttern nicht nur deine Farbe und Gestalt (σχῆμα) nachbildete, wie die Maler, sondern auch alles Innere ebenso machte wie das deinige, mit denselben Abstufungen der Weichheit und der Wärme, und dann auch Bewegung, Seele und Vernunft, wie dies alles bei dir ist, hineinlegte (...). (*Crat.* 432b4–c2) (Übersetzung Schleiermacher)

Dazu nun Scott:

> In this context the *schema* must be the visible, shaped surface of Cratylus: visible, because that is what an artist would be thought of as copying; surface, because it is contrasted with the inner parts. The *schema* is the boundary of Cratylus' body; it is where the physical Cratylus ends. (Scott 2006, 39)

Was hier zu den „inner parts" in Gegensatz gestellt wird, ist nicht die Gestalt (σχῆμα) allein, sondern Farbe und Gestalt, wie sie die zweidimensionale Abbildung der Maler wiedergibt. Was die Maler abbilden, ist die Kontur und die Farbigkeit eines dargestellten Gegenstandes, aber gerade so, dass dieser, etwa die abgebildete Person, nur von einer Seite gezeigt wird, so wie sie sich auch dem menschlichen Blick darstellt. In einem Gemälde ist der abgebildete Gegenstand nicht so abgebildet, dass er von allen Seiten zu sehen wäre. Schon darum scheint die Vorstellung, mit σχῆμα könne hier die gesamte Oberfläche einer Person gemeint sein, abwegig.

Eine zweite Stelle, auf die Scott sich berufen will, stammt aus dem 10. Buch der *Politeia*. Dort ist ebenfalls von der Malerei die Rede:

> Wie wir eben sagten, der Maler wird etwas machen, was man für einen Schuhmacher hält, ohne selbst etwas von der Schusterei zu verstehen, und für die, welche nichts davon verstehen, sondern nur auf Farben und Umrisse (σχήματα) sehen.
> (*Pol.* X, 600e6–601a2) (Übersetzung Schleiermacher)

Dazu Scott:

> The problem with artists and those they deceive is that they judge only from the outer surface of an object. (Scott 2006, 40)

Warum mit dem Wort σχῆμα die „outer surface" eines Gegenstandes gemeint sein soll, ist gerade an dieser Stelle schwerlich einzusehen. Sokrates redet doch von den Betrachtern der Gemälde („those they deceive"), und diese Betrachter haben es nicht mit den Gegenständen zu tun, die der Maler im Prozess der Herstellung vor Augen gehabt haben mag, sondern mit den fertigen Bildern. Wir stehen gewissermaßen in der Gemäldegalerie, nicht aber im Atelier des Malers. Auch an einer weiteren Stelle, auf die Scott nur verweist, die er aber nicht zitiert, werden die Maler als mit Farben und Formen befasst vorgestellt:

> Wie aber, wenn wir wüssten, dass dieses Gemälde oder diese Bildsäule einen Menschen darstellt und dass es auch alle die ihm zukommenden Teile, Farben und Stellungen (σχήματα) (wirklich) von der Kunst erhalten hat; wissen wir damit notwendig auch sogleich schon das Weitere, ob es schön ist oder worin es etwa der Schönheit ermangelt?
> (*Nomoi* II, 668e7–669a4) (Übersetzung Susemihl)

Da in diesem Beispiel von dem Gemälde oder der Skulptur eines dargestellten Menschen die Rede ist, spricht schon der Plural σχήματα dafür, dass damit nicht die körperliche Oberfläche der dargestellten Person gemeint ist, denn das ist ja nur eine einzige, sondern die Konturen, die sich dem Anblick des Betrachters bieten. Scott hat die Pluralfomen im Text bezeichnenderweise in singularische Formulierungen verwandelt, wenn er mit Bezug auf die Stelle in *Politeia* X sagt:

> The same sense of the word is at work at *Laws* ii 669a1 which also talks of the artist representing the colour and *schema* of a human being. (Scott 2006, 40)

Keine der von Scott angeführten Stellen, bei denen das Wort σχῆμα in nicht-metaphorischer Redeweise gebraucht wird, scheint mir geeignet, die behauptete Bedeutung ‚Oberfläche' zu belegen.

An zwei weiteren Stellen, auf die Scott sich beruft, geht es um einen metaphorischen Gebrauch des Wortes σχῆμα. Die erste steht im *Symposium*. Zu Beginn seiner Rede vergleicht Alkibiades dort Sokrates mit einem Gefäß in der Form eines Silens:

> Ihr seht doch, dass Sokrates verliebt ist in die Schönen und immer um sie her und außer sich über sie, und wiederum, dass er in allem unwissend ist und nichts weiß, wie er sich ja immer anstellt; ist nun das (τὸ σχῆμα αὐτοῦ) nicht recht silenenhaftig? Denn das hat er nur so äußerlich umgetan (ἔξωθεν περιβέβληται), eben wie jene getriebenen Silenen, inwendig aber, wenn man ihn auftut, was meint ihr wohl, ihr Männer und Trinkgenossen, wie vieler Weisheit und Besonnenheit er voll ist? (*Symp.* 216d2–7) (Übersetzung Schleiermacher)

Dazu Scott:

> The point of using the word *schema* is to capture the notion of an outer surface wrapped around (περιβέβληται) a body – that which presents itself in appearance. (Scott 2006, 40)

An dieser Stelle wird das Wort in der Bedeutung „äußere Erscheinung (einer Person)" gebraucht. Die äußere Erscheinung einer Person zeigt sich natürlich beim Blick auf sie von allen Seiten, aber darum muss damit nicht die *Oberfläche* einer Person gemeint sein. An der zweiten Stelle, die Scott hier anführt, beschreibt Adeimantos die Vorkehrungen, die jemand treffen muss, um bei aller Ungerechtigkeit doch als gerecht gelten zu können:

> Als Vorhof also und Außenseite (σχῆμα) muss ich rings um mich her einen Abriss der Tugend beschreiben, aber des allerweisesten Archilochos gewinnkundigen und verschlagenen Fuchs muss ich hinterher ziehen. (*Pol.* II, 365c3–6) (Übersetzung Schleiermacher)

Auch hier wird von der äußeren Erscheinung einer Person geredet, aber damit muss keineswegs die körperliche Oberfläche dieser Person gemeint sein. Ohnehin ist der metaphorische Gebrauch eines Wortes kaum ein guter Leitfaden zur Entscheidung über dessen Sinn in nicht-metaphorischer Rede.

Scott selber weist in einer Fußnote (Anm. 16 S. 39) auf eine Stelle hin (*Tim.* 33b1–3), an der das σχῆμα einer Kugel von ihrer Oberfläche unterschieden wird; das macht es ebenfalls unwahrscheinlich, dass das griechische Wort dann zusätzlich noch die Bedeutung Oberfläche soll haben können.

Dass das griechische Wort σχῆμα im Sinne von (planer) ‚Figur' in der Geometrie üblich ist, wird durch den Sprachgebrauch bei Euklid belegt, auf den oben schon hingewiesen wurde. Wie oben ebenfalls erwähnt, wird das Wort σχῆμα auch von Platon in diesem Sinn benutzt, etwa *Tim.* 50b2 für ein Dreieck oder im *Theaitetos* 147e6 für ein Viereck bzw. ein gleichseitiges Viereck. Angesichts dieser klaren Belege für den Gebrauch des Wortes σχῆμα im Sinne von plane Figur scheint es daher nicht angebracht, an dieser Stelle des *Menon* einen abweichenden Sinn anzunehmen, nur um eine mit Absicht unzureichend formulierte Definition der Figur zu retten.

Appendix III

Zu 80d5–e5: Menons Einwand gegen die Möglichkeit des Suchens

Menons eristischer Einwand gegen die Möglichkeit des Suchens ist neuerdings in Teilen vor allem der englischsprachigen Sekundärliteratur unter dem Titel *Meno's paradox* als ein ernst zu nehmendes und von Platon ernst genommenes Problem behandelt worden. Da im Kommentar die gegenteilige Ansicht vertreten wird, sollen zumindest einige der neueren Deutungen hier einer kritischen Durchsicht unterzogen werden.

Für Nicholas P. White scheint es außer Frage zu stehen, dass dieser Einwand für Platon ein wirkliches Problem darstellt:

> As some philosophers know, the paradox about inquiry at 80d–e of Plato's *Meno* is more than a tedious sophism. Plato is one such philosopher. (White 1974, 289)

Gestützt wird diese Behauptung, die einem bloßen question-begging nahe kommt, durch einen Hinweis in einer Fußnote, dass die Wiedergabe von *eristikon* als ‚sophistisch' eine Fehlübersetzung sei. Das Wort bedeute „simply 'contentious' or 'obstructionist' (cf. *Lysis* 211b8, *Sophist* 225c9 with a2)." (White 1974, 289 Anm. 1) Das lässt sich leicht zugeben, nur bleibt es dann immer noch bei einer sehr negativen Einschätzung von Menons Einwand durch den platonischen Sokrates und daher wohl auch durch den Autor Platon.

Alexander Nehamas sieht hier ebenfalls Platon ein ernst genommenes Problem diskutieren:

> Platon takes Meno's paradox, that you can't look for what you don't know and don't need to look for what you know, very seriously in its own right.
> (Nehamas 1985, 8)

Dabei bezieht er sich explizit auf die oben zitierte Behauptung von Nicholas P. White. Nehamas selbst hatte zu Beginn seines Aufsatzes erklärt:

> Plato himself took Meno's paradox seriously, as we can see from the care with which he develops his own controversial and complicated solution to the problem (*Meno* 81a5–86c2) and from the intimate connection of that solution, the theory of recollection, to the theory of Forms when the latter eventually appears, as it does not in the *Meno*, in Plato's texts.
> (Nehamas 1985, 1–2).

Nehamas setzt hier voraus, dass die sog. Wiedererinnerungslehre, wie sie von Sokrates im Anschluss an den Einwand Menons in mythologischer Rede dargestellt wird, als „controversial and complicated solution" von Menons Paradox gemeint ist. Und weil diese Theorie zusammen mit der „theory of Forms", die aber im *Menon*, wie Nehamas einräumt, gar nicht vorkommt, als „controversial and complicated" erscheint, muss dann wohl das, worauf sie nach Meinung des Autors Nehamas eine Antwort ist, ebenfalls den Charakter eines komplizierten Problems haben. Aber warum soll die Rede des Sokrates 81a5–d5 nicht einfach eine Replik auf Menons mit gorgianischen Stilmitteln vorgetragene Rede 79e6–80b6 sein? Schließlich bedient sich auch Sokrates 81a5–d5 gorgianischer Redefiguren wie vorher Menon. Obendrein wird der mythologische Inhalt der sokratischen Darstellung später (86b6–7) in Frage gestellt, um nicht zu sagen, explizit revoziert. Und die Geometriestunde lässt sich als eine ganz unkomplizierte Widerlegung von Menons Einwand lesen: Offenbar kann man das, was man nicht weiß, nämlich auf welcher Linie sich das doppelte Quadrat errichten lässt, durchaus herausfinden. Sokrates' zweimal wiederholte Charakterisierung des Menonschen Einwandes als „eristisch" (80e2, 81d6) und seine Warnung vor diesem Argument, weil es uns träge macht (81d6–e1, 86b7–c2), zeigen doch zur Genüge die negative Einschätzung, die Sokrates diesem Einwand Menons gegenüber erkennen lässt.

Wenn Nehamas zu Beginn seiner Überlegungen die Frage stellt:

> But does Plato take only the argument, and not Meno himself, seriously?
> (Nehamas 1985, 2)

so ist ihm wohl zu erwidern, weder noch. Im übrigen ist Menon eine Figur des Autors Platon.

Dominic Scott behandelt Menons Paradox in seinem Kapitel 7 unter diesem Titel (*'Meno's paradox': 80d–81a*), im Text seines Kommentars erklärt er dann allerdings, dass er diesen Ausdruck vermeiden will, da damit zwei unterschiedliche Dinge durcheinander gebracht würden, nämlich der von Menon vorgebrachte Vorwurf der Unmöglichkeit der Suche nach etwas, das der Suchende gar nicht kennt („Meno's challenge") und die von Sokrates vorgenommene Reformulierung dieses Einwandes in der Form eines Dilemmas („the eristic dilemma") (Scott 2006, 75). Scott stellt richtig fest, dass die sokratische Formulierung des Dilemmas über den Einwand Menons hinausgeht, da Sokrates das erste Horn des Dilemmas hinzufügt:

> If you know the object already you cannot genuinely inquire into it. (Scott 2006, 78)

Eine von Sokrates nicht ausdrücklich formulierte weitere Prämisse des Dilemmas ist die implizite Annahme: „Either you know something or you do not." (Scott 2006, 78)

Scott findet drei Gründe, um die Frage zu verneinen, ob die Wiedererinnerungsthese zur Lösung dieses Dilemma vorgeschlagen wird.

(a) Da dieses Dilemma auf einer falschen Dichotomie von vollständigem Wissen und vollständigem Nicht-Wissen beruhe (79), sei es falsch, da es die Möglichkeit von teilweiser Kenntnis („partial grasp") nicht berücksichtige, wie sie in der späteren Unterscheidung von Wissen und wahrer Meinung zum Ausdruck gebracht werde, und da die Wiedererinnerung im Gegensatz zu dieser Unterscheidung weder notwendig noch hinreichend sei, um das eristische Dilemma aufzulösen, sei die Wiedererinnerungsthese ungeeignet, das Dilemma aufzulösen. Die Wiedererinnerungsthese sei nicht notwendig zur Lösung des Dilemmas, da dafür der Nachweis genüge, dass eine teilweise Kenntnis des gesuchten Gegenstandes möglich ist, die sich aber nicht einer Erinnerung verdanken müsse, sondern auch aus anderen Quellen stammen könne (Scott 2006, 80). Die Wiedererinnerungsthese sei zur Lösung des Dilemmas auch nicht hinreichend. Denn im Fall, dass wir die Wiedererinnerung annehmen, aber die Unterscheidung von Wissen und wahrer Meinung oder irgendeine andere Ansicht, die eine nur teilweise Kenntnis zulässt, ablehnen, würde uns ein Akt der Wiedererinnerung stets nur zu einer vollständigen Kenntnis des Gegenstandes verhelfen. Das aber macht jede Untersuchung überflüssig, da der Gegenstand ja bereits vollständig bekannt ist (80).

Diese letztere Überlegung Scotts scheint nicht überzeugend, denn warum soll mit der Annahme der Wiedererinnerungsthese notwendig die Ablehnung einer partiellen Kenntnis des gesuchten Gegenstandes verbunden sein? Auch eine Wiedererinnerung kann doch den erinnerten Gegenstand unter Umständen nur zum Teil wieder evozieren. Obendrein lässt sich die Geometriestunde doch als ein Beispiel dafür lesen (auch wenn bei dem Gespräch mit dem Sklaven selbst nirgends auf ein Erinnern abgestellt wird), dass es möglich ist, einen unbekannten Gegenstand zu finden, hier die gesuchte Linie, auf der sich das doppelte Quadrat errichten lässt. Und ein einziges Beispiel ist jedenfalls hinreichend um die allgemeine These, also die Konklusion des Dilemmas, zu widerlegen.

(b) Der zweite Grund, der Scott daran zweifeln lässt, dass die Wiedererinnerung nicht zur Lösung des eristischen Dilemmas eingeführt wurde, soll sich aus einer Betrachtung der „dynamics of the relationship between Socrates and Meno" ergeben (80). Aus dem Gebrauch des Wortes ‚eristisch' ergebe sich, dass zwar nicht das Argument, wohl aber Menons Motive für den Gebrauch dieses Argumentes schlecht seien. Aus der Bemerkung 81d5–e2, die Menons Einwand als den Schwachen willkommen darstellt, möchte Scott dann folgern, dass Menon „was not proposing it as a genuine epistemological concern" (81), sondern dass er vor der von ihm verlangten Anstrengung einer erneuten Suche zurückschreckt; Menon nehme zu diesem Argument seine Zuflucht, um die Aufforderung des Sokrates zu gemeinsamer Suche zu blockieren (81). Er habe dieses Argument nicht unparteiisch betrachtet und es nicht aufgrund seiner Logik allein angenommen (81). Es ist nicht ganz klar, wie Scott von diesen Überlegungen zu der Meinung kommt: „This supports the claim that Socrates is not trying to solve the eristic dilemma directly with recollection" (81). Vielmehr, so Scott, versuche Sokrates seinen Gesprächspartner Menon durch eine Strategie von Zuckerbrot und Peitsche zur gemeinsamen Suche zu bewegen, mit der Peitsche, weil er ihn mit dem Hinweis auf die Attraktivität des eristischen Argumentes für Schwächlinge zu beschämen versucht, mit Zuckerbrot, weil Sokrates mit den Anspielungen auf alte Mythen, mit den Erwähnungen von Priestern und Priesterinnen und Dichtern Menons Neugier und „his appetite for the exotic" (81) zu wecken sucht und auf diese Weise Menon zu eigener Untersuchung bewegen will. Jedenfalls würde Sokrates das eristische Dilemma nicht direkt angreifen.

(c) Einen dritten Grund gegen die Annahme, dass Sokrates die Wiedererinnerung zur Lösung des eristischen Dilemmas einsetzen möchte, findet Scott in der Stelle 86b6–c2, die ich zunächst in der englischen Übersetzung von Scott zitiere:

> As for the other points, I wouldn't absolutely insist on the argument. But I would fight, both in word and deed, for the following point: that we would be better, more manly and less lazy if we believed that we ought to inquire into what we do not know, than if we believed that *we cannot discover what we do not know* and so have no duty to inquire.
> (86b6–c2, emphasis added) (Scott 2006, 82)

Scott betont, dass hier von der Unmöglichkeit der Entdeckung, nicht aber von der Unmöglichkeit der Suche die Rede ist. Letzteres ist in Scotts Verständnis eine Folge der Unmöglichkeit der Entdeckung. („… we cannot discover what we do not know and hence have no duty to inquire" (Scott 2006, 82)[78] Nach diesem Verständnis erweise sich die Suche nur als zwecklos (pointless), aber nicht als unmöglich, während doch das eristische Dilemma für die Unmöglichkeit der Suche zu argumentieren schien.

Es scheint nicht wirklich klar zu sein, warum daraus wiederum folgen soll, dass Wiedererinnerung nicht die Lösung des eristischen Dilemmas sein kann. Scott wendet sich dann dem „problem of discovery" zu, d. h. dem Problem, einen gefundenen Gegenstand als den zu identifizieren, nach dem gesucht worden war, und er versichert, „that Socrates takes the problem of discovery seriously." (84). Ein Grund dafür sieht Scott darin, dass Sokrates „shares the assumption that knowledge must derive from pre-existent knowledge, the 'foreknowledge principle' as I shall call it" (84). Dafür beruft Scott sich auf eine Stelle in der Befragung Menons nach der Geometriestunde, nämlich auf die Frage des Sokrates an Menon 85d6–7:

> Das selbst aus sich selber ein Wissen heraufholen, ist das nicht Sich-Wiedererinnern?

Eine Frage, die von Menon nachdrücklich bejaht wird (85d8). Scott macht aus dieser Frage des Sokrates und der Antwort Menons eine Meinung des Fragers Sokrates. Das ist, wie oben im Kommentar (S. 114) gezeigt worden ist, höchst fragwürdig. Nur die Umkehrung dieser Behauptung ist zutreffend, dass nämlich jedes Wiedererinnern ein Herausholen des Wissens aus einem selber ist. Und da unmittelbar vorher von dem Erkenntnisgewinn des Sklaven hinsichtlich der Quadratverdoppelung als einem Heraufholen seines Wissens aus sich selbst geredet worden ist (85d3–4), ohne dass während der Geometriestunde der Sklave selbst (oder auch sein Gesprächspartner Sokrates ihm gegenüber) von der gewonnenen Erkenntnis als einer wiedererinnerten geredet haben, dürfte Platon und den Lesern seines Dialoges, die er vor Augen gehabt haben mag, klar gewesen sein, dass wir es hier mit einer irrigen Meinung Menons zu tun haben. Scott hat dann auch kein Problem damit, Sokrates auf das mythologische Verständnis der Anamnesis festzulegen:

> Ultimately, Socrates concludes that any act of learning must be explained by the existence of conscious knowledge in a previous life. (Scott 2006, 85)

---

[78] Scotts „so", das er in seinem anschließenden Referat durch „hence" ersetzt, hat keine genaue Entsprechung im griechischen Wortlaut. Die Verneinung der Möglichkeit des Entdeckens und die Verneinung der Pflicht zu suchen stehen parallel nebeneinander.

Anders als Nehamas sieht Scott also die mythologische Darstellung der Wiedererinerung nicht als eine Lösung von dem an, was bei Nehamas und anderen als Menons Paradox angesprochen wird. Dass er aber das mythologische Verständnis der Anamnesis als Überzeugung des platonischen Sokrates (und damit wohl auch des Autors Platon?) behandelt, macht seine Deutung aber wenig attraktiv.

Appendix IV

81e3 ἀλλὰ πῶς oder ἀλλ' ἁπλῶς?

Alle neueren Ausgaben des *Menon* lesen an der Stelle 81e3 ἀλλὰ πῶς λέγεις τοῦτο, ὅτι οὐ μανθάνομεν κτλ., lassen Menon also fragen, „Wie meinst du dies, dass wir nicht lernen usw." Soweit ich sehen kann, war Stallbaum der erste, der sich in seiner Ausgabe von 1836 für diesen Text entschieden hat; alle früheren Herausgeber bringen den Text der Vulgata, den auch die Zweibrückener Ausgabe zugrunde legt, deren Text wiederum Schleiermacher für seine Übersetzung benutzt hat. Alle Herausgeber vor Stallbaum haben an der Stelle 81e3 ἀλλ' ἁπλῶς gelesen.

Die Variante ἀλλὰ πῶς wird nur von der Handschrift F, dem Wiener Codex suppl. gr. 39 bezeugt; die Herausgeber (Burnet, Croiset, Bluck) verweisen für diese Lesart auch auf Stobaios (iv, 59), bei dem aber „das älteste und beste Manuskript", nämlich S, so der Herausgeber Hense des Stobaios, lediglich πῶς, nicht ἀλλὰ πῶς liest. In diesem Fall ist also die Übereinstimmung zwischen F und Stobaios nicht vollständig.

Dagegen bieten drei der ältesten Handschriften, nämlich der Oxforder Bodleianus (B), der venezianische Codex (T) sowie die Wiener Handschrift (W) und, wie erst von Croiset mitgeteilt, auch Y, der Vindobonensis suppl. gr. 21[79] übereinstimmend eine andere Lesart, nämlich ἀλλ' ἁπλῶς λέγεις τοῦτο, ὅτι οὐ μανθάνομεν κτλ. Obendrein hat diesen Text offenbar auch der lateinische Übersetzer Aristippus (Λ) gelesen. Er übersetzt nämlich: „verum simpliciter dicis hoc, quia non addiscimus etc." Mit dem lateinischen *simpliciter* bildet Aristippus hier, wie auch 73e4, das griechische ἁπλῶς ab. Überdies scheint Aristippus, dessen Übersetzung des *Phaidon*, wie Bluck mitteilt, „was based on a text very similar to

---

[79] Croiset hat diesen Codex erneut anhand von Photographien kollationiert (s. Croiset 1968, 231) und ist dabei auch auf Lesarten gestoßen, die Burnet bei seiner Edition nicht alle berücksichtigt hatte. Bluck teilt aber nicht die Wertschätzung von Croiset für Y: „A fresh collation of my own reveals no readings of Y in the *Meno* which are not found elsewhere or could not be reached by conjecture." (Bluck 1961, 142)

W (though not identical with W) and to other manuscripts of the W-group" (Bluck 1961, 143), für seine Übertragung des *Menon* dagegen ein anderes, von dieser Handschriftengruppe unabhängiges Manuskript genutzt zu haben (Bluck *ibid.*). Damit kommt den Lesarten, die sich aus Aristippus erschließen lassen, praktisch der Wert einer eigenen Quelle zu.

Die Handschrift F genießt seit Burnet (vgl. die Praefatio zu Band III seiner Ausgabe) für die Textüberlieferung den Status einer wichtigen Quelle. Schließlich ist sie von der Überlieferung, auf der die Handschriften B, W, T beruhen, offenbar unabhängig (vgl. das Stemma in Bluck 1961, 147). Allerdings weist Bluck, der F neu kollationiert hat (vgl. Bluck 1961, 135), auch weil Burnet zu Fs Varianten in zahlreichen Fällen unrichtige Angaben macht (s. Bluck 1961, 135 n. 2), deutlich auf die Schwächen des Schreibers von F hin: „In general, the scribe of F made little attempt (or was unable) to understand the text." (Bluck 1961, 139) Die Vorlage von F war allem Anschein nach ein Manuskript in Unzialschrift, die für den Schreiber von F ungewohnt war (Bluck 1961, 137). Das erklärt die Häufung unkorrekter Worttrennungen oder erratischer Zeichen- und Akzentsetzung in F. Bluck schließt seine Bewertung von F mit der Bemerkung: „We must, it would seem, judge each case as best we can on its merits. (...) We may certainly recognize that where a reading of F is supported by Stobaeus or some other early writer, it deserves the most careful consideration." (Bluck 1961, 139). Verdenius 1964, ad 75a6, spricht von „Burnet's over-estimation of F".[80]

Nun zählt Bluck zu den neun Fällen, in denen seiner Ansicht nach nur F mit Sicherheit die richtige Lesart gibt (Bluck 1961, 139 n. 4), auch die Stelle 81e3. Aber in diesem Fall wird die von F gebotene Lesart nicht wirklich von Stobaios unterstützt, bei dem, wie oben schon notiert, das Wort ἀλλά in der wichtigsten Handschrift fehlt.

Von der bloßen Wortbedeutung her scheint keine der beiden Varianten vor der anderen einen Vorzug zu verdienen: „Wie meinst du dies, dass wir nicht lernen ..." ergibt ebenso einen sinnvollen Text wie „Behauptest du dies uneingeschränkt, dass wir nicht lernen ...". Dennoch ergibt sich schon aus textphilologischen Gründen ein Vorzug für die Lesart ἀλλ' ἁπλῶς λέγεις (BTWYΛ) vor ἀλλὰ πῶς λέγεις (F). Zunächst ist der Ausfall eines Buchstabens, hier des λ in ἁπλῶς, innerhalb der *scriptio continua*, die für die Handschrift anzunehmen ist, einfach wahrscheinlicher als dessen Einfügung. In jedem Fall ist die Variante in BTWYΛ gegenüber der in F die *lectio difficilior*, und die sollte auch hier als die wahrscheinlichere Lesart gelten. Aber auch der unmittelbare Kontext der beiden

---

[80] Zu der Frage der Manuskript-Überlieferung und ihrer Bewertung bei den neueren Herausgebern ist jetzt auch die gründliche Arbeit von Primavesi 2008 zu vergleichen.

Lesarten spricht für ἀλλ' ἁπλῶς. Denn die Frage πῶς λέγεις wird dort gestellt, wo jemand den Sinn von etwas Gesagtem nicht klar verstanden hat und deshalb um eine Erläuterung bittet. Das ist aber hier gar nicht der Fall. Menon hat ganz wohl verstanden, was Sokrates behauptet hat. Er verlangt nicht nach einer Erläuterung, sondern, wie seine unmittelbar anschließende Bitte zeigt, nach einem Beweis für diese Behauptung: „Kannst du mich belehren, dass es sich so verhält?" (81e5) Und nach dem Protest des Sokrates gegen die Rede von einem „belehren", wiederholt er seine Bitte und verlangt von Sokrates „nachzuweisen (ἐνδείξασθαι), dass es sich so verhält, wie du sagst" (82a6). Jemand, der nach einem Nachweis für etwas verlangt, das er, wie diese Wendungen zeigen, durchaus verstanden hat, kann diese Bitte nicht mit der Frage einleiten, „wie meinst du dies, dass usw." Mit dem „so" (οὕτως 81e5) bezieht Menon sich überdies zurück auf das ἁπλῶς. Ein weiterer Umstand spricht gegen F als korrekte Lesart: Obwohl die Wendung πῶς λέγεις bei Platon überaus häufig auftritt, etwa einhundert Mal, im Menon selbst noch an sechs Stellen (73e2, 75c4, 91c5, 96e6, 97a8, 97c8), so ist doch ein πῶς λέγεις mit einem anschließenden τοῦτο, ὅτι-Satz nicht bezeugt.

Schließlich spricht für die Variante ἀλλ' ἁπλῶς der Sinn, den dieses ἁπλῶς hat. Hier scheint nun sowohl die Deutung von Bluck, der die Lesart von BTWΛ verwirft, als auch die von Verdenius, der sie gegen Bluck und Burnet für korrekt hält, nicht richtig zu sein. Bluck hat in seinem Kommentar z. St. die Lesart ἀλλ' ἁπλῶς λέγεις mit dem Argument verworfen, dass in diesem Fall „Meno would be asking whether there were no exceptions to the rule that we do not learn, but only recollect. But it is far more likely that he is asking to be 'taught' the proof of what Socrates has asserted, that learning is recollection." (Bluck 1961, 289). Menon muss nämlich nicht so verstanden werden, dass er mit dem ἁπλῶς zum Ausdruck bringen will, dass es keine Ausnahmen von der Regel gibt, dass wir nicht lernen, sondern uns nur erinnern. Er dürfte vielmehr fragen wollen, ob Sokrates, was dieser ja tatsächlich getan hat, diese These für Menschen ganz allgemein behauptet, nicht eingeschränkt auf große Geister wie Empedokles (oder Pythagoras). Bluck hat zwar ganz recht, wenn er betont, dass Menon „is asking to be 'taught' the proof of what Socrates has asserted, that learning is recollection." Aber mit der Bitte um einen Beweis verträgt sich, wie gerade gesagt, die Frage „wie meinst du dies, dass wir usw.", also die von Bluck verteidigte Lesart, eben nicht. Verdenius 1964 z. St. wendet gegen Bluck ein, dass ἁπλῶς „may have the meaning 'without explanation', 'simply'" und verweist auf den Gebrauch dieses Adverbs in Phil. 50d sowie in Aristoteles, Pol. VIII 7, 1341b38. Er möchte also an der von Bluck verworfenen Auffassung, die Menon die Worte des Sokrates so verstehen lässt, dass mit ihnen keine Ausnahme von der Regel gemacht wird, alle Fälle des Lernens seien Fälle von Wiedererinnerung, festhalten. Gegen diese Deutung spricht aber einfach, dass Menon keine Erklärung verlangt, sondern einen Nachweis für die Richtigkeit einer These, die in seinen Augen keineswegs erläuterungsbedürftig ist, wohl aber einer Begründung bedarf.

Was Menon an den Worten des Sokrates erstaunlich scheint, ist die Behauptung, dass Menschen ganz allgemein zu dieser Erinnerung an frühere Existenzen in der Lage sein sollen. Daher will Sokrates diese These auch an einem ganz zufällig ausgewählten Gesprächspartner, eben dem Sklaven Menons beweisen. Was an einem beliebig gewählten Gegenstand gezeigt werden kann, gilt eben allgemein.

Für das Verständnis des Textes ist die Entscheidung für die Variante von BTWYΛ deshalb von gewissem Belang, weil damit Menon eine Kenntnis der These einer Wiedererinnerung an frühere Existenzen etwa bei Empedokles zugesprochen wird. Mit der Lesart in F wird das nicht behauptet, und das mag ein Grund dafür sein, dass neuere Herausgeber ihr den Vorzug geben. Aber es dürfte durchaus in Platons Absicht liegen, Menon auch in diesem Punkt eine Kenntnis der italischen Philosophie zuzuschreiben. Wer wie Menon die Naturphilosophie des Empedokles kennt (vgl. 76c6–d3), dürfte auch Kenntnis von den Lehren der *Katharmoi* mit ihrer These von der Seelenwanderung haben.

Appendix V

Die Anamnesis außerhalb der Stelle *Menon* 81a–86b

Dass die sog. Wiedererinnerungslehre im *Menon*, d. h. die Behauptung, wann immer ein Mensch etwas lerne, erinnere er sich in Wahrheit an Dinge zurück, die er in einer früheren Existenz gelernt habe, nichts sein soll, was Platon als eigene Lehre vertreten hat, wird bei Platonlesern und -interpreten vermutlich nicht auf allgemeine Zustimmung stoßen. Dass die Darstellung im *Menon* sich der rhetorischen Mittel des Gorgias bedient, dass Sokrates selber seine mythologische Präsentation an der Stelle 86b6–7 als von ihm nicht wirklich vertreten darstellt, scheint angesichts der Rolle, welche die Anamnesis doch im Lehrgebäude des Platonismus spielt, nicht wirklich ernst zu nehmen zu sein. So wird ja auch die Diskussion mit Menon im Anschluss an die Geometriestunde, an deren Ende die Bemerkung des Sokrates 86b6–7 steht („Was ich sonst für mein Argument vorgebracht habe, das würde ich nicht wirklich durchfechten wollen"), im allgemeinen nicht als elenktisches Gespräch gelesen, in dem Menon zu absurden Folgerungen gebracht wird, sondern als von Platon durch den Mund des Sokrates beglaubigte Bestätigung der Wahrheit der Wiedererinnerungslehre. Dass diese Theorie ganz offenbar absurd ist, dass sie auch etwa in einem Dialog wie dem *Theaitetos*, in dem es um den Begriff des Wissens geht, keinerlei Rolle spielt, wird dabei offenbar als unwesentlich angesehen. Vor allem aber scheint der vorgetragenen Auffassung das zu widersprechen, was an anderen Stellen sowohl im *Menon* selbst als auch in weiteren Dialogen zur Anamnesis gesagt wird.

Es ist daher sinnvoll, sich mit diesen Textstellen eigens zu befassen und zu prüfen, ob sie die vorgetragene Deutung in Schwierigkeiten bringen können. Zunächst zu den einschlägigen Stellen im *Menon* selbst.

(a) *Menon*

Im *Menon* wird nach der Textpassage 81a5–86b5 auf die Wiedererinnerung noch an zwei Stellen Bezug genommen: 87b6–c1 und 98a4–5.

(i) An der ersten dieser beiden Textstellen geht es um die Exposition der Suche aufgrund einer Hypothesis. Die vollständigen Sätze des griechischen Textes lauten wie folgt:

> πρῶτον μὲν δὴ εἰ ἔστιν ἀλλοῖον ἢ οἷον ἐπιστήμη, ἆρα διδακτὸν ἢ οὔ, ἢ ὃ νυνδὴ ἐλέγομεν, ἀναμνηστόν–διαφερέτω δὲ μηδὲν ἡμῖν ὁποτέρῳ ἂν τῷ ὀνόματι χρώμεθα, ἀλλ' ἆρα διδακτόν;
> Zunächst: Wenn sie nicht von der Art eines Wissens ist oder doch, ist sie dann lehrbar oder nicht, [bzw. wie wir gerade gesagt haben, wiedererinnerbar – es soll für uns keinen Unterschied machen, welchen Ausdruck wir gebrauchen –] ist sie dann also lehrbar?

Es ist leicht zu sehen, dass der Satzteil ἢ ὃ νυνδὴ ἐλέγομεν [...] χρώμεθα („bzw. wie wir gerade gesagt haben, wiedererinnerbar – es soll für uns keinen Unterschied machen, welchen Ausdruck wir gebrauchen") – ein relativ funktionsloser Einschub ist. Auf diese Bemerkung wird bei der folgenden Darstellung nirgends Bezug genommen. Auch scheinen die diesem Text folgenden letzten drei Worte ἀλλ' ἆρα διδακτὸν; grammatikalisch mit dem Vorhergehenden nicht recht verbunden, sie sind eine Art Nachklapp. Sachlich ist an dieser Bemerkung auffällig, dass Sokrates, der doch in der Wechselrede mit Menon 81e6–82a2 die Rede von einem Lehren gerade verworfen hatte und der auch bei der daran anschließenden Befragung Menons an dem Gegensatz von Lehren/Lernen und Wiedererinnern festhält (vgl. 82b5–6, 84c9–d3), hier offenbar Belehrtwerden einerseits und Wiedererinnern andererseits ohne weiteres für gleichbedeutend erklärt. Was aber diesen Text vor allem suspekt macht, ist das Auftreten von zwei Worten, die sonst bei Platon nirgends belegt sind. So kommt zum einen die Wortform διαφερέτω („es soll keinen Unterschied machen") sonst bei Platon nicht vor und dasselbe gilt von dem Wort ἀναμνηστόν „wiedererinnerbar". Dieses letztere Wort ist nicht nur bei Platon sonst nicht belegt, es kommt, wie schon E. S. Thompson bemerkt hat (ad 87b8 „The word does not occur elsewhere"), auch bei anderen Schriftstellern nicht vor. Zwei ἅπαξ λεγόμενα in einem Satz, das muss diesen Satz verdächtig machen. Man kann daher mit einigem Recht vermuten, dass er nicht von Platon geschrieben wurde.

(ii) Bei der zweiten Stelle geht es um eine Antwort auf Menons Frage, warum denn das Wissen höher geachtet werde als die wahre Meinung (97c10–d2), da doch auch diese stets das Richtige treffe. Sokrates, der Menon zunächst mit dem absichtlich rätselhaften Vergleich mit den Bildwerken des Daidalos hingehalten hat (97d5–e1), löst dann schließlich diesen Vergleich dahin auf, dass wahre Meinungen eben unbeständiger sind als Wissen:

> Für lange Zeit aber wollen sie nicht dableiben, sondern nehmen aus der Seele des Menschen Reißaus, so dass sie nicht viel wert sind, bis jemand sie durch Berechnung eines Grundes anbindet. Das aber ist, Menon, mein Freund, die Wiedererinnerung, wie wir uns vorhin geeinigt hatten. Nachdem sie angebunden sind, werden die wahren Meinungen erstens Erkenntnisse, zweitens dauerhaft. (98a1–6)

Der fragliche Satz (98a4–5) lautet im Griechischen wie folgt:

> τοῦτο δ' ἐστίν, ὦ Μένων ἑταῖρε, ἀνάμνησις, ὡς ἐν τοῖς πρόσθεν ἡμῖν ὡμολόγηται.
> Das aber ist, Menon, mein Freund, die Wiedererinnerung, wie wir uns vorhin geeinigt hatten.

Der Satz τοῦτο δ' ἐστίν ... ὡμολόγηται („Das aber ist ... geeinigt hatten") ist ein Einschub zwischen zwei aneinander unmittelbar anschließenden Sätzen, der den Gedankengang an dieser Stelle unterbricht. Es gibt weitere Dinge, die diesen Satz verdächtig machen.

Zunächst: Eine eher en passant gemachte Mitteilung über ein im bisherigen Verlauf des Gespräches erzieltes Übereinkommen, ohne dass Menon ausdrücklich an seine Zustimmung dazu erinnert wird, kommt im *Menon* sonst nirgends vor. An allen anderen Stellen, in denen auf eine vorhergehende Übereinkunft Bezug genommen wird, lässt Sokrates sich diese vorherige Übereinkunft von Menon immer ausdrücklich bestätigen (vgl. 96c3–5, e7–97a2, 97a3–5, 98c5–7, e4–5, e6–8, e9–10, ähnlich auch 79a3–6, d1–4, zwei Stellen, an denen von ὁμολογεῖν nicht ausdrücklich die Rede ist).

Sachlich lässt sich die Befragung des Sklaven in der sog. Geometriestunde (die Lösung der Quadratverdoppelung) und die anschließende Kommentierung derselben im Gespräch mit Menon (85b7–86c3) kaum in der Weise deuten, dass hier die These, Wissen unterscheide sich von der wahren Meinung durch eine Angabe des Grundes, das Fazit dieser Untersuchung gewesen sei. Zwar wird in dieser Kommentierung sowohl vom Begriff der (wahren) Meinung (85b7, c4, c6, e6, 86a7) wie vom Begriff des Wissens (85c11, d4, d6, d9, 86a7) Gebrauch gemacht, aber anders als an der Stelle 97e–98a, werden diese beiden Begriffe nicht einander opponiert. Vielmehr wird dort Wert darauf gelegt, dass durch einen Prozess wiederholter Befragung ein Übergang von wahrer Meinung zu Wissen offenbar relativ problemlos möglich ist (vgl. 85c9–d2, 86a6–10). Dass erst die Angabe eines Grundes aus der wahren Meinung ein Wissen macht, wird an den früheren Stellen nirgendwo auch nur angedeutet. Im Gegenteil, am Ende des kommentierenden Gespräches mit Menon wird festgehalten, man sei sich darin einig, dass man das, was man nicht wisse, suchen müsse (86b7–c5). Über mehr aber auch nicht! Daher stellt die Aussage 98a4–5 auch inhaltlich eine Behauptung auf, die von der Sache her nicht gedeckt ist.

Sprechen schon diese Umstände dafür, dass dieser Satz nicht von Platon stammt, so wird das nun auch noch dadurch wahrscheinlich gemacht, dass er in einem Textzeugnis fehlt, nämlich in dem bei Johannes Stobaios (II, 162) exzerpierten Textstück 97e6–98a7.[81] Da Stobaios die sonst von ihm exzerpierten Textstellen (77b5–78b2, 80e1–82a3, 99a2–5) vollständig aushebt und da auch der exzerpierte Text von 97e6–98a7 keine weiteren Auslassungen aufweist, dürfte dieser Satz in dem Manuskript, das Stobaios zur Verfügung stand, nicht vorhanden gewesen sein. Einen paläographischen Grund, der sonst oft verständlich machen kann, warum ein Satz von einem Schreiber ausgelassen worden ist, gibt es hier nicht: Das Ende des vorhergehenden Satzes (αἰτίας λογισμῷ) und das Ende dieses Satzes (ἡμῖν ὡμολόγηται) sind nicht identisch oder gleichlautend. Wenn es aber eine Manuskripttradition gab, in der dieser Satz nicht vorhanden war, dann spricht viel dafür, dass Platon diesen Satz nicht geschrieben hat. Eine nachträgliche Einfügung ist jedenfalls plausibler als die Streichung eines vorhandenen Satzes.

Das legt natürlich die Frage nahe, wer denn die an diesen beiden Stellen im *Menon* vermuteten Einfügungen vorgenommen haben könnte. In Frage kommen hier in erster Linie Philosophen aus dem Umkreis des pythagoreisierenden Neuplatonismus des dritten und vierten Jahrhunderts, der in der Nachfolge Plotins auch Platon als einen pythagoreischen Philosophen deutete. Iamblichos und Porphyrios sind hier die führenden Figuren. Diese Philosophen sehen sich in Opposition zur akademischen Philosophie, die Platon als einen skeptisch orientierten Philosophen deutete. Dem Neuplatonismus Plotins zeitlich vorgeordnet, aber von erheblichem Einfluss auf Plotin ist die Lehre des Numenios, der sich in seiner Schrift *Über die Abwendung der Akademiker von Platon* ausdrücklich gegen die auf Arkesilaos zurückgehende skeptische Akademie wendet. Da für den historischen Pythagoras die Behauptung einer Fähigkeit der Erinnerung an frühere Leben bezeugt ist (vgl. Empedokles fr. 129 DK), war die Lehre von der Wie-

---

[81] S. dazu a. Vancamp 2010, 88.

dererinnerung eines der Lehrstücke, mit denen sich eine Nähe von Platon und Pythagoras behaupten ließ. Für den vorplatonischen Pythagoreismus ist jedenfalls die Lehre sowohl von der Seelenwanderung (Metempsychose) als auch von der Erinnerung an frühere Leben belegt, insbesondere eben bei Empedokles (vgl. Emp. fr. 117 DK). Es musste für Philosophen der neuplatonischen Richtung naheliegend sein, das was bei Platon zur Wiedererinnerung zu finden ist, nicht als bloßes Zitat einer pythagoreisierenden Lehre zu verstehen, sondern als ein von Platon vertretenes Lehrstück.

Mit einem solchen Lehrstück ließ sich Platon an Pythagoras und die pythagoreische Tradition anschließen und zu diesem Zweck konnte es diesen Philosophen gerechtfertigt erscheinen, auch einmal zum Mittel der Textverfälschung zu greifen.

(b) *Phaidros*

Im *Phaidros* gibt es eine Erwähnung der Anamnesis in der zweiten Rede des Sokrates (244a–257b). Auch in dieser Rede haben wir es, wie an der Stelle *Menon* 81a–d, mit einem Text zu tun, der geprägt ist von den Vorstellungen einer pythagoreisch-empedokleischen Mythologie.[82] Der ganze Kontext der ersten Hälfte des Dialoges mit seiner ironisch-spielerischen Behandlung von Reden über den Eros spricht nicht dafür, dass Platon hier durch den Mund des Sokrates ein wirkliches Lehrstück vortragen will. Sokrates bezeichnet diese Rede als eine des Stesichoros aus Himera, des Vaters der italischen Dichtung (244a2–3), und er setzt sie in Beziehung zu der Palinodie des Stesichoros, mit der dieser die homerische Erzählung von der Entführung der Helena nach Troja revozieren will: Sokrates leitet diese, nach seinen Worten von Stesichoros geborgte Rede mit eben den Worten ein, die auch den kurz vorher zitierten Anfang der Palinodie des Stesichoros bilden (vgl. 243a8 und 244a3), und er selbst nennt seinen Vortrag ebenfalls eine „Palinodie" (257a4), weil damit die Schmähung des Eros in den ersten beiden Reden korrigiert werden soll. Liegt schon in der Zuweisung der Rede an Stesichoros eine Distanzierung auf Seiten des Sokrates, so wird das noch durch seine abschließende Bemerkung unterstrichen, dass sie sich „des Phaidros wegen sowohl im übrigen als auch in der Formulierung (τά τε ἄλλα καὶ τοῖς ὀνόμασιν) poetischer Mittel bedienen musste" (257a4–6). Zu den Elementen dieser Rede, die nicht lediglich unter die Formulierung fallen, gehören dann auch die inhaltlichen Vorstellungen einer großen Prozession der Götter und Seelen über das Universum sowie

---

82 Vgl. dazu a. Ebert 1993.

die bildhafte Darstellung des von zwei Rossen gezogenen menschlichen Seelengefährtes. Auch gelegentliche ironische Selbstkommentierungen wie die Bemerkung 252c1, dass man den gerade zitierten Versen aus den Homeriden, die dann auch gleich einer philologischen Kritik unterzogen werden, glauben könne oder auch nicht, zeigen, dass Platon seinen Sokrates in einer gewissen Distanz zu dem von ihm Vorgetragenen halten will.

In dieser Rede wird die Wiedererinnerung bei der Darstellung der Ausnahmestellung des Philosophen erwähnt; die Seele des Philosophen kann, im Unterschied zu den anderen Seelen, die einen Kreislauf von zehntausend Jahren durchmessen müssen, bereits nach dreitausend Jahren wieder zu ihrem Ursprungsort zurückkehren (*Phaidros* 249a3–5). Von beiden Arten der Seelen heißt es dann:

> Im tausendsten Jahr aber gelangen beiderlei Seelen zur Verlosung und Wahl des zweiten Lebens, welches jede wählt, wie sie will. Dann kann auch eine menschliche Seele in ein tierisches Leben übergehen, und ein Tier, das ehedem Mensch war, wieder zum Menschen. Denn eine, die niemals die Wahrheit erblickt hat, kann auch niemals diese Gestalt annehmen; denn der Mensch muss nach Gattungen Ausgedrücktes begreifen, indem er von vielen Wahrnehmungen zu einem durch Denken Zusammengebrachten fortgeht. Und dies ist Erinnerung (ἀνάμνησις) an jenes, was einst unsere Seele gesehen, Gott nachwandelnd und das übersehend, was wir jetzt als seiend bezeichnen, und zu dem wahrhaft Seienden das Haupt emporgerichtet. (249b1–c4, Übers. Schleiermacher)

Die Wiedererinnerung ist hier eine an jene Schau des „überhimmlischen Ortes" (ὑπερουράνιος τόπος 247c3), wie er in der hymnischen Darstellung dieser Rede geschildert worden ist. Aber gedeutet wird damit eine durchaus rationale Fähigkeit, die den Menschen auszeichnet:

> denn der Mensch muss nach Gattungen Ausgedrücktes begreifen, indem er von vielen Wahrnehmungen zu einem durch Denken Zusammengebrachten fortgeht.
> δεῖ γὰρ ἄνθρωπον συνιέναι κατ' εἶδος λεγόμενον, ἐκ πολλῶν ἰόντ'[83] αἰσθήσεων εἰς ἓν λογισμῷ συναιρούμενον (249b6–c1)

Es ist die Fähigkeit zu verallgemeinernder Abstraktion, die den Menschen charakterisiert und die hier mit der mythologischen Vorstellung eines Wiedererinnerns aus früherer Existenz in Verbindung gebracht wird. An einer späteren Stelle (265d) wird dann von Sokrates rückblickend ausdrücklich festgestellt, dass ihm „alles übrige (τὰ μὲν ἄλλα) in der Tat nur im Scherze gesprochen (παιδιᾷ

---

[83] Ich lese mit Badham an dieser Stelle statt des ἰόν der Handschriften B und T ἰόντ', eine Lesart, für die sich auch W. H. Thompson (1868) entschieden hat und die offenbar Schleiermacher seiner Übersetzung zugrunde legt.

πεπαῖσθαι) zu sein scheine; nur dies beides, was jene Reden durch einen glücklichen Zufall gehabt haben, wenn sich dessen Kraft einer gründlich durch Kunst aneignen könnte, wäre es eine schöne Sache." (265c8-d1) Die beiden Dinge, die er meint, werden dann expliziert als die Fähigkeit, zum einen „das vielfach Zerstreute zusammenschauend überzuführen in *eine* Gestalt (εἰς μίαν ἰδέαν)" (265d3-4) und zum anderen die Fähigkeit, „ebenso auch wieder nach Begriffen (κατ' εἴδη) zerteilen zu können gliedermäßig" (265e1, Übers. Schleiermacher). Auch hier macht Sokrates also klar, dass das eigentliche philosophische Fazit der Reden zum Lobe des Eros die Entdeckung der Fähigkeiten jener Personen ist, die er „Dialektiker" nennt (266c1). Das Zusammenfassen unter einen Begriff und das klassifizierende Einteilen, wie es dann die Dihäresen etwa des *Sophistes* vor Augen führen, darauf kam es ihm an. Die mythologischen Erzählungen, in denen von der Wiedererinnerung die Rede ist, sind lediglich schmückendes Beiwerk, die nur des Unterredners Phaidros wegen gewählt worden sind. Daher ist die Erwähnung der Anamnesis im *Phaidros* nicht geeignet, die Auffassung zu stützen, Platon habe tatsächlich eine Lehre von einer Wiedererinnerung an frühere Existenzen vertreten.

(c) *Phaidon*

Sehr viel schwerwiegender für den Versuch, Platon eine Vertretung der Wiedererinnerung abzusprechen, scheint der Umstand, dass der platonische *Phaidon* die Wiedererinnerung im Rahmen der Argumente für die Unsterblichkeit der Seele diskutiert. Der *Phaidon* ist ein Bericht, den die Titelfigur dieses Dialoges, Phaidon aus Elis, einer Pythagoreergemeinde in Phlius vom Sterbetag des Sokrates gibt. Dieser Bericht wird innerhalb eines Rahmendialoges dargestellt, bei dem Echekrates, der eine Art Sprecher dieser Pythagoreergruppe ist, als Dialogpartner Phaidons fungiert. Die Schilderung Phaidons wird an zwei Stellen (88c8-89a9, 102a4-10) durch die Wiederaufnahme des Rahmendialoges unterbrochen und die den Dialog abschließende Bemerkung Phaidons (118a15-17) ist direkt an Echekrates gerichtet und lenkt damit zum Rahmendialog mit den Pythagoreern in Phlius zurück.

Wird schon durch die Wahl dieser Szenerie eine Beziehung zum Pythagoreismus hergestellt, so werden auch innerhalb des Gespräches in Athen, das Phaidon referiert, mehr als einmal Elemente des Pythagoreismus ins Spiel gebracht. Es waren schließlich die Pythagoreer, welche die menschliche Seele zum Gegenstand ihrer Philosophie machten und für die dann die Frage einer Existenz der Seele nach dem Tode, wie sie der *Phaidon* erörtert, ein zentrales Thema war. Zu diesen pythagoreischen Elementen gehört aber auch der Gebrauch des Wortes

‚Philosoph' zur Bezeichnung eines Pythagoreers[84], ebenso auch die Erwähnung des Philolaos (61d), die Rede des Sokrates (66b1–67b6), die eine *confessio Pythagorica* darstellt[85], die pythagoreischen Vorstellungen einer Metempsychose in dem Argument aus den Gegensätzen, die Auffassung der Seele als einer *harmonia*, wie sie auch der Pythagoreer Echekrates für sich in Anspruch nimmt (88d3–6), schließlich der von Sokrates erzählte Schlussmythos des *Phaidon*.[86] Da die Vorstellung einer Rückerinnerung an frühere Leben, wie oben gesehen, zu den bereits für Phythagoras bezeugten Vorstellungen des Pythagoreismus gehört, ist es verständlich, dass die Wiedererinnerung auch bei den Argumenten für die Unsterblichkeit der Seele eine Rolle spielt.

Vor der eigentlichen Diskussion der Anamnesis, bei der Sokrates der Gesprächsführer ist, lässt Platon im *Phaidon* das Thema der Anamnesis durch einen Wortwechsel zwischen Kebes und Simmias, den beiden aus Theben stammenden Unterrednern des Sokrates, in das athenische Gespräch einbringen (72e1–73b2). Kebes meint, dass die durch das vorausgehende Argument (aus den Gegensätzen) begründete These einer Existenz der Seelen der Gestorbenen auch durch einen Logos bestätigt wird, den, wie er sagt, Sokrates oft vorzutragen pflege, wenn er denn wahr sei, dass für uns das Lernen nichts anderes als Wiedererinnerung ist (72e1–4). Auch nach diesem Argument müssten wir in einer früheren Zeit gelernt haben, woran wir uns jetzt erinnern (72e4–5). An dieser Bemerkung des Kebes ist vor allem die Behauptung merkwürdig, dass Sokrates ein Argument, eine These, an deren Wahrheit gleichzeitig ein Zweifel angemeldet wird, oft vorgetragen haben soll. „Oft vorzutragen pflegtest", das heißt doch, dass der athenische Sokrates die in den Pythagoreismus gehörende Auffassung einer Wiedererinnerung an frühere Existenzen mehrfach gegenüber seinen athenischen Zuhörern geäußert hat. Das ist für den historischen Sokrates, der kaum zu Pythagoreern Zugang gehabt haben dürfte, einigermaßen unwahrscheinlich. Und die Stellen in den beiden Dialogen *Menon* und *Phaidros*, an denen das Thema der Anamnesis zur Sprache kommt, sind, wie wir gesehen haben, nicht geeignet, Sokrates als einen Anhänger dieser pythagoreischen Lehre erscheinen zu lassen. Die Anamnesis hat in diesen beiden Dialogen deutlich den Charakter eines Zitates. Überdies gibt es sonst in den Dialogen keine Stelle, an der Sokrates von einem Gesprächspartner eine These zugeschrieben wird, die über den Rahmen des jeweiligen Dialoges hinaus ihm bestimmte Positionen zuweist. Und erst recht wird Sokrates sonst nicht als Vertreter einer These vorgestellt, an

---

84 S. dazu Ebert 2001
85 Vgl. dazu Ebert 2004, 139–144.
86 Vgl. dazu insgesamt den Kommentar zum *Phaidon*, Ebert 2004.

deren Wahrheit im gleichen Atemzug Zweifel angemeldet werden. Merkwürdig ist auch, dass Sokrates auf diese von Kebes vorgenommene Zuschreibung im folgenden gar nicht Bezug nimmt. All das könnte darauf hinweisen, dass wir auch bei diesem kurzen Relativsatz einen von späteren Neupythagoreern vorgenommenen Texteinschub vor uns haben. Andererseits fehlen hier Indizien, wie das Auftreten von ἅπαξ λεγόμενα oder der Ausfall des fraglichen Textes in einer Manuskripttradition, die an den Stellen im *Menon* für einen nicht von Platon stammenden Einschub sprechen. Und es könnte immerhin in Platons Intention gelegen haben, den Sokrates des *Phaidon* als einen pythagoreischen Philosophen erscheinen zu lassen und ihm dazu diese Zuschreibung durch Kebes zuzuweisen.

Es ist dann Simmias, der für die von Kebes vorgebrachte Behauptung Beweise (ἀποδείξεις 73a5) verlangt, da er sich gegenwärtig nicht daran erinnert (73a4–6). Kebes verweist darauf, dass die Menschen, wenn man sie richtig befragt, von sich aus lauter richtige Antworten geben. Dazu wären sie aber gar nicht imstande, wenn es in ihnen nicht Wissen (ἐπιστήμη) und richtige Überlegung (ὀρθὸς λόγος 73a9–10) gäbe. Und er fügt dem hinzu, dass sich das insbesondere dann zeigt, wenn jemand sie mit geometrischen Figuren (διαγράμματα 73b1) oder ähnlichen Dingen konfrontiert. Diese letztere Bemerkung kann ein Hinweis auf die Befragung des Sklaven im *Menon* sein, muss es aber nicht. Schließlich müssen die zeitgenössischen Leser des *Phaidon* den *Menon* gar nicht gekannt haben. Was Kebes hier sagt, ist aber nicht geeignet, ein Wissen zu belegen, das aus einer früheren, einer vormenschlichen Existenz stammt. Dass Menschen aufgrund inneren Wissens auf Fragen richtig antworten können, setzt eben keineswegs voraus, dass dieses Wissen aus einer früheren Existenz stammt.

Darauf wendet sich nun Sokrates an Simmias mit der Bemerkung, wenn er denn auf diesem Wege nicht zu überzeugen sei, dann möge er prüfen, ob er bei einer auf folgende Weise unternommenen Untersuchung mit uns einer Meinung sei. Denn du zweifelst doch wohl, so Sokrates, in welchem Sinn (πῶς) das sogenannte Lernen Wiedererinnerung ist? (73b3–5) Auffallend ist hier, dass Sokrates seinen Gesprächspartner nicht etwa zweifeln sieht, dass das sogenannte Lernen Wiedererinnern ist, sondern lediglich in welchem Sinne von Wiedererinnerung gesprochen werden kann. Simmias weist die Unterstellung eines Zweifels zurück, möchte aber dann doch von Sokrates hören, wie er es erklären möchte.

Die folgenden Ausführungen des Sokrates entwickeln nun zunächst eine Analyse des normalen Erinnerungsvorganges, etwas, das in den Darstellungen der anderen Texte, in denen von der Anamnesis die Rede ist, gar nicht vorkommt. Als eine notwendige Bedingung des Wiedererinnerns wird dabei als erstes festgestellt, dass das Wiedererinnerte etwas schon vorher Gewusstes sein muss (73c1–4). Die dann folgenden Darlegungen des Sokrates schränken nun auf Phänomene ein, bei denen der Erinnerungsauslöser und der erinnerte Gegenstand in einem Verhältnis der Ähnlichkeit zueinander stehen, um abschließend zu der Feststellung zu kommen:

> Wenn nun aber die Wiedererinnerung von ähnlichen Dingen ausgeht, muss man dann nicht auch folgende weitere Erfahrung machen: Es wird einem der Gedanke kommen, ob das ähnliche Ding hinsichtlich seiner Ähnlichkeit hinter dem, woran es einen erinnert, zurückbleibt oder nicht? (74a5–7)

Das erkennt Simmias als notwendig an (74a8).

Sokrates lenkt dann (ab 74a9) die Untersuchung auf ein anderes Phänomen, nämlich unseren Umgang mit dem Begriff des Gleichen selbst. Während uns Dinge, die wir gleich nennen, gleiche Hölzer oder Steine, einmal gleich, ein anderes Mal als ungleich erscheinen können (74b7–9), kann das beim Begriff des Gleichen oder bei der Gleichheit niemals der Fall sein (74c1–3). Zugleich betont er, dass wir aus den wahrnehmbaren gleichen Dingen den Begriff der Gleichheit gewinnen (74c7–9).[87] In einem weiteren Schritt soll dann geprüft werden, ob die Vorstellung des Zurückbleibens, die sich für den Fall des Auslösens einer Erinnerung durch etwas Ähnliches (74a5–7) einstellt, auch im Fall des Verhältnisses gleicher Dinge zum Begriff der Gleichheit zum Tragen kommen kann. Dabei wird der Ausdruck ‚Zurückbleiben' durch den des ‚Mangelns' (ἐνδεῖσθαι) ersetzt (74d6), eine Begrifflichkeit, die dann auch die folgenden Fragen durchsetzt (74d8, e1, e4, 75a3, b2).

Für die Frage, ob wir es an dieser Stelle mit einer These Platons zu tun haben, ist nun die genaue Formulierung der Fragen des Sokrates und der Antworten seines Dialogpartners 74d4–e8 entscheidend. Sokrates richtet zuerst eine Doppelfrage an Simmias:

> Machen wir bei den Holzstücken und den eben von uns erwähnten gleichen Dingen folgende Erfahrung: Scheinen sie uns genauso gleich zu sein wie das, was das Gleiche selbst ist, oder mangelt es diesen Gleichen hier daran, so zu sein wie das Gleiche, oder mangelt es daran nicht? (74d4–7)

Darauf Simmias:

> Es mangelt daran in vielerlei Hinsicht. (74d8)

Dann geht Sokrates wieder zurück zu dem Fall des Erinnerns durch einen dem erinnerten Gegenstand ähnlichen Erinnerungsauslöser:

---

87 Vgl. dazu a. Ebert 2004, 228–231.

> Stimmen wir nun nicht in folgendem Punkt überein: Wenn jemand beim Anblick von etwas denkt: ‚Das, was ich jetzt sehe, will zwar so sein wie ein anderes Ding, es mangelt ihm aber daran und es bringt es nicht fertig, so zu sein wie jenes, sondern ist schlechter', dann muss, wer dieses denkt, dasjenige schon früher gekannt haben, von dem er sagt, dass dieses Ding hier es imitiere, aber hinter ihm zurückbleibe? (74d9–e4)

Simmias stimmt dem mit einem „Das muss er" (ἀνάγκη 74e5) zu. Sokrates hat diese Frage so formuliert, dass er seine eigene zustimmende Position zu erkennen gibt: durch das „Stimmen wir nicht in folgendem Punkt überein?" Diese auch von Simmias geteilte Position ist in der Tat völlig problemlos, beschreibt sie doch in plastischen und einprägsamen Wendungen ein bekanntes psychologisches Phänomen. Umso auffälliger ist der Unterschied zu der folgenden Frage:

> Was nun weiter. Haben wir nun eine derartige Erfahrung auch im Fall der gleichen Dinge und des Gleichen selbst gemacht, oder nicht? (74e6–7)

Während Sokrates sich bei der vorhergehenden Frage noch auf die Ansicht festlegte, zu der er die Zustimmung des Simmias einholt, ist das bei dieser Frage nicht mehr der Fall. Für Sokrates ist es also eine offene Frage, ob das gerade beschriebene psychologische Phänomen auch im Fall des Wissens um den Begriff der Gleichheit vorliegt. Simmias allerdings stimmt dem ohne Einschränkung zu:

> Auf jeden Fall doch (παντάπασί γε). (74e8)

Daraus zieht Sokrates nun Konsequenzen, die schließlich zu folgender Folgerung das Wissen vom Gleichen betreffend führen:

> Wie es scheint, müssen wir es also vor der Geburt erworben haben? (75c4–5)

Dazu Simmias:

> Es scheint so. (75c6)

Auffallend ist nun aber, dass die Sicherheit, mit der Simmias seine Antwort 74e8 („Auf jeden Fall doch") gegeben hatte, bei der Befragung durch Sokrates in dem Textstück 74e9–75c6 zu verschwinden scheint. Einmal will Simmias sich hinter das Argument (75a9–10), einmal hinter die bereits gemachten Zugeständnisse (75b9) zurückziehen. Platon stellt die Zugaben des Simmias als solche dar, zu denen er gezwungenermaßen seine Zustimmung gibt. Sie ergeben sich aus der Auffassung, dass das Verhältnis des Begriffs der Gleichheit/des Gleichen als ein Verhältnis von Urbild zu Abbild zu verstehen ist. Platon hat aber die Fragen des Sokrates an der Stelle 74d9–e7 so formuliert, dass Sokrates im Unterschied zu Simmias sich diese Auffassung nicht zu eigen macht.

Dass Platon selbst nun diese Vorstellung einer Urbild-Abbild-Beziehung zwischen dem Begriff des Gleichen/der Gleichheit auf der einen Seite und den gleichen Dingen auf der anderen Seite nicht teilt, scheint aus zwei Umständen hervorzugehen. Zum einen liegt eine Urbild-Abbild-Relation nur zwischen Gegenständen desselben Sinnesbereichs vor: Ist das Abbild sichtbar, dann muss auch das Urbild sichtbar sein und umgekehrt. Insbesondere müssen dann aber, da diese Relation eine Eines-Viele-Relation ist, alle Abbilder demselben Sinnesbereich angehören. War nun bis zu der Frage 74d9–e4 stets von sichtbaren Gegenständen der Erinnerung die Rede (vgl. 73d10, e5, e7, e9, 74b5, d1, d9), so werden nach dieser Frage die Gegenstände anderer Sinnesbereiche, die des Tastsinns und die des Gehörs, hinzugenommen (vgl. 75a7, b4, b10), wobei sie ausdrücklich als Vertreter von Gegenständen aller Sinneswahrnehmungen eingeführt werden (vgl. 75a7, b1, b7, b10f.). Sokrates formuliert das an einer Stelle geradezu provokativ:

> Aber offenbar muss man doch aufgrund der Wahrnehmungen zu dem Gedanken kommen: ‚Die gleichen Dinge im Bereich der Wahrnehmungen streben alle jenem nach, dem Gleichen selbst, und bleiben hinter ihm zurück'? Oder wie sollen wir sagen? (75a11–b2)

Der Bereich der Wahrnehmungen umfasst hier den gerade vorher (75a6–8) erwähnten Bereich der wahrnehmbaren Gegenstände aus den Bereichen aller Sinne. Dass ein Urbild Abbilder in allen Sinnesbereichen haben soll, widerspricht aber dem, was für die Urbild-Abbild-Relation allgemein gilt, dass nämlich die Abbilder alle demselben Sinnesbereich angehören müssen. Und die angehängte Frage an Simmias „Oder wie sollen wir sagen?" deutet an, dass es hier noch eine andere Möglichkeit geben dürfte.

Ist aber das Modell einer Urbild-Abbild-Beziehung zwischen dem Begriff des Gleichen/der Gleichheit auf der einen Seite und den gleichen Dingen auf der anderen Seite ein irreführendes Modell für diese Beziehung, dann bricht auch die Vorstellung einer Erinnerung nach diesem Modell, wie sie 74d9–e4 von Sokrates exponiert und von Simmias auf den Fall einer Erinnerung von gleichen Gegenständen an die Gleichheit übernommen worden ist, in sich zusammen.

Der zweite Umstand, der dagegen spricht, dass Platon die Vorstellung einer Urbild-Abbild-Beziehung zwischen dem Begriff des Gleichen und den gleichen Dingen teilt, ist folgender: Offenbar lässt sich der Begriff der Gleichheit nicht auf dieselbe Weise gewinnen, nämlich durch Abstraktion von Fällen entsprechender Dinge, wie im Fall etwa von sortalen Begriffen oder von Farbprädikaten. Dies deshalb nicht, weil wir im Fall uns gleich scheinender Gegenstände nie sicher sein können, ob sie wirklich gleich sind; das wurde 74b8–9 festgestellt. Wie kommen wir dann zum Begriff der Gleichheit? Wir konstruieren ihn, indem wir einen komparativisch gebrauchten Begriff, den Begriff ‚größer als' in zwei verneinte Aussagen über die Fundamente der größer als-Relation einbauen und diese beiden Aussagen mit einem ‚und' verbinden. Dass zwei Personen a und b gleich groß sind, heißt eben, dass a nicht größer ist als b und b nicht größer als a. Wir erzeugen den Begriff der Gleichheit durch die logische Operation der Konjunktion zweier verneinter Aussagen, in denen jeweils ein Komparativ gebraucht wird. Komparativische Begriffe lassen sich unproblematisch durch Abstraktion gewinnen. Aber können wir annehmen, dass Platon ebenfalls weiß, dass wir von Gleichheit dort reden, wo wir es mit einem ‚weder mehr noch weniger' zu tun haben?

Nun, es ist zumindest bemerkenswert, dass Sokrates wenig später bei seinem Übergang vom Begriff der Gleichheit zu anderen Begriffen, dem Ausdruck ‚gleich' die Ausdrücke ‚größer' und ‚kleiner' zur Seite stellt („... nicht nur vom Gleichen und vom Größeren und Kleineren, sondern von allem derartigen ..." 75c9–10). Aber aus dem Umstand, dass Platon hier die Bausteine für eine Definition der Gleichheit erwähnt, lässt sich noch nicht folgern, dass er eine solche Definition vor Augen hat. Nun lässt sich aber aufgrund einer späteren Stelle des *Phaidon* zeigen, dass das der Fall ist. Bei der Diskussion der These, dass die Seele eine *harmonia* sei, kommt es an der Stelle 93d1–11 zu folgendem Wortwechsel zwischen Sokrates und Simmias:

> „Aber wir haben uns eben darauf geeinigt", sagte Sokrates, „daß eine Seele weder mehr noch weniger Seele ist als eine andere Seele. Das aber läuft auf das Zugeständnis hinaus, daß eine Stimmung weder mehr oder umfangreicher noch auch weniger oder weniger umfangreich eine Stimmung ist als eine andere Stimmung. Oder?"
> „Sicher doch."
> „Aber eine, die nicht mehr und auch nicht weniger Stimmung ist, ist auch weder mehr noch weniger gestimmt. Ist das so?"
> „So ist es."
> „Die aber weder mehr noch weniger gestimmte, hat die einen stärkeren oder schwächeren Anteil an der Stimmung oder einen gleichen?"
> „Einen gleichen (τὸ ἴσον)." (93d1–11)

Wer die Tatsache, dass etwas zu einem gleichen Anteil wie etwas anderes an einer Eigenschaft, hier der *harmonia*, teilhat, daraus erschließen kann, dass es weder zu einem größeren noch zu einem kleineren Anteil an dieser Eigenschaft partizipiert, der dürfte wissen, dass der Begriff der Gleichheit durch die Konjunktion zweier verneinter komparativischer Aussagen zu gewinnen ist, auch wenn an dieser Stelle nur die eine Hälfte der entsprechenden Äquivalenz benutzt wird. Wenn Platon aber weiß, dass der Begriff der Gleichheit ausgehend von unseren Wahrnehmungen durch die Konstruktion eines ‚weder mehr noch weniger' zu gewinnen ist, dann dürfte er nicht der Vorstellung anhängen, dass wir den Begriff der Gleichheit durch eine vorgeburtliche Ideenschau erhalten haben. Auch das spricht dagegen, dass Platon im *Phaidon* eine Wiedererinnerungslehre vertreten wollte.[88]

---

[88] Vgl. dazu insgesamt, Ebert 2004, 218–231

Literatur

Kommentare und Übersetzungen des *Menon*

APELT, OTTO (1972): Platon *Menon*. Auf der Grundlage der Übersetzung von Otto Apelt in Verbindung mit Else Zekl neu bearbeitet und herausgegeben von Klaus Reich. Griechisch-deutsch. Hamburg: Meiner
BLUCK, RICHARD STANLEY (1961): Plato *Meno*. Cambridge (repr. 1964)
CANTO-SPERBER, MONIQUE (1991): *Platon Ménon. Traduction inédite, introduction et notes.* Paris: Flammarion, (^{2}1993)
CROISET, ALFRED (1968): Platon, *Gorgias – Ménon*. Paris: Belles Lettres
HALLICH, OLIVER (2013): *Platons „Menon"*. Darmstadt: Wissenschaftliche Buchgesellschaft
IONESCU, CRISTINA (2007): *Plato's* Meno. *An Interpretation*. Lanham: Rowman & Littlefield
KLEIN, JACOB (1965): *A Commentary on Plato's Meno*. Chapel Hill: University of North Carolina Press
KRANZ, MARGARITA (1994): Platon *Menon*. Stuttgart: Reclam
LAMB, WALTER RANGELEY MAITLAND (Übersetzer): Plato, *Laches, Protagoras, Meno, Euthydemus*. London: Heinemann, 1924 (Loeb Library 165)
MERKELBACH, REINHOLD (1988): Platons *Menon*. Herausgegeben, übersetzt und nach dem Inhalt erklärt. Frankfurt/M.: Athenäum
RUFENER, RUDOLF (1948): Platon, die Werke des Aufstiegs. Darin: *Menon* 219–269. Zürich: Artemis
SCOTT, DOMINIC (2006): Plato's *Meno*. Cambridge: CUP
SEDLEY, DAVID NEIL & LONG, ALEX (2010): *Plato: Meno and Phaedo*. Cambridge: CUP
SHARPLES, ROBERT WILLIAM (1985): *Meno*, edited with translation and commentary. Warminster, Wiltshire: Aris & Phillips
TARRANT, HAROLD (2005): *Recollecting Plato's* Meno. London: Duckworth
THOMAS, JOHN EDWARD (1980): *Musings on the* Meno. A new translation with commentary. Den Haag: Nijhoff
THOMPSON, EDWARD SEYMER (1901): The *Meno* of Plato. Edited with introduction, notes and excursuses. London: Macmillan (Repr. 1980)
VERDENIUS, WILLEM JACOB (1957): „Notes on Plato's Meno" *Mnemosyne* iv, 10, 289–299
VERDENIUS, WILLEM JACOB (1964): „Further Notes on Plato's Meno" *Mnemosyne* (1964) 261–280

Ausgaben anderer Dialoge Platons

Platonis *Res Publica*, ed. S. R. Slings, Oxford: Clarendon, 2003
Platonis *Opera* vol. I, ed. E. A. Duke et al., Oxford: Clarendon, 1995
Platonis *Opera* vol. II – V, ed. John Burnet, Oxford: Clarendon, 1901–1907

Kommentare zu anderen Dialogen Platons

Ebert, Theodor (2004): *Platon: Phaidon. Übersetzung und Kommentar*. Göttingen: Vandenhoeck
THOMPSON, WILLIAM HEPWORTH (1868). The *Phaedrus* of Plato. London: Whittaker & Co. (Reprint 1973)

Andere antike Autoren

DIELS, HERMANN & KRANZ, WALTER (1964) (Hgg.): *Die Fragmente der Vorsokratiker*. Elfte Auflage. Zürich/Berlin: Weidmann (zitiert als DK)
HEATH, THOMAS LITTLE (1926) (Hg.): *The Thirteen Books of Euclid's Elements*. 3 vols. Cambridge: CUP
MARCHANT, EDGAR CARDEW (1900) (Hg.): *Xenophon Opera Omnia*, 5 vols. Oxford: Clarendon
MARCOVICH, MIROSLAV (1999) (Hg.), Diogenes Laertius, *Vitae philosophorum*, vol. I, libri I–X. Stuttgart: Teubner
THAER, CLEMENS (1962): Euklid, *Die Elemente Buch I–XIII*. Darmstadt: Wissenschaftl. Buchgesellschaft
VIAL, CLAUDE (1977) (Hg.): Diodore de Sicile: *Bibliothèque historique*: Livre XV. Paris: Les Belles Lettres
WACHSMUTH, KURT & HENSE, OTTO (Hgg.) (1884–1912): *Ioannis Stobaei Anthologium*. Berlin: Weidmann

Reader und monographische Sekundärliteratur

BROWN, MALCOLM (Hg.) (1971), Plato's *Meno* translated by W. K. C. Guthrie with Essays. Indianapolis/New York: Bobs-Merrill
DAY, JANE M. (Hg.) (1994): *Plato's Meno in Focus*. London: Routledge
EBERT, THEODOR (1974): *Meinung und Wissen in der Philosophie Platons. Untersuchungen zum ‚Charmides', ‚Menon' und ‚Staat'*. Berlin: de Gruyter
IRWIN, TERENCE (1977): *Plato's Moral Theory. The Early and Middle Dialogues*. Oxford: Clarendon
SCOTT, DOMINIC (1995): *Recollection and Experience: Plato's Theory of Learning and its Successors*. Cambridge: CUP
VANCAMP, BRUNO (2010): *Untersuchungen zur handschriftlichen Überlieferung von Platons Menon*. Stuttgart: Steiner
SZLEZÁK, THOMAS ALEXANDER (1985): *Platon und die Schriftlichkeit der Philosophie*. Berlin: de Gruyter
WEISS, ROSLYN (2001): *Virtue in the Cave. Moral Inquiry in Plato's Meno*. Oxford: Oxford University Press

Aufsätze

BLÖSSNER, NORBERT (2011): „The Unity of Plato's Meno. Reconstructing the Author's Thoughts" Philologus 115, 39–68

BLÖSSNER, NORBERT (2013): Argument und Dialogform in Platons ‚Menon', in: Michael Erler/ Jan Erik Heßler (Hgg.), Argument und literarische Form in antiker Philosophie, Berlin/ Boston 2013, 33–57.

BOTER, GERARD J. (1988): „Plato, Meno 82c2–3" Phronesis 33, 208–215

DIELS, HERMANN (1976): „Gorgias und Empedokles" in: C. J. Classen [Hg.], Sophistik. Darmstadt: Wissenschaftliche Buchgemeinschaft, 1976, 351–383. Zuerst veröffentlicht in: Sitzungsberichte der Königlich Preußischen Akademie der Wissenschaften zu Berlin. Berlin 1884, 343–368

EBERT, THEODOR (1973): „Plato's Theory of Recollection Reconsidered: An Interpretation of Meno 80a–86c", Man and World 6, 163–181

EBERT, THEODOR (1999): „Der fragende Sokrates. Überlegungen zur Interpretation platonischer Dialoge am Beispiel des Menon." Philosophiegeschichte und logische Analyse 2, 67–85 (a. in: Th. Ebert, Gesammelte Aufsätze. vol. 2. Paderborn: mentis, 2004, 41–64)

EBERT, THEODOR (2007a): „Socrates on the Definition of Figure in the Meno." S. Stern-Gillet/K. Corrigan (Hgg.), Reading Ancient Texts. Vol. I: Presocratics and Plato (Festschrift D. O'Brien). Leiden, 113–124

EBERT, THEODOR (2007b): „'The Theory of Recollection in Plato's Meno': Against a Myth of Platonic Scholarship." M. Erler/L. Brisson (Hgg.), Gorgias – Menon. Selected Papers from the Seventh Symposium Platonicum. Sankt Augustin, 184–198

ERLER, MICHAEL (1987): Der Sinn der Aporien in den Dialogen Platons. Berlin: de Gruyter

FINE, GAIL (2007): „Enquiry and Discovery. A Discussion of Dominic Scott Plato's Meno". Oxford Studies in Ancient Philosophy 32, 331–367

GAISER, KONRAD (1964): „Platons Menon und die Akademie". Archiv für Geschichte der Philosophie 46. A. in Jürgen Wippern (Hg.): Das Poblem der ungeschriebenen Lehre Platons. Darmstadt: Wissenschaftliche Buchgesellschaft, 1972, 329–393

HOLZHAUSEN, JENS (1994/1995): „Menon in Platons 'Menon'". Würzburger Jahrbücher für die Altertumswissenschaft. Neue Folge 20, 129–149

NAKHNIKIAN, GEORGE (1973): „The First Socratic Paradox" Journal of the History of Philosophy 11, 1–17. A. in: Day (1994) 129–151

ROSE, H. J. (1936): „The Ancient Grief. A Study of Pindar, Fr. 133 (Bergk), 127 (Bowra)" Cyril Bailey, C. M. Bowra, E. A. Barber, J. D. Denniston, D. L. Page (Hgg.), Greek Poetry and Life. Oxford: Clarendon, 79–96

VLASTOS, GREGORY (1965): „Anamnesis in the Meno". Dialogue 4, 143–167 (a. in Gregory Vlastos, Studies in Greek Philosophy II – Socrates, Plato, and Their Tradition. Ed. by Daniel W. Graham). Princeton: PUP, 1994 147–165 (zitiert nach der korrigierten Fassung in Day 1994)

WIANS, WILLIAM (2012): „Virtue, Practice, and Perplexity in Plato's Meno" Plato 12 (2012), [En ligne], mis en ligne : mars 2013, URL: http://gramata.univ-paris1.fr/Plato/article117.html

Zu Menons eristischem Argument

NEHAMAS, ALEXANDER (1985): „Meno's Paradox and Socrates as a Teacher". *Oxford Studies in Ancient Philosophy* 3, 1–30. (Nachdruck in Day [1994] 221–248)
WHITE, NICHOLAS P. (1974): „Inquiry". *Review of Metaphysics* 28, 289–310 (Nachdruck in Day [1994] 152–171)

Zur ‚Geometriestunde'

BROWN, MALCOLM (1967): „Plato Disapproves of the Slave-boy's Answer". *Review of Metaphysics* 20, 57–93. Jetzt in: Brown, Malcolm (Hg.): Plato's *Meno* translated by W. K. C. Guthrie with essays. New York 1971, 198–242

Zu dem mathematischen Problem (Hypothesis) 86e–87a

STERNFELD, ROBERT & ZYSKIND, HAROLD (1977): „Plato's Meno: 86E–87A: The Geometrical Illustration of the Argument by Hypothesis". *Phronesis* 22, 206–211

Zur Methode der Hypothesis im *Menon* allgemein

BENSON, HUGH (2003): „The Method of Hypothesis in the *Meno*" in: John J. Cleary & Gary M. Gurtler S. J. (Hgg.): *Proceedings of the Boston Area Colloquium in Ancient Philosophy*. Leiden: Brill, 95–126
WOLFSDORF, DAVID: „Commentary on Benson" *ibid.* 127–141
HEITSCH, ERNST (1992): „Das hypothetische Verfahren im Menon" in: Ernst Heitsch, *Wege zu Platon. Beiträge zum Verständnis seines Philosophierens*. Göttingen: Vandenhoeck, 1992, 39–50
STERNFELD, ROBERT & ZYSKIND, HAROLD (1976): „Plato's Meno 89C: 'Virtue is Knowledge' a Hypothesis?" *Phronesis* 21, 130–134

Sonstige Literatur

BLASS, FRIEDRICH (1887): Die attische Beredsamkeit. Erste Abteilung. Von Gorgias zu Lysias. 2. Auflage. Leipzig: Teubner
CAVEN, BRIAN (1990): *Dioysius I. Warlord of Sicily*. New Haven: Yale University Press
EBERT, THEODOR (1993): „A Presocratic Philosopher Behind the 'Phaedrus': Empedocles" *Revue de Philosophie Ancienne* 11, 211–227 A. in: Th. Ebert (2004): *Gesammelte Aufsätze* Bd. II. Paderborn: Mentis, 29–40

EBERT, THEODOR (1998): „Wer sind die Ideenfreunde in Platons Sophistes?" in: Enskat, Rainer (Hg.): *Amicus Plato* (Festschrift Wolfgang Wieland). Berlin: de Gruyter, 1998, 82–100 A. in: Th. Ebert (2004): *Gesammelte Aufsätze* Bd. II. Paderborn: Mentis, 155–173

EBERT, THEODOR (2001): „Why is Evenus called a philosopher at *Phaedo* 61c?" *Classical Quarterly* 51 (2001) 423–434 A. in: Th. Ebert (2004): *Gesammelte Aufsätze* Bd. II. Paderborn: Mentis, 65–81

GILLESPIE, C. M. (1912): „The use of εἶδος and ἰδέα in Hippocrates" *Classical Quarterly* 6, 179–203

KAHN, CHARLES (1996): *Plato and the Socratic Dialogue: The Philosophical Use of a Literary Form*. Cambridge: CUP

MORRISON, JOHN SINCLAIR (1942): „Meno of Pharsalus, Polycrates and Ismenias" *Cassical Quarterly* 36, 57–78

MUGLER, CHARLES (1948), *Platon et la recherche mathematique de son époque*. Strasbourg/Zürich: Heitz

MUGLER, CHARLES (1959), *Dictionnaire historique de la terminologie géometrique des Grecs*. Paris: Klincksieck

PRIMAVESI, OLIVER (1996): *Die Aristotelische Topik*. München: C. H. Beck

PRIMAVESI, OLIVER (2008): „Two Notes on the Platonic Text" in: A. Havlíček/F. Karfík/Št. Špinka (Hgg.), *Plato's Theaetetus. Proceedings of the Sixth Symposium Platonicum Pragense*, Prag: OIKOYMENH, 331–371

WILAMOWITZ-MOELLENDORFF, ULRICH V. (1919): *Platon*. Bd. 1: *Leben und Werke*. Bd. 2: *Beilagen und Textkritik*. Berlin: Weidmann

SANDERS, LIONEL JEHUDA (1987): *Dionysius I of Syracuse and Greek Tyranny*. London: Croom Helm

STROHEKER, KARL FRIEDRICH (1958): *Dionysios I. Gestalt und Geschichte des Tyrannen von Syrakus*. Wiesbaden: Steiner

WILLIAMS, BERNARD (1998): *Plato. The Invention of Philosophy*. London: Phoenix

Hilfsmittel

AST, FRIEDRICH (1835–1838): *Lexicon Platonicum*. 3 Bde. Leipzig: Weidmann

BRANDWOOD, LEONARD (1976): *A Word Index to Plato*. Leeds: Maney

BRUNNER, A. & SCHWYZER, E.: *Griechische Grammatik*. 2 Bde. München 1939–1950

DENNISTON, J. D.: *The Greek Particles*. Oxford 1934 ^{2}1954 (Repr. 1975)

LIDDELL, H. G. & SCOTT, R. & JONES, H. S.: *A Greek-English Lexicon*. Oxford ^{8}1940 (Repr. 1966)

KÜHNER, R., BLASS, F.: *Ausführliche Grammatik der griechischen Sprache*. I. Teil. Elementar- und Formenlehre. 2 Bde. Hannover/Leipzig ^{3}1890–1892 (Repr. 1966)

KÜHNER, R., GERTH, B.: *Ausführliche Grammatik der griechischen Sprache*. II. Teil. Satzlehre. 2 Bde. Hannover/Leipzig ^{3}1898–1904 (Repr. 1976)

NAILS, DEBRA (2002): *The People of Plato. A Prosopography of Plato and Other Socratics*. Indianapolis: Hackett

PAULY, A. & WISSOWA, G. (Hgg.): *Paulys Realencyclopädie der classischen Altertumswissenschaft*. Neue Bearbeitung. Unter Mitwirkung zahlreicher Fachgenossen herausgegeben von Georg Wissowa. Stuttgart 1893 ff.

Sachregister[1]

A Personen

1 Namen, Antike und Mittelalter

Adeimantos 169
Alkibiades 63, 169
Anthemion, Vater des Anytos 133, 136,
Anytos 2, 4, 46, 47, 50, 133–141, 156–157, 160, 162–163
Archilochos 169
Areté, Tochter Dionysios' I 50
Aristides 138, 139n
Aristippos 47, 175
Aristippus (ma. Übersetzer) 175, 176
Aristoteles 1, 3, 45n, 69n, 74n, 78n, 79n, 134n, 166
Arkesilaos 181
Artaxerxes 47

Dädalus 148n, 180
Darius 47
Diodor 50
Diogenes Laertius 2
Dion 49–50, 160, 163
Dionysios I 49–50, 160, 163

Echekrates 45, 48, 184, 185
Empedokles 4, 49, 82–83, 97, 98–99, 110, 119, 144, 163, 177, 181–82
Eudoros 139
Euklid 74n, 80n, 100n, 101n, 167, 169

Gorgias 4, 47–49, 51–53, 55, 69n, 79n, 82–83, 91–92, 97–98, 119, 144–145, 163

Helena 182
Hermodor 49n

Hermokrates 49n
Homer 160

Ismenias 133

Jamblichos 181

Kebes 45n, 185, 186
Kephalos 48n
Kleophantos, Sohn des Themistokles 138
Kriton 45
Kratylos 167
Kyros 47–48

Laches 139n
Lysimachos, Sohn des Aristides 138, 139n

Melesias, Vater des Thukydides 139
Melesias, Sohn des Thukydides 139
Meletos 141–142

Numenios 181

Paralos, Sohn des Perikles 139
Parmenides 48, 167
Perikles 139
Phaidon 45n, 184
Phaidros 182
Philolaos 185
Pindar 82–83, 96, 98
Plotin 181
Polos 48
Polykrates 133

---

[1] Für die Registereinträge wird nur der Text von Kommentar und Einleitung ohne Überschriften und Kolumnentitel berücksichtigt. Nicht aufgenommen sind die Namen Platon, Sokrates und Menon, sowie Namen als Titel von Dialogen. Sofern sich ein Eintrag nur in einer Fußnote findet, erhält die Seitenzahl den Zusatz n.

https://doi.org/10.1515/9783110577525-006

Porphyrios 181
Prodikos 79, 145, 163
Protagoras 64, 135, 137, 163
Pythagoras 97, 99, 110, 177, 181–182, 185

Simmias 45n, 185, 186, 187–190
Stephanos, Sohn des Perikles 139
Stesichoros 182
Stobaios, Johannes 20n, 40n, 97n, 175–176, 181

Teiresias 151, 160
Themistokles 137, 156

Theognis von Megara 4, 142–144, 163
Thukydides, Sohn des Melesias 139
Timaios 48

Xanthias 139
Xanthippos, Sohn des Perikles 139
Xenokrates 2
Xenophon 48

Zenobios 49n
Zenon von Elea 48

2 Namen, Neuzeit

Apelt, O. 3, 41n, 44, 100n, 158n

Badham, Ch. 183n
Blass, F. 97n
Bluck, R. S. 3, 7n, 10n, 13n, 20n, 27n, 32n, 33n, 40n, 41n, 44, 45n, 46n, 48n, 49n, 76n, 77n, 78n, 82n, 101n, 103, 109n, 113, 122n, 148n, 154, 158n, 175–177
Brisson, L. 5
Boter, G. J. 102n
Burnet, J. 10n, 13n, 20n, 27n, 33n, 78n, 175–177

Canto-Sperber, M. 3, 46n, 50n, 76n, 79n, 158n
Cassirer, E. 1
Caven, B. 50n
Croiset, A. 3, 10n, 33n, 79n, 175

Denniston, J. D. 53n, 158n
Diels, H. 83n

Ebert, H. 5
Ebert, Th. 4, 62n, 69n, 76n, 78n, 79n, 102n, 182n, 185n, 187n
Erler, M. 5, 76n, 157n
Ernst, G. 5

Gaiser, K. 81n, 83n
Gedike, F. 39n, 44, 78n
Gerth, B. 112n
Gillespie, C. M. 56n
Guthrie, W. K. C. 79n

Hallich, O. 3, 66n, 68n, 70n, 71n, 76n, 85n, 158n, 160n
Hense, O. 175
Holz, H. H. 2

Ionescu, C. 102n
Irwin, T. 66n, 76n, 78n

Jones, H. S. 54n

Klein, J. 3, 80n
Kranz, M. 79n, 83n, 109n
Kühner, R. 112n

Lamb, W. R. M. 79n
Leibniz, G. W. 1, 2
Liddell, H. G. 54n
Long, A. 76n, 79n, 160n

Merkelbach, R. 3, 49n, 160n,
Morrison, J. S. 46n
Mugler, Ch. 79n, 102n

Nails, D. 46n, 49
Nehamas, A. 115n, 170–171, 175

O'Brien, D. 5

Primavesi, O. 62n, 176n

Reich, K. 3
Rose, H. J. 96n
Rufener, R. 100n

Schanz, M. 113
Schleiermacher, F. 79n, 113, 159, 168–169, 175, 183–184
Scott, D. 3, 54n, 67n, 76n, 78n, 80n, 103, 158n, 165, 166, 167, 168–169, 171–175
Scott, R. 54n
Sedley, D. N. 76n, 79n, 160n
Sharples, R. W. 3, 76n,
Stallbaum, G. 97n, 109n, 175
Sternfeld, R. 122n
Susemihl, F. 168

Szlezák, Th. A. 99n, 160n

Tarrant, H. 97n
Thomas, J. E. 79n
Thompson, E. S. 3, 44, 77n, 78n, 101n, 179, 77n, 78n, 101n, 179
Thompson, W. H. 183n

Vancamp, B. 181n
Verdenius, W. J. 3, 13n, 20n, 27n, 33n, 78n, 176–177
Vlastos, G. 115n

Wagner-Holzhausen, U. 5
Waletzki, W. 5
Weidemann, H. 5, 28n, 44
White, N. P. 170, 171
Wians, W. 157n
Wilamowitz-Moellendorff, U. von 46n
Williams, B. 45

Zyskind, H. 122n

B Stellen

Aristoteles
   Analytica Priora
      I 44, 50a33 78n
      I 44, 50a36 78n
      II 21, 67a21–22 1, 45n
      II 21, 67a25 1
   Analytica Posteriora
      I 1, 71a29–b9 1, 45n
      I 24, 86a1 74n
   De Partibus Animalium
      I, 640b30–641a27 166
   De Caelo
      II 4, 286b13 74n
      II 4, 286b17–18 79n, 166
      II 4, 286b32–33 79n, 166
      II 4, 286b25 74n
   Ethica Nicomachea
      V 2, 1129a33 60n
      V 3, 1130a8–9 61n
      VIII 12, 1160a24–25 166

   Politica
      I 13, 1260a22 69n
      I 13, 1260a28 69n
      VIII 6, 1341a18–22 134n
      VIII 7, 1341b38 177
   Topica
      I 4, 101b28–34 87n
      I 18, 108b15 78n
      II 3, 110a37 78n
      VI 10, 148b7 78n
      VII 4, 159a18–24 62n

Corpus Hippocraticum
   De Articulis 72 101n

Diodorus Siculus
   Bibliotheca XV.7.1 50
Diogenes Laertius
   Vitae 4.12 2

Empedokles
    DK 31A92 83n
    31B8 97
    31B10 97
    31B15 97
    31B122 97
    31B123 97
    31B129 97

Euklid
    Elementa
        I Def. 22 100n
        I Def. 9 74n
        I Def. 7 79n
        I 14 167
        XI Def. 2.1 80n

Homer
    Odyssee
        X, 494–495 160

Platon
    Alcibiades maior
        110c9–d2 63
        112d–e 88
        112d4–6 63
        112d7–9 63
        112d10 63
        112e1–3 63
        113a7–9 63
        113a10 63
    Apologie 24c–27e 142
    Charmides 153a 46
    Euthydemos 275d–278b 93
    Gorgias 521d6–8 160
    Kratylos 432b4–c2 167
    Kritias
        108a 49n
        108b8–c4 49n
    Laches
        179c 139n
        180b 139n
        186c 51
        190b–c 54
    Lysis 211b8 170
    Menexenos
        238d2 158n
        247b7 158n

Menon
    70a1–2 157
    70a1–3 50, 165
    70a3 130, 131
    70b 47
    71a3–6 165
    71a6 94
    71b3 94
    71b4–8 52
    71b5–7 54
    71b8 52
    71b9 53n
    71c1 52
    71c2–3 52
    71c4 52
    71c6 52
    71c7–d1 52
    71d1–2 52, 53
    71d3 52, 53n
    71d4–5 53
    71d4–8 92
    71e 59, 71
    71e1 54
    71e1–2 55
    71e1–72a4 54
    71e1–72d3 54
    71e5 54, 55
    71e2 54
    71e3–5 55
    71e4 60
    71e6 59
    71e6–7 55
    71e7 57
    71e7–72a1 70n
    71e8 55
    71e8–72a1 55
    72a1 55, 59
    72a1–4 55
    72a2 54
    72a5–6 55
    72a7 92
    72b1–2 55
    72b3 55
    72b3–5 55
    72b7–8 56
    72c1–3 56
    72c4 56

72c5 53n
72c5–7 56
72c5–8 57
72c6 57
72d2–3 57
72d4–6 57
72d4–73c6 57
72d7–e1 57
72e1 59
72e2 58
72e2–3 59
72e2–8 59
72e4–7 58
72e6–8 59
72e8 58
72e9 53n
73a–b 71n
73a1–2 59
73a3–4 57, 59, 67
73a4 53n
73a5 60
73a5–6 60
73a5–c4 66n
73a6 66n
73a6–b1 60
73a7–c4 70, 71
73b–c 69n
73b1 65
73b1–2 65, 66n
73b3 66n
73b3–5 10n, 65, 66
73b5 65, 67
73b5–7 65,
73c1 66n, 69
73c1–2 65, 67
73c2 66, 67
73c2–4 67
73c3 57, 59, 69
73c5 57, 75
73c5–6 92
73c7 69
73c7–74b2 69
73d2–5 70
73d6 70
73d6–8 70
73d9 71
73d9–10 71

73d9–74a4 129
73d9–74a7 70
73e1 72
73e2 72, 177
73e3–5 72
73e4 175
73e6–7 72
74a3 70
74a5–7 71
74a7 75
74b–e 55n
74b1–2 72, 75
74b3 72
74b3–75c2 73
74b4 73
74b4–8 73
74b4–75a7 73
74c1–4 73
74c4 53n
74c5–9 77
74c5–d3 73
74c9 53n
74d1–3 77
74d4–e2 74
74e1–5 73
74e3 53n
74e4–6 74
74e8–9 74
74e11–75a1 74
75a 55n
75a2–3 74
75a4 75
75a5 12n, 44
75a6 176
75a6–7 75
75b1 75
75b4–5 81
75b9–10 75
75c–d 55n
75c3 76
75c3–7 91
75c3–76a7 76
75c4 177
75c6–7 77, 82
75c9 77
75c9–d7 78
75d6–7 44, 78n

Sachregister

75d7 13n, 44, 78n
75d7–e4 79
75d9 80
75d9–10 80
75e 145
76a1 166
76a1–2 79
76a4 80
76a4–8 79
76a5 80
76a5–7 166
76a6 80
76a7 166
76a8 81
76a8–77b1 81
76a9–b1 82, 92
76b4–c1 82
76c–d 98
76c1 121
76c4–6 82
76c6–7 82
76c6–d3 178
76c7–8 97
76c7–d3 82
76c7–d5 47, 50
76d2–3 79n
76d4 83n
76d4–5 82
76d6–7 82
76e 46
76e3 83n
76e6 82n
76e6–7 82
77a1–2 83, 98
77a3–5 83, 98
77a4–3 83n
77a5–8 90
77a6–7 84
77a6–8 84
77b2–4 84
77b2–79e5 84, 164
77b5–6 84
77b5–78b2 181
77b6–7 84
77b6–78b2 84
77c1–2 84
77c2 84

77c2–4 85, 86
77c2–5 87
77c4 85
77c4–6 85
77c6–d1 86
77c7–d5 83
77d2–3 86
77d3–5 86
77d5–6 87
77d6–7 87
77d7–e3 87
77e4 87
77e5–6 88
77e5–7 87
77e7 87
77e7–78a2 88
78a2 88
78a2–3 88
78a3–5 88
78a5–b1 88
78a5–b2 84
78b1–2 88
78b3–4 89
78b8–c1 89
78c2–3 89
78c4–5 89
78c5–d1 89
78d1–6 89
78d3 47
78d6 89
78d7–e1 90
78d8–e1 90
78e2 90
78e4 90
78e5–6 90
79a1 90
79a2 90
79a3–6 90, 180
79a7–8 90
79a9–10 90
79a11–b3 90
79b4–6 90
79b6–7 90
79b8–c8 90
79c2–7 90
79c7–9 91
79d1–3 91

79d1–4 180
79e4–5 91, 92
79e6–80b6 96, 171
79e6–81e4 91
80a 105
80a2–3 91
80a3 92
80a4–5 91
80a5 58n, 91
80b1–3 92
80b2–3 91, 105
80b6 92
80b6–7 171
80c1 150
80c3–5 150
80c6–7 92
80c7–d1 92
80d–81a 171
80d1–3 108
80d2–4 92
80d3–4 91, 92, 120
80d4 120
80d5–8 92
80d5–e5 170
80d6 94
80e1–5 93
80e1–82a3 181
80e2 78, 171
81a–d 50, 98, 182
81a–86b 178
81a1–2 94
81a5 96, 97
81a5–b1 99n
81a5–d5 171
81a5–e2 99, 108, 111
81a5–86c2 171
81a5–86c5 95
81a5–86d2 95
81a5–86d5 179
81a10 97
81a10–11 96, 97
81a11 97
81b1 97
81b1–2 96
81b2–3 96
81b3 96, 99
81b4 97

81b5–6 97
81b6 97
81c5–6 97
81c5–8 96
81c6 97
81c9–d3 103
81d 103
81d2–3 97
81d4–5 108
81d5–e1 93
81d5–e2 173
81d6 171
81d6–e1 171
81e2 91
81e3 20n, 44, 97n, 99, 111, 175, 176
81e4–5 99
81e5 177
81e6–82a2 179
81e12 103
82a4–5 99
82a6 177
82b1 100
82b3–4 100
82b5–6 108, 179
82b9 101n
82b–c 46
82b–85b 47
82b8 100n, 101n
82b8–9 102
82b8–e3 100
82b8–85b6 100
82b9–10 100n
82b9–c1 101n, 102
82c2 101n
82c2–3 101, 102, 106, 107n
82c4 101n, 102
82c4–6 102
82c7 101n
82d4–7 102
82e2–3 101n, 102, 104
82e4–5 109
82e4–6 102
82e4–10 105
82e4–13 100
82e4–85a1 101n
82e5–11 109
82e8–9 111

82e8–11 102
82e12 103
82e12–13 103, 105, 109
82e14–83a1 103
82e14–84a2 100
83a1–3 103
83a4 103
83a4–5 103
83a5–b1 103
83b1–2 103
83b2 103
83b3–4 103
83b4–7 103
83b5–6 104
83b7–c2 104
83c7–d1 104
83d1–2 104
83d3 104
83d4–5 104
83e1 104
83e2 104
83e2–5 104
83e5–6 104
83e7 104, 112
83e8 104
83e9–10 104
83e10–84a1 104
84a1 102n
84a1–2 104, 109
84a3–4 103, 109n
84a3–b1 105, 109
84a3–d3 100
84a4–b1 111
84b3–7 105
84b5–c8 120
84b9–c1 105
84c9–d3 105, 179
84d1–3 107
84d4–e2 105
84d4–85b6 100
84e3–4 106
84e4 106
84e4–85a1 106
85a2–3 106
85a3–4 106
85a4 107
85a4–6 107

85a6–7 107
85a7 107
85a8 107
85b1 107
85b1–2 107
85b2–3 107
85b3–6 107
85b4 101n
85b7 180
85b7–8 111
85b7–86c3 180
85b7–86d2 110
85b8 112
85c2 111, 112
85c4 111, 112, 116, 180
85c4–5 117
85c5 111
85c6 112, 113, 180
85c6–7 112, 114
85c7 113
85c8 117
85c9–d1 114, 115, 116, 117
85c9–d2 181
85c11 113, 180
85d3–4 114, 174
85d4 180
85d6 180
85d6–7 114, 115, 174
85d9–10 115
85d9 180
85d12–13 115, 117, 118
85d13–e1 115
85e1–2 116, 117
85e2–3 116
85e3–4 116
85e5 117
85e6 116, 180
85e7 116, 117
86a1–2 117, 118
86a3 117
86a4 118
86a5 118
86a6–9 118
86a6–10 181
86a7 180
86a8 27n, 44
86a10 118

Sachregister — 205

86b1 119
86b1–4 95, 119
86b5 119
86b6 119
86b6–7 98, 171, 178
86b6–c2 95, 99n, 120, 173
86d6–99b8 164
86b7–c2 93, 98, 171
86b7–c5 181
86c3 120
86c4–5 120
86c5 91, 120
86c6–d2 120
86d3–e2 121
86d6–89c6 132
86d6–89d4 121
86e2–87b2 121, 163
86e3 121
86e6–87a6 101n
87a 55n
87b2–c3 123
87b2–c10 123
87b3 125
87b6–c1 179
87b7–c1 44, 123
87b8 179
87c 152
87c1 28n, 44
87c1–3 123
87c1–4 153
87c1–10 154
87c2 124
87c4 123, 124
87c5 124
87c5–6 124, 132, 155
87c5–10 153
87c8–9 124
87c11–12 124
87c11–89e4 124
87d–e 146
87d1 125
87d2–3 125
87d2–4 154
87d3 125
87d3–4 125, 126
87d4–7 125
87d4–8 147

87d5 148n
87d5–6 132
87d5–7 126
87d7 131, 132
87d8 126
87e1 126
87e1–2 126
87e2 126, 129
87e3 126
87e4–5 126
87e4–88a5 128
88a1–2 126
88a2–5 126, 129
88a6 126, 129
88a6–7 129
88a6–8 126
88b–e 154
88b1–3 127
88b3–5 127
88b5–7 127
88c–d 165
88c1–3 127
88c3 127
88c3–d3 128, 129
88c4 129
88c5 129
88c5–6 129
88d2 129
88d4–e2 128
88d5–6 154
88e3–4 128
88e4–89a3 128
89a3 129
89a4 129, 147
89a4–5 154
89a5 129, 130, 131
89a6 130, 151, 152
89a7 130
89b–c 152
89b1–6 130
89c1–2 130
89c3–5 130, 152
89c6 131
89c7 131
89c8–10 131
89d3–4 155
89d3–7 131

89e1–2 131, 132, 144, 153
89e3–4 132
89e5–95a7 133
89e7–8 133
90a 136
90a4–b1 133
90b 46
90b2 133
90b6–c6 133
90d2–3 134
90e1–2 134
90e3–4 32n
90e4–6 134
91a3–6 134
91b–92a 51
91b1–5 135
91b7–8 135
91c1 33n, 44
91c2 44
91c4 135
91c5 177
91d3–e7 135
92a2–5 135
92a6–b3 135
92b4–5 136
92c6–7 136
92c7–d4 136
92d5 136
92d6–e3 136
92e4–6 137, 140
92e7–93a1 137
93a2–4 137
93a5–b5 137
93c1 138
93c3–4 138
93c5 138
93c6–d2 138
93d2–7 138
93e3–5 138
93e6 138
94a1–4 138
94a5–8 138
94a9–b2 139
94b4–6 139
94b8–c5 139
94c7–d3 140
94d6–e2 140

94e3–95a1 140
95a2–7 141
95a6–7 142
95b1–2 142
95b3–4 142, 143
95b5–7 142
95b6–96d3 142
95b8–c1 142
95c7–8 142
95d1–3 143
95d1–96a4 144
95d8 143
96a1–2 143
96a5–b5 143
96b6 144
96b7–8 144
96c1 144
96c2 145
96c3–4 144
96c3–5 153, 180
96c5 144
96c6 144, 145, 153
96c7 145
96c8 144
96c9 145
96c10 145, 153, 154n, 155
96d1–3 145
96d4–99b8 145
96e 157
96e1–5 146
96e2–5 157
96e3 147
96e6 146, 177
96e7–97a2 146, 180
97a3 147
97a3–5 146, 180
97a6 147
97a6–c3 132
97a8 44, 177
97a9 39n
97a9–11 147
97a12 147
97b–c 124
97b1–2 147
97b3 147
97b4–6 147
97b4–c4 150

97b8–9 155
97b8–c2 147
97b9–c2 150
97c4 125, 147
97c5 150
97c5–7 147
97c8 177
97c8–9 148
97c10–d2 180
97d1–2 148
97d5–e1 180
97d6 148
97d7 148
97d8–9 148
97e–98a 181
97e1 148
97e2–98a3 149
97e6–98a7 181
98a1–6 180
98a4–5 40n, 44, 179, 180, 181
98a5–7 149
98a8 150
98b1–4 150
98b6–7 150
98c1–3 150
98c5–6 150
98c5–7 180
98c7–d2 151
98d1 41n, 44
98d4 151, 152
98d5 151
98d6 154
98d6–7 152
98d9 152, 153, 154
98d11 152, 153
98e1–2 153
98e4 153, 154
98e4–5 180
98e6 154n
98e6–7 153, 154n
98e6–8 180
98e9 154, 155
98e9–10 180
98e11 154
99a1–2 155
99a2–5 155, 181
99a7–8 155, 156

99a9 155
99b1–2 155
99b4–7 156
99b6 156
99b8 156, 158
99b9–c4 158
99b9–100c2 156
99c2–3 157
99c3–4 159
99c5 159
99c6–7 157
99c6–8 159
99c9 159
99c10–d5 159
99d1–2 157
99d6 159
99d7–9 157, 159
99e 165
99e1–2 160
99e3–100a7 160
100a3–7 151
100b1 161
100b3–6 161
100b7–c2 162

Nomoi
   I, 630a4 142n, 144
   II, 655a5 166
   II, 655a7 166
   II, 668e7–669a4 168
   V, 731b1 158n
   V, 733a1 158n
   V, 734d7 158n
   XII, 950c4 158n

Parmenides
   137e 74n
   137e3–4 74n
   145b3–5 167

Phaidon
   61d 185
   66b1–67b6 185
   72e1–4 185
   72e1–73b2 185
   72e4–5 185
   73a4–6 186
   73a5 186
   73a9–10 186
   73b1 186

73b3–5 186
73c1–4 186
73d9 56
73d10 189
73e5 189
73e7 189
73e9 189
74a5–7 187
74a8 187
74a9 187
74b5 189
74b7–9 187
74b8–9 189
74c1–3 187
74c7–9 187
74d1 189
74d4–7 187
74d4–e8 187
74d6 187
74d8 187
74d9 189
74d9–e4 188, 189
74d9–e7 188
74e1 187
74e4 187
74e5 188
74e6–7 188
74e8 188
74e9–75c6 188
75a3 187
75a6–8 189
75a7 189
75a9–10 188
75a11–b2 189
75b1 189
75b2 187
75b4 189
75b7 189
75b9 188
75b10 189
75b10–11 189
75c4–5 188
75c6 188
75c9–10 190
88c–e 45n
88c8–89a9 184
88d3–6 185

93d1 78n
93d1–11 190
102a4–10 184
118a15–17 184
Phaidros
    243a8 182
    244a–257b 182
    244a2–3 182
    244a3 182
    247c3 183
    249a3–5 183
    249b1–c4 183
    249b6–c1 183
    252c1 183
    257a4 181
    257a4–6 182
    265c8–d1 184
    265d 183
    265d3–4 184
    265e1 184
    266c1 184
Philebos
    50d 177
Politeia
    II, 365c3–5 169
    III, 399d 134n
    V, 479d7 78n
    VII, 528a9 79n
    VII, 528b 167
    VII, 528d2–3 79n
    VIII, 555a3 158n
    IX, 589c2 158n
    X, 600e6–601a2 168
Protagoras
    329d4–8 64
    330a7–b2 64
    330e3–6 64
    330e7–331a1 64
Siebter Brief 324a 49
Sophistes
    225a2 170
    225c9 170
    241a5 78n
Symposion
    204d 86n
    205e 86n
    216d2–7 169

Theaitetos
    147e6 167, 170
    159c15 78n
    191b 54n
    192e–193b 54n

Timaios
    20a 49n
    32a7 79n
    33b1–3 169
    50b2 167, 170
    78a1 78n

Pseudo-Platon
    Definitionen 411d1–2 50, 67n

Xenophon
    Anabasis 2.6.21–29 48
    Anabasis 2.6.29 47

Zenobios 5.6 49n

www.ingramcontent.com/pod-product-compliance
Lightning Source LLC
Chambersburg PA
CBHW020330170426
43200CB00006B/336